青山学院大学総合研究所叢書

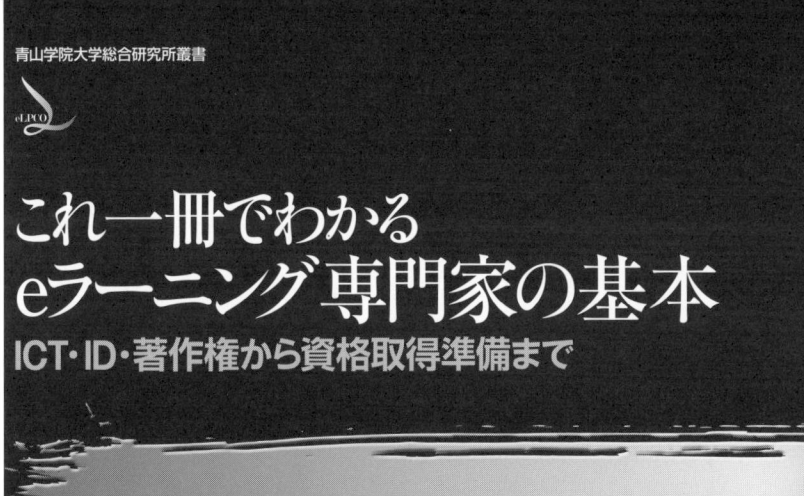

これ一冊でわかる
eラーニング専門家の基本

ICT・ID・著作権から資格取得準備まで

玉木欽也 編著

大沼博靖・権藤俊彦・齋藤長行・長沼将一・山根信二・
石井美穂・合田美子・半田純子・堀内淑子・松田岳士 著

TDU 東京電機大学出版局

はじめに

　本書は，青山学院大学総合研究所内に2005年4月に設立されたeラーニング人材育成研究センター（eLPCO：Research Center for e-Learning Professional Competency）に関わる教員と研究員が中心となって執筆された。このeLPCOの前身は，1998年に総合研究所内に発足したAML（Aoyama Media Lab.）プロジェクトであった。このときから，eラーニングを単なるツールとして活用するにとどまらず，効果的な教授法や教育システムの研究に裏付けられた「学習者主体の学び」を実現するものとして，それに向けた教育のパラダイムシフトへの挑戦が始まった。

　そのような経緯からeLPCOでは，幸いにも2005年度に文部科学省の現代的教育ニーズ取組支援プログラム（現代GP）事業に採択され，様々な分野の知見を学際的・体系的に統合したeラーニング専門家の育成プログラム（26科目）を開講することができた。このプログラムを，本学の全学部・大学院生に向けた正規の教育課程として展開し，次の5種類の専門家のスキル要件を定義し，それらの専門家の資格認定制度を整備した。すなわち，「インストラクショナルデザイナ，コンテンツスペシャリスト，インストラクタ，メンタ，ラーニングシステムプロデューサ」である。

　本書の特色は，これらすべてのeラーニング専門家にとって基礎となる以下の4科目の内容がカバーされていることである。つまり，「eラーニング総論，インストラクショナルデザイン総論，eラーニングのための法的課題，eラーニングのためのITファンダメンタル」である。これらの育成プログラムは，本学学生のみでなく，2008年度から社会人基礎講座として社会に向けてすでに提供されている。この研修修了者には，日本イーラーニングコンソシアムとの資格相互認定制度により，社会通用性のある「eLPベーシック」資格が授与されることになっている。以上述べてきたことが，本書が命名された背景になった。

　本書の構成は，前述した4つの基礎科目に準拠した学習内容になっている。
　第Ⅰ部における第1章から第3章では，eラーニングの基礎知識，企業内教育

および人材開発に関する基本とICT活用の現状と今後，プロジェクトマネジメントの基本概念とeラーニングコースづくりへの適用について述べた。

第Ⅱ部における第4章から第9章では，インストラクショナルデザイン（ID）のプロセスを構成する5つのフェーズ，つまり分析・設計・開発・実施・評価フェーズについて示し，それぞれのフェーズに求められるタスクを実践できるように具体的な記述内容になるよう工夫した。また，IDを支える学習理論に基づいた教材設計や授業の実施計画，学習理論と教授方略の関連性を体系的に整理した。

第Ⅲ部の第10章から第11章では，eラーニングのための著作権と，個人情報保護法についてまとめた。eラーニングのための法的課題を体系的にまとめたのは，現在のところわが国の著書として初めての試みではないかと思われる。

第Ⅳ部では，ITファンダメンタルの領域として，インターネット，ラーニングシステムとコンテンツ，セキュリティと情報セキュリティについて解説した。

なお，本書を出版するにあたり，総合研究所より出版助成を賜った。現在までに，eLPCOが関連したeラーニングの著書は次に挙げる4冊で，本書は第5弾になる。すなわち，『eラーニング実践法』オーム社（2003），『eラーニング専門家のためのインストラクショナルデザイン』東京電機大学出版局（2006），訳本『ブレンディッドラーニングの戦略』東京電機大学出版局（2006），『eラーニングのためのメンタリング』東京電機大学出版局（2007）となり，このたび，本書の出版を実現できたことによりまた歴史を繋ぐことができた。このような歴史を支えてくれているのは，eLPCOで現在活躍してくれている教員と研究員ならびに研究協力者である学部生・大学院生に加え，かつてeLPCOから羽ばたいていった多くの仲間たちであり，心からの感謝を申し上げたい。最後に，東京電機大学出版局の松崎真理さんには，出版まで一貫してご支援を賜り厚くお礼を申し上げたい。

本書の書名のごとく，この一冊が，それぞれの読者の教育現場において，eラーニング専門家としての基礎固めに役立ち，ICTを有効に活用した実践的な学びの場を創りあげていく一助となることを祈念したい。

青山学院大学総合研究所eラーニング人材育成研究センター
センター長　玉木　欽也

目次 Contents

第I部　eラーニングとビジネス

第1章　eラーニングの基礎知識　2

1.1　eラーニングとはどのような学びなのか ……… 2
1.2　eラーニングの学習形態 ……… 10
1.3　ブレンディッドラーニングとは ……… 15
1.4　eラーニングを支える専門家 ……… 18
1.5　eLPCOが提唱する5職種のeラーニング専門家 ……… 22
参考文献 ……… 24

第2章　ICT活用による企業内教育と新たな人材開発　26

2.1　職務遂行能力の開発と企業内教育 ……… 26
2.2　企業内教育におけるeラーニングの動向と今後の動向 ……… 31
2.3　学習環境デザインとこれからのeラーニングの利用可能性 ……… 34
2.4　多くの職務経験によるキャリア開発 ……… 36
2.5　組織学習とこれからのeラーニングの利用可能性 ……… 38
参考文献 ……… 41

第3章　プロジェクトマネジメントとeラーニング　42

3.1　プロジェクトマネジメントの概要 ……… 42
3.2　プロジェクトとプロジェクトマネジメントの定義 ……… 43
3.3　マネジメントプロセスおよびマネジメントタスク ……… 45
3.4　マネジメントタスクのワークフローに対応したプロジェクトマネジメントの手法 ……… 47
3.5　IDプロセスに対応したeラーニング専門家同士さらに教員との協働プロジェクトマネジメント ……… 54

3.6　協働プロジェクトマネジメントのための各eラーニング専門家の役割とそれぞれの連携 ……… 56

注 ……… 64

参考文献 ……… 64

第II部　インストラクショナルデザインと学習理論

第4章　インストラクショナルデザインとは　66

4.1　インストラクショナルデザインの概要 ……… 66

4.2　IDプロセス ……… 67

参考文献 ……… 69

第5章　分析フェーズ　70

5.1　企画提案書をつくろう ……… 71

5.2　ニーズ分析 ……… 74

5.3　対象者分析 ……… 78

5.4　学習目標分析 ……… 82

5.5　技術分析 ……… 86

5.6　環境分析 ……… 90

5.7　コスト分析 ……… 95

5.8　本章のまとめ ……… 100

参考文献 ……… 101

第6章　設計フェーズ　102

6.1　設計仕様書をつくろう ……… 103

6.2　設計仕様書の例 ……… 104

6.3　学習目標詳細化 ……… 107

6.4　学習目標構造化 ……… 113

6.5　学習目標系列化 ……… 116

6.6 テストの作成 ……… 117

参考文献 ……… 121

第7章 教材設計と実施計画　　122

7.1 ARCS モデル（John M. Keller）……… 123

7.2 成人学習理論（Malcolm Knowles）……… 126

7.3 欲求階層説（Abraham Maslow）……… 128

7.4 ID の第一原理（M. D. Merrill）……… 129

7.5 9 教授事象（Robert M. Gagne）……… 130

7.6 対面研修のレッスンプラン ……… 132

7.7 ビジネスマナー研修の実施計画 ……… 133

7.8 近年の学習理論 ……… 136

7.9 本章のまとめ ……… 136

参考文献 ……… 139

第8章 教授方略　　140

8.1 インストラクショナルデザインにおける学習理論の重要性 ……… 140

8.2 学習理論の概略と教授方略 ……… 141

8.3 学習理論の2つのモデル：方向性教授モデルと構成主義的学習モデル ……… 143

8.4 学習目標の分類と課題に対応した教授方略 ……… 145

8.5 e ラーニングの教授方略を考えるうえで役に立つ理論と手法 ……… 148

参考文献 ……… 150

第9章 ID における評価　　151

9.1 形成的評価 ……… 152

9.2 総括的評価 ……… 160

参考文献 ……… 166

資料　　167

第III部　eラーニングにおける著作権と個人情報保護

第10章　eラーニングと著作権　172

- 10.1　著作権法 ……… 172
- 10.2　著作者人格権 ……… 177
- 10.3　eラーニング教材コンテンツ開発・運営における著作財産権への配慮 ……… 182
- 10.4　権利制限規定による著作物の利用 ……… 186
- 10.5　著作物の利用に関して ……… 193
- 10.6　大学・企業におけるeラーニング実践例 ……… 197
- 注 ……… 202
- 参考文献 ……… 203

第11章　eラーニングと個人情報保護法　204

- 11.1　個人情報保護法 ……… 204
- 11.2　大学におけるeラーニング実践例 ……… 217
- 11.3　eラーニングとプロバイダ責任制限法 ……… 218
- 注 ……… 229

第IV部　ICTとラーニングシステム

第12章　コンピュータネットワーク　232

- 12.1　コンピュータネットワークの定義 ……… 232
- 12.2　コンピュータネットワークのモデル ……… 232
- 12.3　コンピュータネットワークの規模による分類 ……… 234
- 12.4　ネットワークの階層 ……… 234
- 12.5　インターネット ……… 235

参考文献 ……… 237

第13章 通信プロトコル　238

13.1 TCP/IP ……… 238
13.2 IP ……… 239
13.3 TCP ……… 241
13.4 その他のプロトコル ……… 242
13.5 TCPにおける主要なサービス ……… 243
参考文献 ……… 245

第14章 ネットワークの構成要素　247

14.1 データリンクとトポロジー ……… 247
14.2 イーサネット ……… 249
14.3 ネットワークに用いられる機器 ……… 250
参考文献 ……… 254

第15章 ラーニングシステム　255

15.1 広義のラーニングシステム ……… 255
15.2 学習管理システム（LMS） ……… 257
15.3 学習管理システムの種類 ……… 258
参考文献 ……… 261

第16章 ラーニングコンテンツ　262

16.1 SCORM ……… 262
16.2 SCORM対応コンテンツの作成 ……… 263
参考文献 ……… 266

第17章 セキュリティと情報セキュリティ　267

17.1 情報セキュリティ ……… 267
17.2 情報セキュリティの特性とeラーニング ……… 268

17.3 情報セキュリティの付加的な特性 ……… 269
17.4 情報セキュリティマネジメント ……… 271
17.5 セキュリティ対策 ……… 272
17.6 eラーニング専門家と情報セキュリティの体制 ……… 274
参考文献 ……… 275

| 補足資料 | eラーニングを活用している組織の実例 | 276 |

ヤマハ株式会社………276
株式会社デジタル・ナレッジ………279
財団法人日本サッカー協会………282

索引　　　286

編著者・著者紹介　　　291

第Ⅰ部

eラーニングとビジネス

　なにごとも基本は大切であり，eラーニングとて例外ではない。本書は，学びの可能性を広げるeラーニングという学習形態を様々な側面から取り上げ，解説を加えたものである。第Ⅰ部は，eラーニングの基本的な知識，企業内教育との関わり，そしてプロジェクトマネジメントを取り上げた3つの章から構成されている。

　第1章eラーニングの基礎知識では，eラーニングの定義や活用される学習メディアなど，実際にeラーニングを実施するうえで必要不可欠な基本的な知識を紹介する。第2章ICT活用による企業内教育と新たな人材開発では，企業内教育に関わる基本的な知識の説明からICT（情報通信技術）活用の現状そして課題を紹介する。そして，第3章プロジェクトマネジメントとeラーニングでは，概要・定義など基本的な知識の学びから，eラーニング専門家がインストラクショナルデザインプロセスに対応してどのようにプロジェクトマネジメントを活用していくのかを紹介する。

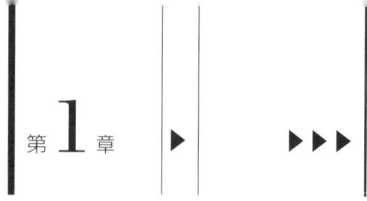

第1章 eラーニングの基礎知識

> **本章の学習目標**
> - eラーニングとは，どういった学びを指すのかを説明できるようになる。
> - eラーニングとみなされる学習メディアを説明できるようになる。
> - eラーニングの学習形態を説明できるようになる。
> - ブレンディッドラーニングの概略を説明できるようになる。
> - eラーニングを実施するうえで最低限必要となる専門家を説明できるようになる。

1.1 eラーニングとはどのような学びなのか

「PCを使って英語の学習をしました」
「衛星放送を活用して資格取得のための講座を受けました」
「eメールを活用して会計学の学習をしました」
「ウェブサイトで配信される映像コンテンツを活用してゴルフの練習をしました」

　ここで挙げた事例は，IT（Information Technology，情報技術）やICT（Information and Communication Technology，情報通信技術）を活用した学習を指している。こういった事例は，すべてeラーニングといってよいのだろうか？ 皆さんはどう考えるだろうか？　実は，先に紹介した学習は，すべてeラーニングとしてとらえることができる。

　ITやICTと聞いてピンとくる人は，意外と少ないのではないだろうか。私たちが仕事や勉強，さらには趣味で使っているパーソナルコンピュータ，今や体の一部ともいえる携帯電話，そしてこれらを活用したインターネットやeメール（以降メールと表記）でのコミュニケーションも，すべてITやICTを活用した

機器なのだ。

　一般に，e ラーニングは「PC やインターネットに代表される IT や ICT 技術を活用した学習」と表現されることが多く，なかでも，インターネットを活用したオンラインによる遠隔学習を指すケースをよく目にする。しかし，そのとらえ方は人それぞれ，実に様々である。

1.1.1　デジタル化とインタラクティブ性

　すでにご存知の方も多いはずだが，e ラーニングの「e」は electronic の e を指す。この点から見れば，学習者は electronic（電子的）な，デジタル化された情報を学ぶことになる。この点は，e ラーニングを考えるにあたってキーとなる大切なポイントである。しかし一方で，IT や ICT を活用してデジタル化された情報を学ぶだけでは，従来のテレビやラジオ，さらには FAX などを活用して学ぶ方法と，その学習効果は大差ないように見える人もいるだろう。

　デジタル化は大切なポイントだが，もうひとつ大切なポイントがある。そのポイントは，『e ラーニング白書 2007/2008 年版』[1] の中に見て取れる。同白書の中には，以下のような項がある。

> 「e ラーニングとは，情報技術によるコミュニケーション・ネットワーク等を活用した主体的な学習である。これは，集合教育を全部または一部代替する場合，集合教育と組み合わせて利用する場合がある。
> 　コンテンツは学習目的に従って作成・編集され，コンテンツ提供者と学習者，さらに学習者同士の間で，必要に応じてインタラクティブ性が確保されている。このインタラクティブ性とは，学習を効果的に進めていくために，人またはコンピュータから適切なインストラクションが提供されたり，双方向コミュニケーションが実施されたりすることを指す。」[1] (p.11)

　ここから見えてくるポイントは，文中の「インタラクティブ」や「学習目標に従って作成されたコンテンツ」にある。通信講座などに代表される従来の学習では，学習成果に対するフィードバックや質問への返答にはタイムラグが存在し，

他の学習者と協働で学ぶことなど，集合して授業を実施しない限りあり得なかった。しかし，通信回線のブロードバンド化が進み通信速度が向上した現在は，高品質動画の配信はもとより，メールや電子掲示板といったオンラインのコミュニケーションツールを活用すれば，瞬時に質問などへの返答を受けることや，他の学習者と協働で学習することさえも可能となった。

言い換えると，どんなに膨大な情報がデジタル化されていたとしても，インタラクティブ性とともに，コンテンツが学習目的に従って編集されたものでなければ，学習者は何を目標に学習するのかがわからず，混乱をきたすに違いない。当然のごとく学習効果は上がらず，学習者は広大なデジタルの大海を漂うことになってしまうのだ。

eラーニングは教室などで行う一般的な対面授業とは異なり，個人で学習する場面が多くなる。そのため，学習者自身の授業への積極的な関与だけでなく，自己管理能力が支える主体的な学習への取組みが，eラーニング考えるうえでキーとなるデジタル化とインタラクティブ性の土台を支えている点を忘れてはならない。

1.1.2　eラーニングとみなされる学習メディアとは

皆さんが，学習メディアと聞いて頭に思い浮かぶのはどんなものだろうか？教科書をイメージする人，ラジオ講座，テレビ講座などをイメージする人，DVDなどの映像をイメージする人など様々だろう。近年では，インターネットも重要な学習メディアの1つであり，WBT（Web Based Training）と呼ばれるウェブブラウザを用いた学習が中心となっている。また，携帯電話などを活用したモバイルラーニングも，普及の広がりと手軽さから活用が進んでいる。

前項のeラーニングについての説明ではないが，デジタル化，インタラクティブ性の点から考えれば，WBT以外でも，あらかじめビデオサーバに蓄積しておいた動画データをネットワーク経由で視聴し学習するVOD（Video On Demand），PCをオフラインで利用するCBT（Computer Based Training）などは，eラーニングとみなすことができる。

『eラーニング白書 2007/2008年版』[1] では，デジタル化の度合いと，イン

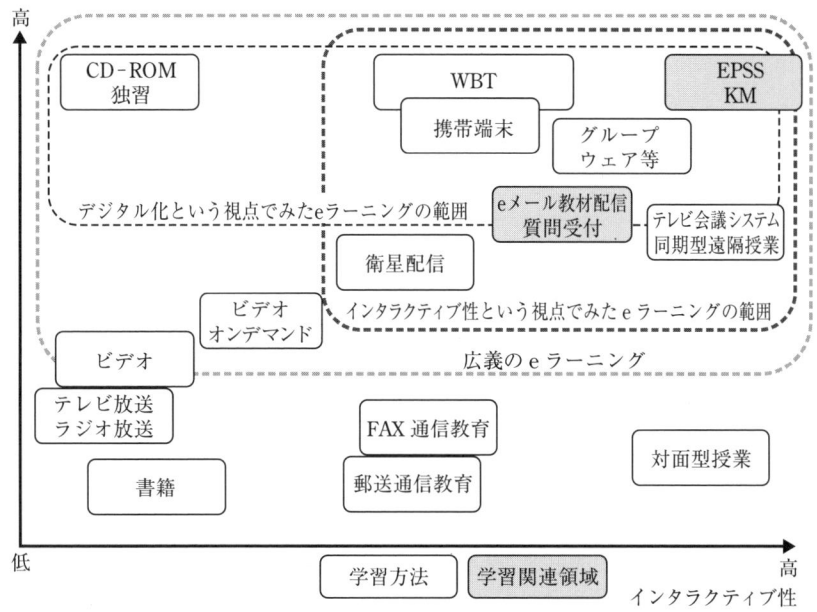

図1.1 「デジタル化」と「インタラクティブ性」からみたeラーニングの範囲・分類 [1] (p.10)

タラクティブ性の度合いによってeラーニングの分類を試みている（図1.1参照）。eラーニングを考えるうえで参考になるので，覚えておこう。

　何事にも準備が必要であり，準備を怠ると思うような成果は期待できない。どんなに素晴らしいアスリートも，ウォームアップや準備動作を行わなければ，持てるパフォーマンスを十分に発揮することはできない。例えば，野球のバッティングならば，構えからテークバックしボールをとらえる体勢をしっかりとつくることができたならば，ボールをインフィールドに打ち返す可能性は大きくアップする。

　eラーニングも同様である。「e」つまりelectronicに関する知識は知っているにこしたことはないが，まずは何を何のために学ぶのかを十分に理解しておかなければならないだろう。これがしっかりと理解できていれば，ウォームアップは

完了である。eラーニングを有効に活用できるステップの半分以上終わったといっても過言ではない。

1.1.3　eラーニングとみなされない学習メディアとは

　前項で紹介した分類図では，書籍，郵送通信，FAX通信による学習では，近年はDVDなどが添付されている教材も多いが，基本は紙媒体で学習することになるため，デジタル化されていない教材の学習が中心となる。また，インタラクティブ性の視点から見ても，書籍を用いた学習にはインタラクティブ性が存在しない。郵送通信・FAX通信を用いた学習についても，コストやスピードの点で，メールや電子掲示板を活用する学習とは格段の差がある。

　ビデオによる学習，テレビ・ラジオによる学習も，分類図ではeラーニングとはみなされていなかった。たしかに，以前のテレビやラジオによる学習は，デジタル化された情報が配信されてはいなかったし，情報の双方向性が確保されていたわけではない。この点においては，これらのメディアを活用した学習はeラーニングの範疇外ということになる。

　しかし，地上波デジタル放送の普及に代表されるように，これらを活用した学習では，デジタル化された教材が配信されており，テレビのリモコンや携帯電話を活用して番組に参加できるなど，双方向性も確保されている。この点から見れば，効果的なeラーニングを実施する素地は整っているといえる。

　急速に進展する技術革新は，「eラーニングとはどのような学びなのか？」といった問いを有名無実化させている。今やどのような学びにも，ITやICTを活用できる。だからこそ，前項で述べた学びの大切さが重要となってくる。目に見えるeラーニングの形にだけこだわっていては，本当に効果を上げる学びを実現することはできない。この点は，eラーニングという先進的な学びに取り組む際に忘れてはならない。

1.1.4　メディア教育の歴史とeラーニング

　郵便を活用した遠隔学習の歴史は，今から1世紀以上前の19世紀末まで，その歴史をさかのぼることができる。インターネットなど存在しない時代だが，い

つでも，どこでも学べる環境が提供されていたことがわかる。**いつでも，どこでも**は，e ラーニングも同じ。この点で，e ラーニングは遠隔学習から進化してきた学びとみなすことができる。

ここでは，遠隔学習に関しては長い歴史を持つ米国の事例を取り上げ，メディアを活用した教育が，どのような流れで e ラーニングへとつながっていったのかを見ていくことにする（図 1.2 参照）。

米国におけるメディアを用いた教育の歴史は古く，19 世紀末には郵便を活用してテキストなどを送付する遠隔教育が始まっている。20 世紀に入ると，ラジオ，テレビが開発され普及するに従い，これらのメディアを活用した遠隔教育が始まる。この当時のメディアは，紙媒体，ラジオ，テレビといったもので，単一の学習メディアとして活用され，当然のようにユーザへの一方通行の情報発信が行われていた。

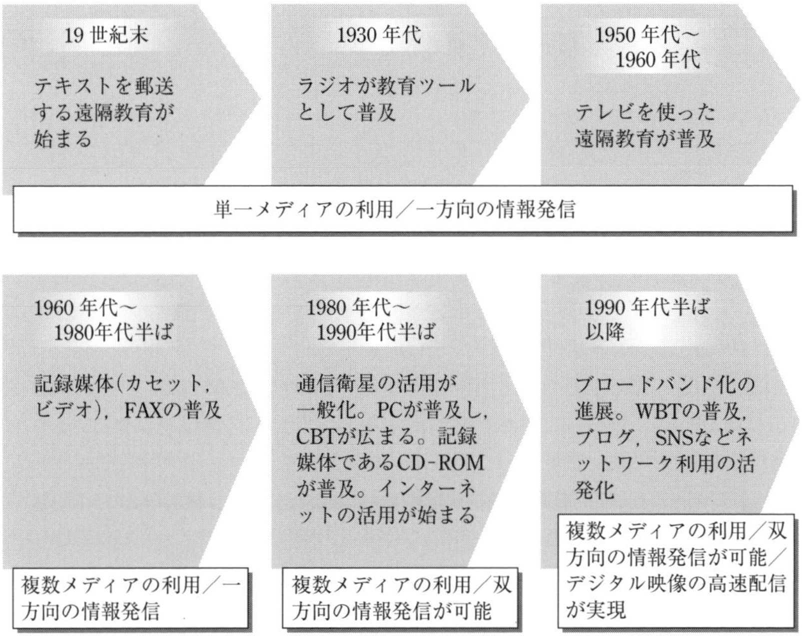

19 世紀末	1930 年代	1950 年代～1960 年代
テキストを郵送する遠隔教育が始まる	ラジオが教育ツールとして普及	テレビを使った遠隔教育が普及

単一メディアの利用／一方向の情報発信

1960 年代～1980 年代半ば	1980 年代～1990 年代半ば	1990 年代半ば以降
記録媒体(カセット，ビデオ)，FAXの普及	通信衛星の活用が一般化。PCが普及し，CBTが広まる。記録媒体であるCD-ROMが普及。インターネットの活用が始まる	ブロードバンド化の進展。WBTの普及，ブログ，SNSなどネットワーク利用の活発化
複数メディアの利用／一方向の情報発信	複数メディアの利用／双方向の情報発信が可能	複数メディアの利用／双方向の情報発信が可能／デジタル映像の高速配信が実現

図 1.2　米国におけるメディア教育の歴史（文献 [2] より作成）

1960年代から1980年代半にかけては，音声を録音するカセットテープ，映像を録画するビデオテープといった記録媒体が登場する。この時代は，従来の紙媒体にカセットテープやビデオテープといった複数のメディアを活用するようになった。しかし，双方向の情報発信はまだ行われていない。

1980年代から1990年代半ばにかけては，通信衛星の活用が一般化する。パーソナルコンピュータの普及が進み，CBTによる学習が普及する。インターネットの活用が始まったのもこの頃である。複数メディアの活用が進んだだけでなく，メールの活用など情報の双方向による発信が可能となった。

1990年代半ば以降は，ブロードバンド化が進み，WBTが一般化する。またブログやSNSの普及により，ネットワーク利用が活性化することになった。複数メディアの利用は当然だが，ブロードバンドの進展により，デジタル映像の高速配信が当たり前の現実となった。

遠隔学習は，放送技術の進歩，録音・録画技術の進歩，そしてインターネットを中心とするネットワークの進歩によって，その形を変えながら浸透してきたといえる。今後，私たちを取り巻く環境が進歩するなかで，eラーニングの形はさらに新しいものになってくる可能性が高い。

Column	仮想世界とデジタルゲーム

インターネットのサーバ上につくられた3次元（3D）のCG空間で自分の分身を操ることができるサービスとして，「仮想世界」や「オンラインゲーム」が次々と登場している。そのなかでも，世界中から数百万人が利用したという仮想世界「セカンドライフ」は2007年に社会的な注目を集めた[3]。当時は，「セカンドライフで1億円を儲けた人が現れた」とか「IBM，日産，ソニー・エリクソン，Dellなどの大企業が続々とセカンドライフに参入を始めている」といった報道が加熱したために，店舗サービスとしての紹介が目立ったが，仮想世界をeラーニングのプラットフォームとして社内教育や学校教育に用いる試みも進められている。

このeラーニングと仮想世界やオンラインゲームとの関係は突然始まったわけではない。その背景には，これまで各地で試みられてきたデジタルゲームの教育利用の歴史がある。ここでは，そうしたゲームの教育利用の歩みを紹介する。

新しいメディアが登場するたびに，教育研究者は効果的な利用方法を研究してきた。今日，

テレビの教育番組や電子掲示板（BBS）や SNS が授業で活用されているのはその成果である。

コンピュータを教育指導の補助として使う試みとして，北米ではすでに 1960 年代の中頃にはドリル練習式プログラムなどいくつかの CAI（コンピュータ支援による教授）のプロジェクトが始まっている。そして 1980 年代にはデジタルゲーム（ビデオゲーム，マイコンゲーム）を使った教育方法の研究が始まっている。当時は，テレビ世代の生徒の受け身の授業態度が問題になっていた時期でもあり，生徒の積極的参加を促すために「挑戦」や「難易度」といったデジタルゲームの要素を学びに取り入れることが模索されていた [4]。

一方学校の外でも，デジタルゲームの要素を取り入れた教習が広がってきた。例えば，日本国内では 1990 年代後半の道路交通法改正にともない，全国の自動車教習所でシミュレータ教育が取り入れられている。

こうしてゲーム的な要素を取り入れた実験授業や新製品が登場する一方で，それらの間には共通の基準がなく，教授方法も評価方法も確立していなかった。そこで，学校教育など社会に役立つゲームを「シリアスゲーム」という傘の下に集め，その開発経験を共有する動きが進められている [5]。

e ラーニングにおけるデジタルゲームの導入事例が集められるに従って，ゲームも万能の教材ではなく，学習者および学習形式に合わせた設計が必要なことがわかっている。学習者のゲーム経験はもちろん，学習形式に適したゲームデザインであることが重要である。

例えば，一人学習や競争学習よりも協調学習が有効である授業については，1990 年代末までは多人数参加によるテキストベースでのチャットの利用が紹介されていた [6] が，2000 年代からは MMORPG（大規模多人数型オンラインゲーム）が注目を集めるようになった [7]。この場合，学習者にゲームの中で共通のゴールを設定できるスキルが必要である。さらに，調べるだけでなく「ものづくり」まで扱う場合は，セカンドライフなどの仮想世界の利用も考えられる [8]。

インストラクショナルデザインはメディアを選ばないため，デジタルゲームを選択することも可能である。しかしながら，どのようなゲームが学習者を魅了するのかという知識がないと，学習者の時間を奪うが学習効果は低いという結果に終わる危険性がある [9]。その解決のためには，ゲームデザイン技法の知識が必要だが，知識を形式化するための研究が立ち遅れているのが現状である。今後はゲームデザイナとの協働作業が必要になるであろう。

「新人の学習意欲が低い」「新人社員の質が落ちた」という指摘は珍しくない。しかし，新世代を評価する際には注意が必要である。例えば，デジタルゲームによる学習を推進してきたマーク・プレンスキーは，幼いときからデジタル機器に慣れ親しんでいる世代を「デジタルネイティブ」と呼び，新しい世代には従来とは異なる教育コンテンツが必要であると，次のように主張している。

「今日の教育が直面する最大の問題は，前デジタル時代から移民してきた親や教師たちが，まったく新しい時代の言語を操るネイティブ世代を教えようと苦心している状況にある」
「デジタル移民の親や教師は，『子どもたちは自分たちの子どもの頃と変わらない』という仮定のもと，『自分たちが受けた教育の方法が，やり方が今の子どもたちにも同じように通用するはずだ』と考えている。だが，もはやそのような古い仮定は有効ではない」［10］
　インストラクショナルデザインのプロセスを実施するにあたっては，学習者のメディア体験に注目し，効果が期待できるコンテンツを提供する必要がある。現在行われているゲームの教育利用もそうした試みのひとつであり，単なる流行ではない。そして次世代育成に少なからぬ影響を与えることになるであろう。

1.2　eラーニングの学習形態

　ここまでに，eラーニングとはどのような学びであり，そしてどのような経緯で発展してきたのかを説明してきた。その際に重要な尺度となったのは，デジタル化，インタラクティブ性，さらには学習目標に沿って編集された教材であった。ここでは，eラーニングを別の視点から眺めていく。実際にeラーニングを実施する場合，どのような授業形態があるのかを，学習者の学び方，時間，場所という3点を軸に見ていくことにする。
　eラーニングは，実際に学習する学習者の視点から見ると，個人で学ぶ自己調整学習と集団で学習する協調学習に分類することができる。自己調整学習（SRL：Self-Regulated Learning）とは，学習者個人が自律的に学習する形態で，WBTやVODを活用した学習がそれにあたる。eラーニングにおける協調学習（CSCL：Computer Supported Collaborative Learning）とは，共通の学習目的を持つ複数の学習者が，コンピュータを利用してコミュニケーションを取りながら問題を解決する学習形態である。
　次に時間の視点からだが，ポイントは同一の時間帯に学習するか，それとも異なる時間帯に学習するかである。学習者が同一の時間に学習する形態を同期学習，学習者それぞれが異なる時間に学習する形態を非同期学習と分類することができる。
　最後に場所の視点からだが，こちらのポイントは同じ場所か別な場所かである。

学習者が同一の場所に集合して学習する形態を集合学習，学習者がそれぞれ異なる場所で学習する形態を分散学習と分類することができる。

以降では，この3つの組合せによる関わりを見ていく。便宜上それぞれの項目を用いて分類したものであるため，実際にはあまり行われることがない学習形態もあるが，eラーニングの多様な学習形態を知るうえでは欠かせないという考えから，紹介することとした。

1.2.1 学習者間の関わりと時間による分類

ここでは，学習者間の関わりと時間を尺度に学習の形態を考えてみよう。図1.3の縦軸は時間（同期学習なのか非同期学習なのか）とし，横軸は学習形態（自己調整学習なのか協調学習なのか）とする。

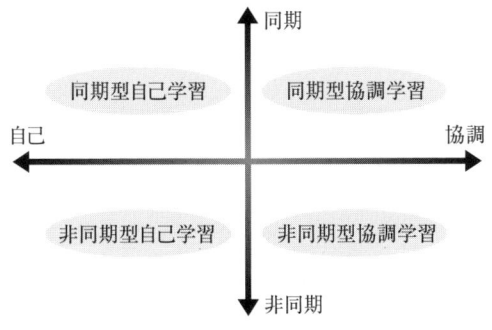

図1.3 学習者間の関わりと時間による分類

(1) 同期型自己学習

学習者が同一の時間に，ネットワーク上の教材にアクセスして個々に学習する形態である。学習者はあらかじめ決められた時間だけ教材を学習できる。例えば，レベルの異なる複数の教材を公開し，習熟度の異なる学習者を同時に学習させる場合などは，この学習形態に分類できるだろう。

(2) 同期型協調学習

学習者が同一の時間に，ネットワークを活用してコミュニケーションをはかり

ながら学習する形態である。電子掲示板やチャットなどを活用したディスカッションが一例である。

(3) 非同期型自己学習

各学習者が時間に関係なく，ネットワーク上の教材にアクセスして個々に学習する形態であり，SRL による学びが一例である。学習者は自分のペースを維持しながら学習できる反面，教員の存在や他の学習者との関わりが希薄となる。そのため，SRL を活用する場合は，いかにモチベーションを維持していくのかが学習を進めるうえで重要となり，学習支援をどのように行うかが課題となる。

(4) 非同期型協調学習

学習者が時間に関係なく，ネットワークを用いて，他の学習者や教員とコミュニケーションをはかりながら学習する形態であり，同期型協調学習と同様に電子掲示板を使用したディスカッションが一例である。非同期のため，学習者は限られた時間内に意見を発信する必要がない。時間的な余裕は，文献やホームページを活用し，必要となる資料を参照したうえで自らの意見を発信できるため，質の高いディスカッションが可能となる。

1.2.2 学習者間の関わりと場所による分類

ここでは，学習者間の関わりと場所を尺度に学習の形態をまとめていく。図1.4 の縦軸は自己学習と協調学習とし，横軸は場所で，集合学習，分散学習とする。

(1) 分散型自己学習

教室などではなく地理的に離れた地点で，ネットワーク上の教材にアクセスして個々に学習する授業形態であり，非同期による自己学習同様，SRL による学習となる。非同期型自己学習と同様に，いかにモチベーションを高め維持していくのかが，学習を進めるうえで重要となる。

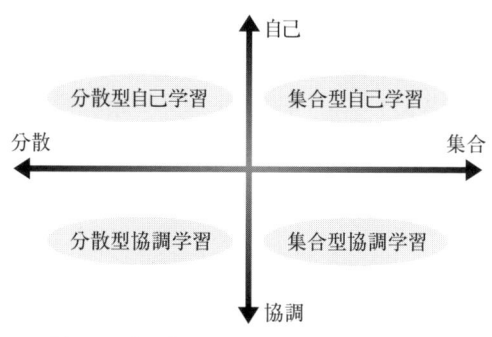

図1.4 学習者間の関わりと場所による分類

(2) 集合型自己学習

　学習者が同一の場所に集まり，ネットワーク上の教材を用いて個々に学習する授業形態である。例えば，決められた時間に情報実習室などでPCを活用して個人で学習する場合にあてはまるが，あまり一般的ではない。しかし，教員が教室内にいるため，疑問や質問がある場合に直接指導を受けることができるため，モチベーションを維持しやすいといえる。

(3) 分散型協調学習

　地理的に離れた地点にいる複数のグループや学習者の間で，ネットワークを介してコミュニケーションをはかりながら学習する授業形態であり，同期，非同期にかかわらず，電子掲示板などネットワークを活用したコミュニケーションツールによって，有意義なディスカッションが可能となる。

(4) 集合型協調学習

　学習者が同一の場所に集まり，ネットワークを用いてコミュニケーションをはかりながら学習を進める授業形態である。青山学院大学で実施されている授業においては，ある課題に対する意見を電子掲示板に掲載し，それに対して他の学習者や教員がコメントを加えていくといった流れで活用している例がある。

1.2.3　時間と場所による分類

ここでは，時間と場所を尺度に学習の形態をまとめていく。図1.5の縦軸は時間で同期学習，非同期学習とする。横軸は場所で，集合学習，分散学習とする。

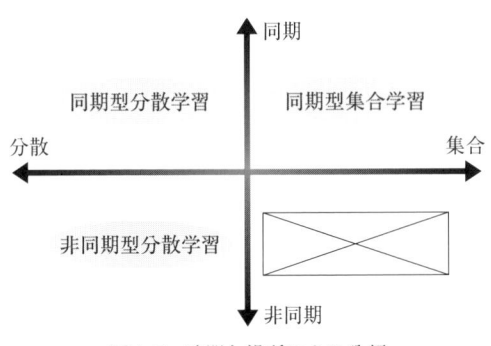

図1.5　時間と場所による分類

(1) 同期型分散学習

学習者が同一の時間に，地理的に離れた地点でネットワークを用いて学習する授業形態である。同期型自己学習と同様に，ある特定の時間だけ学習できるもので，東京で行われている授業をストリーミング配信によって，他の地域でも同じ時間に学習する場合などがあてはまる。

(2) 同期型集合学習

学習者が同一の時間に，同一の場所でネットワークを用いて学習する授業形態である。例えば，対面授業内で作成した成果物をネットワークを経由して提出するといった活用法や，電子掲示板でのディスカッションなどがあてはまる。

(3) 非同期型分散学習

学習者が時間に関係なく，地理的に離れた地点でネットワークを用いて学習する授業形態である。非同期型自己学習，分散型自己学習と同様に，SRLによって学習する。私たちがeラーニングと聞いてイメージする，いつでも，どこでもは，この非同期分散型学習を指すことになる。

1.2.4　学習上の課題とファシリテータの必要性

　ひとくちにeラーニングといっても，様々な学習形態があることがおわかりいただけたはずだ。例えば，現在の主流であるWBTを活用してのSRLによる自己調整学習では，集合形式の場合を除き孤独な学習となるため，学習の進め方を自己管理できることや，いかにモチベーションを維持するのかが重要なポイントになる。

　一方，協調学習の場合は，電子掲示板などオンラインのコミュニケーションツールを用いたテキストによるコミュニケーションが主となる。そのため，対面時よりも積極的に意見を発信することが予想されるが，テキストの解釈に違いが出たり，学習者のタイピングスキルによってはスムーズなディスカッションができないといった問題も発生する可能性があることも，事前に十分に理解しておく必要がある。

　特にeラーニングにおける協調学習では，学習者とのコミュニケーションやディスカッションなどを活性化させるためのファシリテーションに関する知識やスキルが必要になる。この役割は，教員やインストラクタ，後述する学習支援の専門家であるメンタが担う場合が多い。オンライン特有の特徴の理解も必要だが，基本的なファシリテートに関する知識も書籍などで学習しておくことをお勧めする。

1.3　ブレンディッドラーニングとは

　ブレンディッドラーニングとは，読んで字のごとし，従来の集合型授業とeラーニングを組み合わせて行う授業である。eラーニングは，日々進歩するITやICT機器の恩恵を受けてはいるが，だからといってすべての学びを，効果・効率よく学ぶことができるのかといえば，残念ながらそうはいかない。

　音楽演奏，スポーツ，料理などは，私たちの知覚，つまり五感を活用する必要があり，実践の場面で実演・実践することが求められる。例えば，料理における味覚，スポーツ技能の習得に関わる自己受容感覚は，eラーニングで十分に学習できるか？と問われた場合に即答することはできないであろう。

また，価値観や態度といった内容についても同様である。こういった経験や積み重ねてきた歴史が熟成して生み出された内容を，eラーニングで学習することは，簡単なことではない。

香取は『eラーニング経営』[11]の中で，eラーニングによって学習対象となるスキルを，認知スキル・技能スキル・態度スキルとして，認知スキルを「物事を理解したり判断したり，問題解決するスキル」とし，このスキルの習得にeラーニングは適した学習であると指摘している。このことは，これ以外のスキルを学習する場合には，対面授業の持つ役割は小さくないことを意味する。

従来の集合型授業には，集合型授業のよさがある。eラーニングにはeラーニングのよさがある。両者を目的に応じて組み合わせることで，より効果・効率のよい学びを提供していこうというのが，ブレンディッドラーニングなのだ。

1.3.1 ブレンディッドラーニングのメリットとは

では，ブレンディッドラーニングを実施することでどのようなメリットが期待できるのだろうか。

例えば，大学などでは，知識やスキルのレベル差が激しい場合，授業についていくことができない「落ちこぼれ」や，あまりに内容が簡単すぎて，授業がつまらなくなってしまう「浮きこぼれ」が発生してしまう。そのような場合，例えば，授業についてこられない学習者には，対面授業で相手の表情や反応を見ながら手取り足取り教えることで理解度を高め，つまらないと感じている学習者には，eラーニングを活用してよりレベルの高い課題を提供することで，より効果・効率の上がる授業や研修が実現でき，レベル差を埋め合わせることが期待できる。加えて，SRLのみのeラーニング授業に集合型のテストを加えることで，学習者のなりすまし対策も期待できる。

メリットはこれだけではない。集合型授業の一部をSRLによるeラーニングに代替することにより，教室までの移動時間を削減できるなどの効率化もはかれる。企業においても集合型研修をSRLによるeラーニングに代替することで，移動時間の削減だけでなく研修参加者が不在になることによる支店や営業所の損失を抑える効果も期待できる。

これらは，教育に対するROI（投資利益率）が上がるなど，学習プログラムとしての効率が上がるということを意味している。そのため近年では，大学や企業でも徐々にその概念が定着し，ブレンディッドラーニングがeラーニングの主流となっている。ROIについての詳細は，第9章を参照してほしい。

1.3.2　ブレンディッドラーニング実施の際の留意点

ブレンディッドラーニングを実施するにあたり，留意しなければならない点がある。松田・原田［12］によると，最初に実施するブレンディッドラーニングが，対面授業補強型，つまり対面授業では不十分な学習者に対して対面授業を補う目的で実施するものなのか，それとも対面授業補償型，つまり対面授業を受けることができない学習者に対して，対面授業の代替を目的に実施するものなのか，目的を明確にしておくことが大切だという（表1.1）。

表1.1　eラーニング導入のパターン［12］（p.8，表1-1）

	対面授業（研修）補強型	対面授業（研修）補償型
目的	対面授業を補う	対面授業を代替する
対象者	対面授業だけでは不十分な学習者	対面授業を受けられない学習者
eラーニングコンテンツ	予習・復習教材	授業録画・授業テキストのデジタル化教材など

そして，目的を明確にした後，使用するメディアを選び，対面授業とSRLの比率を考えていくことになる。バーシンは，ここで使用するメディアをインストラクタが主導する従来の教室での授業から，電話会議，OJT（On the Job Training）による練習，そしてeラーニングに至る16種類に分類し，学習対象者，学習環境などを考慮に入れて，これらのメディアを組み合わせてプログラムを構築することをブレンディッドラーニングと定義している（16種類のメディアの詳細については，『ブレンディッドラーニングの戦略』［13］を参照）。

1.3.3　多忙な社会人にとってはありがたい学び

学生と違い，当然のことながら社会人は忙しい。仕事や家族サービスに追われ

自分の時間をつくることさえままならない。そんな環境下でも，学習意欲が旺盛な人たちは少なくない。もちろん，終身雇用制度が崩れて久しい現代社会では，単に日常の業務をこなすだけでは，いつリストラされてもおかしくない。結局のところ就職をしてからも学び続ける必要がある。

　そういった社会人にとって，eラーニングは活用度の高い学びの形態である。もちろん，自己管理ができていなければ効果のある学習は期待できないが，少なくとも，忙しさの中での一筋の光明であることは間違いない。

　例えば，2008年11月から12月にかけて，青山学院大学総合研究所eラーニング人材育成センター（eLPCO）が実施したeラーニング人材育成プログラム第1回社会人向け基礎講座には，忙しい業務の中でも30名近い社会人の方々が参加した。この講座は，SRLによる自己調整学習と1回の対面講義からなるブレンディッドラーニングであった。

　講座終了後のアンケートから見えてくるものは，忙しい最中の受講は大変であるということだが，その一方で，今後の講座の運営方法については，SRLのみによる学習を望む人よりも，ブレンディッドラーニングを選択する人が圧倒的に多く，この傾向はその後の社会人向け基礎講座でも変わっていない。やはり，ICTに対するリテラシーや，eラーニングに対する予備知識に乏しい学習者にとっては，対面での授業は心理的な安心感を生むことは間違いない。

1.4　eラーニングを支える専門家

　メジャー・リーグで活躍する選手は，常人の想像を遥かに超えた運動能力を持つ。しかし，だからといって誰もがスーパースターになれるわけではない。

　一般に，メジャー・リーグの関係者は選手を評価する際に，その選手が5つのツール，走る能力・打つ能力・守る能力・投げる能力・パワーのうちいくつを持っているのかを評価する。世界最高峰のリーグであるメジャー・リーグといえども，5つのツールをすべて備えている選手はまれなのだ。

　これは，プロスポーツの世界にだけいえることではない。私たちの日常行っている仕事についても同じことがいえる。高度に専門化が進み，細分化した現代社

会では，どんな仕事においてもその仕事において求められるスキルをすべて備えている人は，そう多くはない。そう考えると，1人の人間にすべてのプロセスを任せることは，効率・効果の面でも正しい選択とはいえないことになる。

　先に述べたことは考えてみれば当たり前のことだが，実際のeラーニングではどうだろうか？　eラーニングにおいても状況は同じである。ここでは，実際にeラーニングを運用するうえで，どのような知識と技能を持った専門家が必要なのかを見ていくことにする。

1.4.1　コンテンツやコース運営に関する知識や技能を持つ専門家

　WBTでeラーニングを実施するとしても，単にウェブサイトの知識だけを持った人がつくるのでは，見栄えがよくても学習効果の面で疑問が残る。この点については，第Ⅱ部において詳しく説明する授業設計の手法である，インストラクショナルデザインの知識や技能を持った人が求められるはずだ。この専門家については，以下の2種類に分類できるだろう。

(1) 教材に関する分析や設計を行う専門家

　一般に，「インストラクショナルデザイナ」と呼ばれる専門家が，この業務を行っている。ある学習目標を達成するために必要な分析を行い，それに基づいてeラーニングのコースやコンテンツを設計する専門家がこれにあたる。

(2) 教材の開発を行う専門家

　インストラクショナルデザイナの設計に基づいて，品質やコスト，納期を守りながら，コンテンツ開発に関わる業務を取り仕切る専門家がこれにあたる。分析や設計の段階ではコンテンツの実態はないが，この専門家によってはじめて有形なものとなる。

1.4.2　授業運用に関する知識と技能を持つ専門家

　授業の進め方などに関する知識や経験，技能を持った専門家が必要になってくるだろう。対面授業ならば，相手の表情などを見ることである程度予想がつくこ

とも，学習形態が分散型のeラーニングのように相手が見えない状況では，何を考えているのか，何に不安を感じているのかといったことが伝わってこない。そのため，次項で説明する学習支援に関する知識や技能を持つ専門家と同様に，メールや電子掲示板でのテキスト中心のコミュニケーションのなかで，学習者の状況を読み取る知識も必要になってくる。

また，eラーニングにおけるインストラクタは，通常の対面授業を行うだけでなく，学習教材の中に出演するケースもあるなど，対面授業にはないスキルを求められる。

1.4.3　学習支援に関する知識や技能を持つ専門家

eラーニングなので，例えば対面授業を行わないSRLのような形態で授業が行われた場合，人によっては学習の仕方がわからず不安になったり，途中で学習を投げ出してしまう人がいないとも限らない。そうならないために，学習者をサポートする専門家が必要になってくるだろう。

私たちがヘルプデスクやチュータと呼ぶ専門家がこれにあたる。特にeラーニングにおいては，メンタと呼ばれる学習支援者が重要な役割を持つ。聞きなれない言葉だが，メンタは，単に学習内容に関する質問への応答やPCなどの操作方法の支援を行う以外に，学習者の情意面に関する支援や，電子掲示板を活用したオンラインディスカッションの際には，司会進行役を務めたり，学習者にアドバイスを行ったりすることもあるのだ。

1.4.4　学習管理システムに関する知識や技能を持つ専門家

ASP（Application Service Provider）のようなサービスを活用するとしても，ある程度学習管理システムの運用に関する知識がなければ，eラーニングはうまくいかない。学習者が学びやすい環境をいかに整えるかを，常に考えることのできる能力が問われるだろう。この専門家は，学習管理システム（LMS）の管理や運営に関する豊富なノウハウと経験を有するだけではなく，運用がスムーズにいくように，教材の設計者や学習を支援する他の専門家ともコミュニケーションをはかりながら，学習者が学びやすい環境をいかに整えるかを，常に考えること

のできる知識とスキルが問われることになる．実務を取り仕切る現場指揮官的な立場の専門家であるため，eラーニングプログラム全体を見渡せる視野の広さと，それぞれの専門家をマネジメントする能力が必要になる．

1.4.5 その他の専門家と統括リーダーの必要性

　eラーニングのプログラムは，授業を設計する人，開発する人，授業をする人，学習を支援する人，LMSを管理・運営する人，SME（Subject Matter Expert）と呼ばれる，経済学ならば経済学の，法学ならば法学の，それぞれの分野の専門知識を持つ人，そしてこれ以外にも様々な役割を担う人々が協働しながら動いている．もちろん，それぞれの専門家は，それぞれ専門性の高い知識やスキルが要求されることになる．

　また，先にメジャー・リーグの話題に触れたが，能力の高い長距離打者を揃えただけでは強い打線，チームはつくれない．どういった特色を持つチームをつくるのか，その目的にそって戦力を整備する必要がある．メジャー・リーグの場合，その責任者がゼネラルマネージャ（GM）である．そして，その戦力を活用してパフォーマンスを最大限に引き出すのが，現場指揮官である監督の役目となる．

　このことはeラーニングについてもあてはまる．優れた専門家は確かに必要であるが，そういった人材を揃え，マネジメントを行うリーダーが必要になることも確かである．いくら優れた専門家といえども，それぞれが思うままに業務にあたっては，効果・効率の面で問題が発生することは避けられない．そのためにも，少なくともプロジェクトマネジメントの知識や経験を積んだ総合プロデューサ的な役割を果たすリーダーが，今後は必要になってくるであろう．

1.4.6 実際に社会で活躍する専門家

　青山学院大学経営学部で実施されているeラーニング総論の教材に，実際に社会で活躍しているeラーニングの専門家へのインタビュー映像がある．教材開発やコース実施に関わる専門家，学習管理システムの運用者，セミナーなどで活躍するプロのインストラクタに，現在の仕事内容を質問したものだ．

　そこから見えてくるものは何なのか．そこには人が果たす役割の大きさが見え

隠れしている。大切なポイントは、相手の話をよく聞く傾聴によって構築される、ビジネスのカウンターパートである相手とのパートナーシップであった。デジタルよりもアナログに近い世界である。そう考えると、eラーニングの専門家育成も、つきつめると人の育成なのであるということを痛感させられる。知っておかなければならないeラーニングに関する知識や技術の習得はもちろん必須である。しかし、学びを提供する皆さんは、そのうえで相手への理解と尊重、誠実さや真摯な態度といった「人として」が問われることを忘れてはならないだろう。

1.5 eLPCOが提唱する5職種のeラーニング専門家

eLPCOでは、1998年以降に実施してきたeラーニングに関するプロジェクト、研究活動、教育実践などを受けて、eラーニング授業を導入する際に必要不可欠な専門家を以下の5つ定義し、育成を行っている（表1.2）。

表1.2　eラーニング専門家の職名と人材像

専門職名	人材像
インストラクショナルデザイナ	IDを用いて、ニーズ調査などの分析に基づき、eラーニングコースを設計、評価する専門家
コンテンツスペシャリスト	インストラクショナルデザイナによるeラーニングコース設計を反映し、適用すべきメディアの特徴を踏まえた教材を製作する専門家
ラーニングシステムプロデューサ	ラーニングシステム全般の運営や、eラーニングコースの円滑な実施のためのインストラクタ・メンタの支援を行う専門家。さらに新しいeラーニングシステムの導入の際には、その設計などに積極的に関与する
インストラクタ	授業を通じて教授活動を行ったり、学習評価を行う専門家
メンタ	学習者に対する質疑応答や情意面からの学習支援を行い、主体的な学習に対する動機付けを中心に行う専門家

表1.2に挙げた5職種の専門家は，インストラクショナルデザイン理論の代表的なモデルであるADDIEモデルに基づき，分析（Analysis）・設計（Design）・開発（Development）・実施（Implementation）・評価（Evaluation）の5つのフェーズの中で，それぞれが主職責，副職責の役割を担いながら，eラーニングプログラムの効果的でスムーズな運用のために協働している（図1.6）。

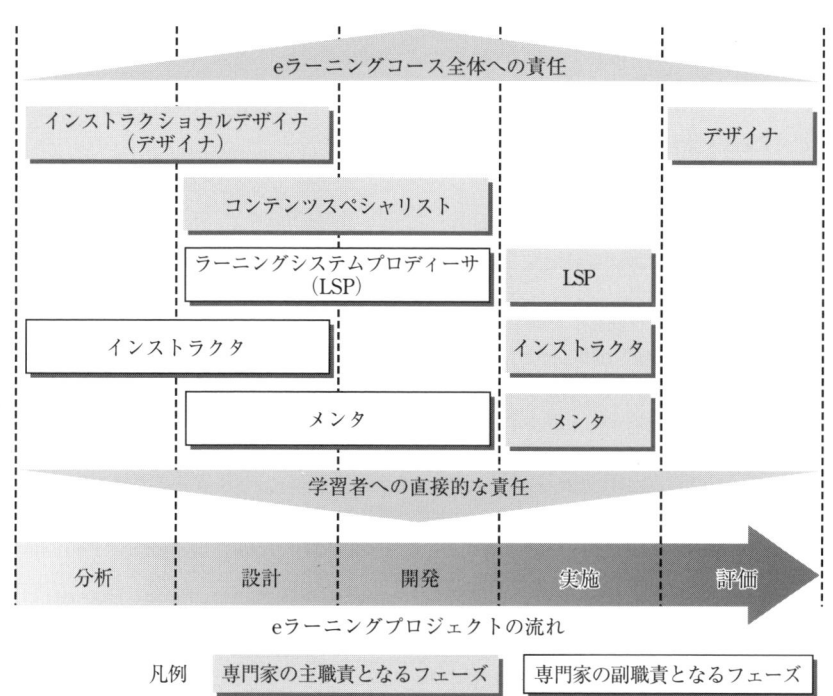

図1.6　eラーニング専門家の職責

5職種の専門家，ADDIEモデルに基づく協働の詳細については，既刊の『eラーニング専門家のためのインストラクショナルデザイン』[14]を参照してほしい。

eラーニングは，技術革新とともに日々進化する新しい学びの形であるが，その根本は人にある．学習者がいかによく学ぶことができるのかを忘れず取り組むことで，eラーニングの持つポテンシャルは，皆さんが思った以上の見返りをもたらしてくれるに違いない．

　次章以降は，ICT活用による企業内教育と新たな人材開発，プロジェクトマネジメント，インストラクショナルデザイン，著作権と個人情報，ネットワークとラーニングシステムといった，eラーニングを学ぶうえで必要不可欠な事項に関する詳述が続くことになる．多少難しい箇所もあるかもしれないが，あまり肩肘張らず読み進めてほしい．

◯参考文献

[1] 経済産業省商務情報政策局情報処理振興課編（2007）『eラーニング白書 2007/2008年版』東京電機大学出版局．
[2] 大嶋淳俊（2001）『「図解」わかる！eラーニング』ダイヤモンド社．
[3] 週刊東洋経済（2007）特集：セカンドライフ「仮想革命」．2007年8月4日号．
[4] Loftus, Geoffrey R. and Loftus, Elizabeth F. (1983) *Mind at Play : The Psychology of Video Games*. Basic Books. ＝ 西本武彦訳（1985）『ビデオゲームの心理学―子どもの才能を伸ばすその秘密』コンパニオン出版．
[5] 藤本徹（2007）『シリアスゲーム――教育・社会に役立つデジタルゲーム』東京電機大学出版局．
[6] Ryan, S., Scott, B., Freeman, H. and Patel, D. (2000) *The Virtual University : The Internet and Resource-Based Learning*. Routledge.
[7] Mayo, Merrilea J. (2007) Games for science and engineering education, *Communications of ACM*, Vol.50, No.7, pp.30-35. ＝ 鈴村豊太郎訳「理工系教育へのゲームの活用」（CACM日本語版）URL: http://doi.acm.org/10.1145/1272516.1272536（visited April 10, 2009）．
[8] Molka-danielsen, J. and Deutschmann, M., eds. (2009) *Learning and Teaching in the Virtual World of Second Life*. Tapir Academic Press, Trondheim, Norway.
[9] Prensky, M. (2000) *Digital Game-Based Learning*. McGraw-Hill. ＝ 藤本徹訳（2009）『デジタルゲーム学習――シリアスゲーム導入・実践ガイド』東京電機大学出版局．
[10] Prensky, M. (2006) *Don't Bother Me Mom : I'm Learning!*. Paragon House Publishers. ＝ 藤本徹訳（2007）『テレビゲーム教育論――ママ！ジャマしないでよ 勉強してるんだから』東京電機大学出版局．
[11] 香取一昭（2001）『eラーニング経営』エルコ．
[12] 松田岳士・原田満里子（2007）『eラーニングのためのメンタリング』東京電機大学出版局．
[13] Bersin, J. (2004) : *The Blended Learning Book : Best Practices, Proven Methodologies,*

and Lessons Learned. Pfeiffer & Co.. = 赤堀侃司監訳（2006）『ブレンディッドラーニングの戦略――e ラーニングを活用した人材育成』東京電機大学出版局.
[14] 玉木欽也監修，齋藤裕・松田岳士・橋本諭・権藤俊彦・堀内淑子・高橋徹著（2006）『e ラーニング専門家のためのインストラクショナルデザイン』東京電機大学出版局，pp.94-124.
[15] 青山学院大学総合研究所 e ラーニング人材育成研究センター（2007）現代 GP「e-Learning 専門家の人材育成」成果報告書.

第2章

ICT活用による企業内教育と新たな人材開発

> **本章の学習目標**
> - 従業員の能力開発による内部育成としての企業内教育の枠組みを説明できるようになる。
> - 企業内教育におけるeラーニングの現状と今後の活用の展望を説明できるようになる。
> - 学習環境デザインとこれからのeラーニングの可能性を説明できるようになる。
> - 従業員の視野を広げ，同時に企業に必要な人材を安定的に確保することを目指すキャリア・ディベロップメント・プログラム（CDP）を説明できるようになる。
> - 組織学習とラーニング組織の概念理解と，そのための学習者のコミュニティづくりの重要性を説明できるようになる。

2.1　職務遂行能力の開発と企業内教育

　人的資源開発を広義にとらえれば，採用・配属・異動・昇進・退職といった雇用管理や，人事考査管理を含む人間の成長に関連するあらゆる施策にまで広げることができる [1]。一方，もっと狭義にとらえれば，**従業員の職務遂行能力の開発（能力開発）**ということができる。本節では，この能力開発に焦点をあてることとし，必要に応じてeラーニングに関連する事項について解説していく。

　能力開発の形態と手法を次の2つの観点から分類して記述していく。
　①階層別教育と職能別教育：組織の階層制と分業制を考慮した分類
　② Off-JT，OJT，自己啓発：教育手法に着目した分類

　そのほかに「目的別の専門研修」というものがあり，例えばPC研修，語学研修，財務研修，法的課題研修，環境問題，メンタルヘルスなど必要に応じて行われている。

2.1.1 階層別教育と職能別教育

以下の表2.1に「**階層別教育**と**職能別教育**」の視点から見た研修体系の例を示す。

表2.1 階層別教育と職能別教育の研修カリキュラム体系（例）（著者作成）

職能等級	役職	階層別研修	職能別研修（部門別研修）			
			開発系	製造系	営業系	事務系
経営幹部	取締役	経営幹部研修				
上級管理1級	本部長	部長研修	事業戦略	生産戦略	販売戦略	企業法務
上級管理2級	担当部長	上級管理者昇進時研修	製品戦略			広報戦略
中堅管理1級	課長	課長研修	イノベーションマネジメント	生産技術革新	販売促進	知財管理
中堅管理2級	同上	中堅管理者昇進時研修				
監督管理1級	係長	係長研修	製品開発プロセス	サプライチェーンマネジメント	マーケティング	ICT活用研修
監督管理2級	同上	監督管理者昇進時研修			新規顧客の獲得	
主務職1級	主査	主査研修	特許研修	QC研修	営業実務	財務会計
主務職2級	主任	主任研修		IE研修	顧客心理	
一般職1級		社員研修	技術研修	技能研修	営業研修	事務研修
一般職2級		新入社員研修			接客技法	文書管理
担当部門	−	人事部	技術部	製造部	営業部	管理部

なお，**階層別教育**は，従業員の採用時や昇進・昇格にあたって，知識や技能の習得を目的にしている。教育の対象者を，職能等級や勤続年数などの基準で横割りにとらえ，会社主導で対象者全体に対して強制的にかつ一貫的に，同一内容の教育を実施していく方法である。社員全体のレベルを相対的に引き上げることを目的としているため，「底上げ教育」と呼ばれることもある。表2.1との関連を考えながら，階層別教育を表2.2のようにまとめた［2］。

表 2.2　階層別教育の分類と内容（例）（著者作成）

分類	階層別教育の内容
経営幹部教育	経営者に対し，国際規模の競争構造やグループ経営に関する考え方，経営戦略の立案，経営分析，意思決定や後継者の育成など。
上級管理者教育	上級管理者（本部長や担当部長レベル）に対し，目標管理，複雑な経営判断を行ううえでの意思決定や課題解決の方法やビジネスプランの立案・評価力の養成。さらに，部下の育成，リーダーシップ能力，組織開発力の養成など。
中堅管理者教育	中堅管理者（課長レベル）に対して，各自の職場における固有の業務計画や課題解決に役立つ知識・スキル・ノウハウ。また，同様の悩みを抱える他の管理職とのディスカッションなどを通じて，コミュニケーション能力やリーダーシップ能力の相互啓発をはかる。
中堅管理者昇進時教育	新任管理者（課長レベル）に対して全社的な戦略を再度理解させ，管理者として必要になる法律知識や対人スキル，職場管理の方法などについて。知識やスキルにとどまらず，「一般従業員から管理者層」への意識改革も目的とする。
監督管理者教育	・入社10年目程度の従業員：組織でのリーダーシップを発揮した業務遂行や経営の視点。今後の管理者昇進に備えて，十分な実績を積み上げる課題発見・課題解決のツールを提供。 ・入社5年目程度の従業員：業務遂行上役立つと考えられる知識やスキル。自分の仕事の範囲において人間関係を考慮しながら，改善や提案を自律的に行いうる能力の養成。
新入社員教育	会社の企業理念，業務形態や規則の説明，集団生活の心構えとして「会社の常識」や「ビジネスマナー」など。

2.1.2　教育手法から見た Off-JT，OJT，自己啓発

「どのような教育手法で能力開発を行うのか」という視点から，基本的には，「仕事の場を離れて行う（Off-JT）」，あるいは「実際の仕事を通じて行う（OJT，自己啓発，目標管理）」の2つに大別される。

(1) 仕事の場を離れて行う能力開発（Off-JT，職場外研修）

Off-JT（Off the Job Training）は，職場を離れて行われるもので，集合研修と派遣研修がある。集合研修は，新規採用者研修や管理職研修など職業生活の節目において階層別研修・職能別研修や部門別研修・目的別の専門研修などが行わ

れている（表 2.1 参照）。

　一方，派遣研修は，高度な知識・技能の習得のために，関連企業や海外事業所への派遣，あるいは大学や大学院，研究機関，政府・自治体，公共職業能力開発施設などへ個人単位で派遣される。

　なお，Off-JT 終了後，習得したものを日々の業務遂行にどう活かすかは，参加者各自に委ねられる。学んだ知識やスキルを業務に活かそうという学習者の態度は，時間が経つにつれ，どんどん弱まってしまうおそれもあり，Off-JT 後のフォローアップも忘れてはならない。

　最近では，次の 2.2 節に示すように，社内研修プログラムに e ラーニングの活用が，積極的に取り入れられるようになってきた。e ラーニングによる学習上の問題点は，学習の継続が困難なことや人的なネットワークが形成できないという点であり，集合研修との併用が考えられるようになってきた。そこで，対面講義と e ラーニングをうまく組み合わせた，**ブレンディッドラーニング**の学習形態の有効性が注目されるようになってきた。

　さらに，e ラーニングの基盤となる学習管理システム（LMS）を活用することに加えて，学習中のフォローアップのために学習支援をするメンタの役割が重要になっている。このように，従来の対面集合講義型の Off-JT は，e ラーニング，学習管理システム，そして e ラーニング専門家の学習支援により，新たな Off-JT へと学習スタイルの変革が期待されるようになってきた。

(2) 実際の仕事を通じて行う能力開発（OJT，自己啓発，目標管理）
① OJT（職場内訓練）：**OJT**（On the Job Training）とは，日々の仕事を通じて，その仕事に必要なノウハウやスキルを習得させることである。OJT では，まだ本人が十分な仕事を行うだけの能力がない段階であっても仕事をさせてみて，その場で必要な指導をするなどの方法がとられる。

　OJT には，2 つのタイプがある。第 1 のタイプは，適切にメンタリングやコーチングなど行う指導員が指名され，OJT のための実施計画とその訓練成果の評価方法が定められている**フォーマルな OJT** である。第 2 のタイプは，上司により，業務遂行の過程で必要に応じて指導する**インフォーマルな OJT** がある。非

日常的な業務や普段と異なる状況に対応する応用能力を身につける効果がある。

　Off-JTで教育できることは答えのある場合が多いが，OJTの効果は，各自が従事している職務に関する具体的な知識や技能を修得できることや，部下の理解レベルに応じて個別に指導できることである。

　一方，OJTの問題点として，指導者である管理者等の指導能力や意欲に左右されることや，仕事をさせていればそれがOJTであるといった誤解が生じることが挙げられ，その点に留意する必要がある。また，OJTで得た知識は必ずしも理論的な面が十分とはいえないので，得られた知識を整理し体系化できるよう，Off-JTや自己啓発との関連づけが必要である。

②自己啓発：従業員が自らの成長欲求により，現在あるいは将来の職業能力を高めるために行うものが**自己啓発**である。TOEICや情報処理技術者，ビジネス・キャリアなどの資格取得を目指した通信教育の受講促進や，最近ではeラーニングを活用した研修プログラムの受講に対して，企業により自己啓発支援が行われていることがある。また，夜間の専門学校や大学院に通学して高度な能力養成を

Column	OJTとメンタリングさらにコーチングの役割

　ヒトは体験しなくても他者を観察して学習することができる。このことを社会的学習理論では**モデリング**と呼ぶ [3]。モデリングは，上司の影響力が大きい新人のときにとりわけ重要である。入社して数年もたてば，OJTから主体的な学習へと移行する。同時に，モデリングの対象も次第に広がっていく。このような現象を構造的にキャリア開発に結びつけていこうとするのがメンタリングである。ここでの**メンタリング**とは，人生経験豊富な支援者（＝メンタ）が，未熟なヒト（被指導者）の将来のキャリア開発を，一定期間支援していく活動である。

　OJTは，職場をともにする上司による「今この仕事」に限定した短期的な育成・支援活動である。一方，この場合のメンタは，人材育成の専門家ではないが，職業の先輩としての助言者および支援者として，被指導者との信頼関係のもとに，「将来のキャリア開発」を対象とした長期的な職業生活における成長を促すために，教育訓練の支援，カウンセリング，挑戦意欲の喚起などを行っていくものである。

　さらに，**コーチング**とは，人材育成の専門家による指導である。コーチングの背景には，今後の企業において権限委譲による従業員の裁量範囲の拡大がある。自律的に決定できる人材を育成するために継続的，専門的に指導し，判断力や意思決定能力などを育成するものである。

希望する従業員も増えている。

　自己啓発は従業員が主体的に行うものであるが，後述する目標管理制度において関連する自己啓発を促進したり，資格取得を人事記録に記載し，自己申告制度や後に示すCDPにおける異動に反映することが行われている。

③**目標管理（MBO）：目標管理**は，毎日の仕事の場を能力開発の基礎として位置づけ，「従業員は日々の仕事を積み重ね，やり遂げることで成長していく」という考え方を基盤にしている。そのため，評価システムとしての側面のほかに，能力開発システムとしての面も併せ持っている。通常，目標管理用の書式には，行動目標や手順・スケジュールといった項目が設けてあり，それらを実行することを通じて能力開発がはかられるようになっている。

　また，目標の設定場面において，現在の能力では「やや難しい」あるいは「少し高め」なレベルを設定させる場合がある。これは，従業員の自律性を刺激したり，その目標達成のプロセスで多くの気づきや学びを得たり，さらにはその達成感によって自己効力感を得るためである。

2.2　企業内教育におけるeラーニングの動向と今後の動向

　『eラーニング白書 2007/2008年版』[4]および『同 2008/2009年度版』[5]から，企業内教育におけるeラーニングの活用動向を見てみよう。

2.2.1　教育訓練の実施傾向

　特定非営利活動法人日本イーラーニングコンソシアムによる「eラーニングユーザ調査［企業］，N=301，2007年度」によると，企業のeラーニングを用いた研修の状況は，「導入している」企業は25.6％，「導入を検討している」企業は22.3％，「導入していない」企業は52.1％となっている。

　eラーニングの導入目的として，「研修の効率化（時間短縮，受講場所自由）」が最も多く，次に「研修の効率化（コスト削減）」が重点項目として重視されている。近年では，コスト削減以上に，eラーニングの特色を活かした「学習効果の向上（成績，合格率の向上）」や「従業員の研修に対する満足度の向上」，「従

業員のモチベーション向上」,「業務展開上に必要なタイミングで学習プログラムの提供」などを重視する企業が増えており,企業内教育としてのeラーニングに求められるニーズも変化してきた.

2.2.2 eラーニングの研修対象と教育訓練の主導主体

　eラーニング導入企業の研修対象について見てみると,8割近くが全社規模を導入対象としている傾向にある.その研修内容は,全社ベースの「汎用的な知識」が多い.例えば,英語などのコミュニケーションや,最近ではコンプライアンスや情報セキュリティの問題が多発するなかで,全社一斉教育により全社員の底上げ教育の必要性が高まっている.このような大人数を対象に短期間に実施すべき一斉教育にeラーニングは非常に適しており,eラーニングの導入を後押ししているといえる.

　一方,部門ベースでの「業種・職種別に特化した知識」の教育にも,eラーニングが活用されるようになってきた.このような状況変化から,教育訓練の主導主体について,これまでは本社人事部門が取り組んでいたが,今後はその主導体制には変化がみられるであろう.つまり,本社が主導すべき研修内容と,専門業務を直轄するライン部門が主導すべき特定の専門知識・技術に関わる研修内容をうまく組み合わせていくことが求められる.

　企業の競争が激しくなるなかで,業務改善に役立つ教育訓練へのニーズはますます高まっており,現場の教育訓練ニーズを実際に把握しているライン部門に教育訓練の主導体制がシフトすることも考えられる.ライン部門の教育訓練の効率化と実践的な教育ニーズに対応するために,前述したようにeラーニングと集合研修を組み合わせた**ブレンディッドラーニング**が,ますます浸透していくと考えられる.

2.2.3 企業の人材開発部門から見た重点事項

　eラーニング導入企業のなかに,自社の人材戦略にeラーニングを組み込んでいる企業が増えてきた.例えば,eラーニングと人事システム,ナレッジマネジメントシステム,さらにはERP(Enterprise Resource Planning)システムの人

事パッケージとの連携が進められている。

　また，人材開発ニーズの把握からプログラムの設計・提供までを含めた人材開発計画の体系的な整備のために，eラーニングシステムを基盤にしたICTシステム上の**コーポレート・ユニバーシティ（企業内大学）**の構築が，大企業を中心に増えている。コーポレート・ユニバーシティとは，企業内で行う専門職業人の養成のためのプログラム全体を指す呼称であり，多くの場合，実際にキャンパスがあるわけではない。しかし，体系化されたプログラムを整備し，各分野の一流の講師陣を組織化し，受講生に理論的・実践的な知識や技術を教授することを目標にしている。今後は，自己啓発の促進手段としてますますeラーニングさらにはICTの利活用が進むと考えられる。

2.2.4　技能継承問題

　近年，産業界のなかで非常に懸念されているのが，団塊世代の大量退職による技能継承問題である。従来，このような専門的な技能については伝承が難しく，そのノウハウも蓄積されてこなかったこともあり，eラーニングはほとんど活用されてこなかった。しかし，技能者の映像やノウハウを伝える語りやインタビューなどの音声を利用して，高度な技能の実践シーンをeラーニングでコンテンツ化するなど，技能継承対策にeラーニングを役立てる企業が出てきた。このように，eラーニングは新たな目的での新しい活用法が生まれている。

2.2.5　企業内教育における個人のeラーニング活用の留意点

　eラーニングを用いた個人の研修のメリットとしては，「学習時間が自由（好きなときに受講できる，自分のペースで学習できる）」，「学習場所が自由」，「繰り返して学習することができる」，個人の希望で学習選択できる場合には，「自分のレベルにあった学習プログラムを受けることができる」，「資格取得につながる」などを，eラーニングのメリットと考えている人が多い傾向にある。

　一方，eラーニングを用いた個人で学習を進めていくときの留意点としては，「受講継続のモチベーションの維持が困難」，「講師や他の受講生とのインタラクティブ性が少ないため，研修自体が淡白に感じる」などが想定できる。

特に，SRL 型ラーニングによる個人の学習継続については，モチベーションの維持が困難で，プログラムの修了率が低下する傾向にある。そのような意味からも，e ラーニングならではの学習行動や学習心理などの特性に配慮して，メンタリングによる学習支援体制を充実していくことが，重要な課題のひとつとなる。

　ここまで解説してきたように，最近の企業内教育の動向をまとめると，ブレンディッドラーニングの浸透，事業部門向け研修と全社一斉研修との融合，さらにはグループ企業での研修の使い分け，「コーポレート・ユニバーシティ」の創設に象徴される人材開発の体系化，製造業での技能教育などにより，e ラーニングの新しい分野への適用が進みつつある。さらに，モバイルラーニングと e ラーニングとの連携によるユビキタス学習環境への新たな取組み，e ラーニングと他の ICT システムとの連携・統合など，いくつかの新しい傾向が現れてきたといえる。

2.3　学習環境デザインとこれからの e ラーニングの利用可能性

　「仕事は現場で学ぶもの」ということで，職場における人材育成のことを，前述したように一般に **OJT** という。しかし，OJT の実態は，伝統芸人の徒弟制度のように長い歴史をかけて緻密に築かれた訓練方法をはじめとして，職場に新人を配属するだけのものまで，多岐にわたっている。最近では，OJT のやり方をめぐって様々な会社が見直しを始めるなど，再考する時期にきている。

2.3.1　インストラクショナルデザインと学習環境デザインとの補完性

　インストラクショナルデザインでは，以前できなかったことができるようになるといったスキルや能力の向上を学習と考える。これに対し，**学習環境デザイン**では，学習とは，学習者が教室や職場といった現場での活動に参加すること，それ自体を指す。例えば新入社員であれば，まず職場で上司や先輩が行う営業活動に参加する過程を通じて，仕事を学んでいく。学習者にとっては，こうした活動に参加することが学習である。

　このため，学習環境デザインとインストラクショナルデザインとでは学習目標

が異なる [6]．インストラクショナルデザインでは，学習目標はあらかじめ教え手によって設定され，教材や授業は，学習者がより効果的に目標を達成できるようデザインされる．

一方，学習環境デザインでは，学習とは学習者がある社会活動に参加することを通じて主体的に行うものである．このように，あらかじめ決まった段階的なカリキュラムではなく，学習者や周辺の状況に応じて，学習目標や学習内容を変えていこうとする考え方を，**学習者中心主義**と呼ぶ．

学習環境デザインが目指すのは，学習者が学習できる環境（職場や教室といった）にアクセスしやすくすることである．例えば，上司や先輩を育成担当者として新人につけたり，新人にもできる仕事を割り振ることによって，学習者は職場での活動に参加しやすくなる．このように，学習者が学習活動に参加しやすくしようとするのが，学習環境デザインの考え方である．

2.3.2 学習環境の構成要素

職場で働く環境には，マニュアルやテキストだけでなく，その場の空間や一緒に学ぶ仲間，仲間とともに行う活動など様々なものがある．学習環境デザインで

表2.3 学習環境の構成要素（文献 [7] より作成）

要素	構成要素の内容
空間	・学校の教室や，企業の「職場」など，学習が行われる「場」のこと． ・活動の場：物理的なスペースだけでなく，人間関係（上司や先輩，同僚の社員），仕事のルールなど明文化されたルールだけでなく，誰がどのような仕事をするかという分業等のインフォーマルなルールも含まれる．
ツール（道具）	上記の空間で用いられる「ツール」．例えば，営業先の知識を得るための顧客リストや，業務日誌，上司や先輩や同僚と連絡をとるための携帯電話やメールといった様々なツールがある．
活動	これらのツールを使って，実際の活動を行う．例えば営業活動など．学習には，空間やツールだけでなく，実際の活動が行われる場に参加することがとても重要になる．
共同体	職場で，様々なツールを使いながら，ともに活動に取り組む仲間．共同体は，空間，ツール，活動を支える基盤であり，学習者を取り巻く人的ネットワークといえる．

は，このように私たちが普段学習している環境を，次の4つの構成要素に分けて考えることがある．

普段，私たちが仕事で学んでいる環境は，「空間，ツール，活動，共同体」といった要素が相互に絡みあって構成されている．学習環境をデザインする際に重要なことは，「学びの視点に立ち，学習を成立させる場を，意識的に一貫した考えによってデザインしていくこと」である（表2.3参照）．

2.4 多くの職務経験によるキャリア開発

キャリア（Career）という言葉は，多様な文脈で使用されることがある．本節ではこのキャリアを，企業の人的資源管理における問題としてとらえる．そのうえで，キャリア開発の課題を，個人と企業組織による協働デザインとしてとらえ，「個人の選択と組織の選抜の調和」という観点から考えてみる．

2.4.1 キャリアとわが国のキャリア形成の特徴

人事異動には，横の移動すなわち**配置転換**と，縦の異動すなわち**昇進**がある．従業員が長期間にわたって同一の仕事に従事することは，仕事の熟練やスピードアップには効果がある．しかし，一方でその従業員の考え方や視野を狭めてしまうおそれがある．個人が発揮できる能力の幅を広げ，大きな視野を持った判断を行えるようにするためには，多くの仕事を経験させる必要がある．このように日本の企業では，人事異動により幅広い職務経験を与え，キャリアを育成してきた．そこで，「キャリア」ということが注目されるようになった．

ここでの**キャリア**とは，「従業員一人ひとりの人事異動によって形成される職務の経歴を通して，一連の仕事群から得られた経験や活動に対して，個人がとる態度や行動の連なり」ということになる［8］．すなわち，やさしい仕事から，次第に難しい，相互依存関係の複雑な仕事へと異動していくことになり，その一連の仕事群から，キャリアが形成されていくことになる．つまり，適切な人事異動（配置転換と昇進）はキャリアを形成することになる．

わが国の従業員のキャリア形成の特徴は，欧米のように特定職種のなかで企業

横断的なキャリア形成が行われるのではなく，企業グループ内で関連する幅広い範囲でキャリア形成が行われることである。その結果，人的ネットワークの拡大や，技能やノウハウにおいても企業特殊能力を育成することになる。また，ホワイトカラーの異動は欧米でもみられるが，わが国では，ブルーカラーも職場内異動を含めて頻繁に異動し，キャリア形成を行っている。

2.4.2　キャリア・ディベロップメント・プログラム（CDP）

キャリア開発とは，個人が仕事に対する自らの考え方や志向性を自覚し，それらに基づいて意欲的に仕事に取り組めるようにすることである。キャリア開発は，組織と個人の双方で行うもので，協働的にデザインするものといってよい。組織にとっては，そこで働く個人の意志や希望と組織の戦略をいかに調和させていくかということである。個人にとっては，組織の中でいかに主体的に自らの働き方をデザインしていくかという問題である。

その目的で行われるのが，**キャリア・ディベロップメント・プログラム**（CDP：Career Development Program）である。多くの職務を経験させることにより，従業員の視野や能力を広げ，同時に企業に必要な人材の量や質を安定的に確保することを目指す［9］。以下に，CDPを効果的に進めるポイントを示す［10］。

- 計画的に職務経験を積めるローテーションルートの設定
- 育成する人材が備えておくべき目標能力を計画的に獲得するためのキャリアパスの明確化
- 前述した階層別教育と職能別教育などの分類に対応した，各々の資格や要件の明確化
- 従業員一人ひとりの能力と適性を客観的に把握し管理することができる仕組みづくり
- 従業員が自分のキャリア設計を行うことができる機会の提供と支援体制
- 自分のキャリア設計を会社に伝えることができる機会の提供と支援体制
- キャリアの形成段階に応じ，必要とする能力を習得できる教育研修体系の整備

つまり，CDPは，従業員一人ひとりの課題として取り組むだけでなく，企業全体としてそのプログラムを開発するとともに，従業員のそれぞれが所属する部門や組織で実行していくべき**人材開発**の課題といえる。企業側としては，事業ビジョン，事業戦略を明確にし，社員にキャリアの大枠を示すべきである。従業員個人として自律的に行うキャリア開発が行える社内の支援体制の整備としては，次のようなものがある。

- 社内公募制度
- 社内フリーエージェント制度
- 上司によるキャリア面談，目標管理制度
- キャリア開発ワークショップ，キャリア・カウンセリング

　そして，従業員個人としてのキャリア開発において，個人の転機となる「移行期」には，**節目のキャリアデザイン**ということが大切になる。一方，移行期以外では，**キャリア・ドリフト**，つまり，キャリアについて考えすぎず，まずは状況に身を委ねてみるということも必要だといわれている。

2.5　組織学習とこれからのeラーニングの利用可能性

2.5.1　「組織学習」から「ラーニング組織」への系譜

　個人の獲得した個人知識が，組織の他のメンバーに伝達共有され組織知識としても獲得，蓄積される。すなわち，組織が学ぶということは，まず個人の知識の変革，その変革過程を経て，その組織内での伝達，他者の受容という社会化のプロセスを通過し，組織知識となって組織学習が成り立つのである。したがって，新たな知識の受容は，組織のパワー構造をはじめ，組織文化との適合が必要になる。そしてはじめて組織に新知識は受け入れられ，他の知識は統合され，組織メンバーに共有され，組織知識として獲得，蓄積されることになる。

　組織学習のコンセプトは，1960年代後半の学術論文に登場している［11］。その組織学習の端緒は，サイアートとマーチ（Cyert & March, 1963）であることは多くの研究者が指摘している。組織学習とは何かの定義については，「行為と結果の関係と，その関係への環境の影響に関する知識を開発する組織内プロセス

である」(Duncan & Weiss, 1979),「組織知識基礎を開発,形成するプロセスに関連する」(Shrivanstava, 1983),「より良い知識と理解を通しての行動の変革を進めるプロセスを意味する」(Filo & Lyles, 1985),「組織が行動をいかに学ぶかの組織力に関連するものであり,組織メンバー個人によって保有されるものではなく,その集合である」(Cook & Yanow, 1993)といった様々な定義に見られるように,組織学習は文字どおり個人ではなく「組織の成果や行動変革のための組織の能力,プロセス」として要約できよう（根元,2004）。

こうした組織学習の研究の流れのなかで,組織の学習論ではなく,ラーニング

表2.4 学習する組織の5つの構成要素（文献 [12] より作成）

構成要素	内容
自己実現 （マスタリー）	・深く願望に関わる学習領域。 ・手に入れたいと願う結果を描く（自己ビジョン）と,一方で,現在の生活に対して現実的な評価を下す（現実評価）。それにより,「よりよい意思決定」と「結果を出す能力」とを高める。
メンタルモデル	・「内省と探求」のスキルに関わる学習領域。 ・自分の内面にある世界のイメージを絶えず内省し,再考することによって,行動と意思決定の能力を高めることができる。 ・一方,人は自分の経験や事実に意味づけをして推論する「推論のはしご」に陥って,誤った結論に至ることが多い。
共有ビジョン	・グループでのアプローチによって,共通目的に意識を集中することができるようになる。 ・未来のイメージや,そこに到達するために用いる原則や手法のイメージを一緒につくっていくなかで,コミットメント（責任ある取組の姿勢）を養うことを学ぶ。
チーム学習	・グループの相互作用に関する学習領域。 ・チームは「ダイアログ（グループで共同思考をするための対話の技法）」や,「スキルフル・ディスカッション（ただ意見を述べ合うのではなく,チームで意見の共有化をはかる）」などの対話の技法を通じて,「共同思考」のかたちへ変える。 ・メンバー一人ひとりの能力の総和よりも,共通の目標達成に向けた行動,組織としての知性と能力を引き出すことを学ぶ。
システム思考	・「相互依存性」と「変化」をより深く理解することによって,行動に影響を与える力にうまく対処することを学ぶ。 ・「システム思考」は,フィードバックと複雑なふるまい（時間の経過とともに成長あるいは安定へと向かうシステム特性にかかわる）。

する組織をどのように構築するのかの視点から言葉を逆転させた「ラーニング組織（Learning Organization）」論が台頭してきた。1990年には，ラーニング組織論の代表的文献といわれるMITのセンゲ教授の著書『最強組織の法則』（Senge, 1990）が刊行された。

つまり，学習を個人のものとしてではなく組織のものとしてとらえる考え方が，**学習する組織**（Learning Organization）という概念である。学習する組織は，1990年，先のセンゲによって提唱された。表2.4に示したように，学習する組織を5つの構成要素からなるものとしている［12］。以上のように，チームメンバーが対話を通じて学習し，問題の全体状況や相互関係を明らかにして問題解決していく組織が，「学習する組織」である。

2.5.2 「学習者のコミュニティ」の特徴

学習する組織をつくるということは，組織のなかに学習のための「共同体（学習者のコミュニティ）」を構築することでもある。ウェンガーは，学習が行われる共同体を**実践共同体**（Community of Practice）と呼んだ。実践共同体とは，共同の取組みに対する専門性と情熱を共有することでインフォーマルに結びついた人々の集まりである［6］。表2.5に示したように実践共同体は次の3つのことが備わっていることである［13］。

ウェンガーは，これら3つの要素がうまくかみ合った実践共同体を企業内外に多層的につくり出すことを提言していた。例えば，企業における部門横断的な開発チーム，職場内あるいは社外での勉強会，異業種交流会，社会人大学院などで

表2.5 実践共同体の構成要素（文献［6］［13］より作成）

構成要素	内　容
領域（Domain）	メンバーが共有する問題やテーマ（例えば専門知識やノウハウ）
コミュニティ（Community）	メンバー同士の相互交流と関係性。メンバー同士が強く結びついたコミュニティは，メンバーの帰属意識を高め，自発的にアイディアを共有し，教え合う雰囲気をつくり出す
実践（Practice）	メンバーが共有する一連の枠組みやアイディアやツール，情報，様式，専門用語，物語，文書など

ある。このように実践共同体は,「学習者のコミュニティ」である。実践共同体は,領域を共有するメンバーが共同で実践を行い,コミュニケーションを活発化することから始まる。

◎参考文献
[1] 慶應義塾大学ビジネス・スクール監修,高木春夫(2004)『人的資源マネジメント戦略』有斐閣.
[2] 横山正博(2005)『人的資源管理の基礎と展開』中央経済社.
[3] 奥林康司(2003)『入門 人的資源管理』中央経済社.
[4] 経済産業省商務情報政策局情報処理振興課編(2007)『e ラーニング白書 2007/2008 年版』東京電機大学出版局.
[5] 特定非営利活動法人日本イーラーニングコンソシアム編(2008)『e ラーニング白書 2008/2009 年度版』東京電機大学出版局.
[6] 荒木淳子(2006)「第 5 章 学習環境のデザイン」,中原淳編著『企業内人材育成入門』ダイヤモンド社,pp.183-219.
[7] 美馬のゆり・山内祐平(2005)『「未来の学び」をデザインする』東京大学出版会.
[8] 荒木潤子(2006)「第 7 章 キャリア開発の考え方」,中原淳編著『企業内人材育成入門』ダイヤモンド社,pp.253-288.
[9] グロービス・マネジメント・インスティチュート編(2002)「6 能力開発システム」『MBA 人材マネジメント』ダイヤモンド社,pp.138-148.
[10] 岡村一成編(1994)『産業・組織心理入門 第 2 版』福村出版.
[11] 根元孝(2004)『ラーニング組織の再生』同文舘出版.
[12] ピーター・M・センゲほか,柴田昌治監訳・牧野元三訳(2004)『学習する組織「10 の変革課題」』日本経済新聞社.
[13] Wenger, E. and Snyder, W. M. (2001) "Communities of Practice", *Harvard Business Review on Organizational Learning*. Harvard Business School Press, pp. 1-20.

第3章 プロジェクトマネジメントとeラーニング

本章の学習目標

- プロジェクトマネジメントとはどのようなものであるのかを説明できるようになる。
- IDプロセスに対応したeラーニング専門家と協働プロジェクトマネジメントの関連性を説明できるようになる。
- 協働プロジェクトマネジメントのためのeラーニング専門家の役割と活動を説明できるようになる。

3.1 プロジェクトマネジメントの概要

「プロジェクト」とは，限られた資源で特別なミッションを達成しなければならない特殊業務であり，定常業務とは異なり，未知な点が多いため，戦略的に進めなければ成功は得られない。

「プロジェクトマネジメント」では，モノおよびサービスをつくるプロセスを意識しつつ，モノおよびサービスづくりをプロジェクトとして遂行するうえで重要となる経営資源（ヒト，モノ，カネ，情報，技術，時間）の管理方法を通して，活動全般を統括的に管理する方法を学ぶ。

図3.1に示す業務プロセスとエンジニアリング手法の連携のなかでは，物理的に目に見えるモノや，サービスをつくるプロジェクトの最終成果物の仕様定義と，それを構成するために必要な構成要素を示すSBS（System Breakdown Structure）の作成を出発点としている。次に，SBS形成に必要となるWBS（Work Breakdown Structure）とそれに関わる経営資源の計画・管理へとOBSを展開することで，図中に示す業務プロセスを設定する。さらに，この業務プロセスによって，プロジェクトの最終成果物がソフトウェアであれ建造物であれ，それらがプロジェクトとして管理できる理由を理解することを目的とする。

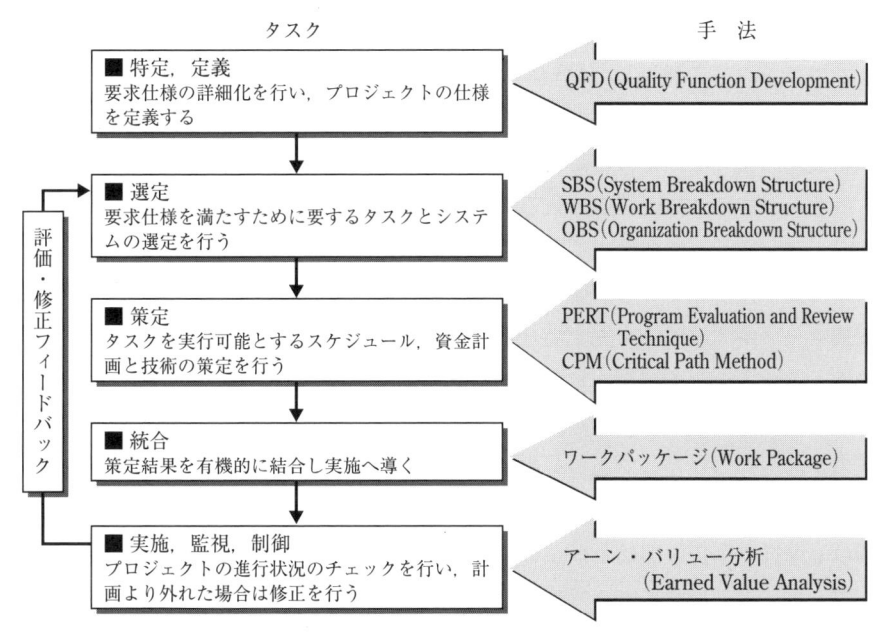

```
        タスク                              手法

┌──────────────────────┐
│ ■ 特定，定義          │────▷ QFD (Quality Function Development)
│ 要求仕様の詳細化を行い，│
│ プロジェクトの仕様    │
│ を定義する            │
└──────────┬───────────┘
           ↓
┌──────────────────────┐      SBS (System Breakdown Structure)
│ ■ 選定                │────▷ WBS (Work Breakdown Structure)
│ 要求仕様を満たすために要するタスクとシステ│ OBS (Organization Breakdown Structure)
│ ムの選定を行う        │
└──────────┬───────────┘
           ↓
┌──────────────────────┐
│ ■ 策定                │────▷ PERT (Program Evaluation and Review
│ タスクを実行可能とするスケジュール，資金計│      Technique)
│ 画と技術の策定を行う  │      CPM (Critical Path Method)
└──────────┬───────────┘
           ↓
┌──────────────────────┐
│ ■ 統合                │────▷ ワークパッケージ (Work Package)
│ 策定結果を有機的に結合し実施へ導く│
└──────────┬───────────┘
           ↓
┌──────────────────────┐
│ ■ 実施，監視，制御    │────▷ アーン・バリュー分析
│ プロジェクトの進行状況のチェックを行い，計│      (Earned Value Analysis)
│ 画より外れた場合は修正を行う│
└──────────────────────┘
```

(左側に「評価・修正フィードバック」のループ)

図 3.1　プロジェクトにおける業務プロセスのタスクとそれに対応するプロジェクトマネジメントの手法（文献 [1] を参考にして著者作成）

3.2　プロジェクトとプロジェクトマネジメントの定義

3.2.1　プロジェクトの定義

　プロジェクトマネジメントの知識を体系的に取りまとめた P2M 標準ガイドブック [2] によると，**プロジェクト**とは，「**特定使命**を受けて，資源，状況などの制約条件のもとで，始まりと終わりの**特定期間内**に実施する将来に向けた価値創造事業である。特定使命とは，プロジェクトに期待される総合的達成要求のことである。この要求を明確にすることが，プロジェクトマネジメントの出発点となる。特定使命を明確にするためには，プロジェクトに対する考え方，目的，目標，方針，手段，行動指針などについて規定することが必要である。プロジェクトは特定使命の価値を認め，資源投下が決定される」と定義される。

3.2.2 プロジェクトの特性

プロジェクトの特性は,「個別性,有用性,不確実性」の3つに集約される。第1の「**個別性**」は,プロジェクトの非反復的な特性を指している。例えば,車の新製品開発では,常に新たなデザイン,部品,生産方法の開発が求められている。したがって,毎回結成される新車開発プロジェクトの成果物は,どこにも類似のモノがなく,個別性(背反的な特性＝独自性)があるといえる。プロジェクトには類似性が見えても,同一環境下で実施されることはない。特定使命による個別テーマが問題解決を促す場合が多く,プロジェクトには差別性,新結合,新奇性,革新性など多様な非定型性がある。

第2の「**有期性**」は,プロジェクトの明確な「始まり」と「終わり」を特色とする基本属性のひとつである。前述の例では,プロジェクトは,新製品開発の発案をスタートとし,新製品の完成が終了を意味するので,プロジェクトの存続期間は有期性(明快な開始と終了の設定＝一時的)であるといえる。「始まり」は,プロジェクトの使命によってチームが新しく立ち上がり,プロジェクトの責任者が決定されるので明確だが,「終わり」は必ずしもそうではない。特に,どこが「終わり」なのかを明確にしておく必要がある。

プロジェクトの使命達成は,特殊な条件や状況を想定して実行される事業であることから,第3の「**不確実性**」に影響される。時間の経緯とともに当初想定された社内側の資源(ヒト,モノ,カネ,情報,技術,時間など)が変化する不確実性も考えられる。一方,外部側の不確実性により,例えば未知な情報,予測不可能な環境などにより,ビジネスリスクが発生することがある。

プロジェクトの定義にあるように,プロジェクトが「独自」で「一時的」な活動であるだけに,プロジェクトの実行は目標を絞った1回勝負と考える必要がある。したがって,いかに過去の事例に精通していても,実際に動いているプロジェクトがどのように進行し,どのような成果を出すかを,経験のみで推しはかることは困難である。プロジェクトを成功させるには,「使命を達成するために有期的なチームを編成して,プロジェクトを公正な専門的手段で効率的に遂行し,確実な成果を獲得する実践的能力の総称」とされるプロジェクトマネジメントが重要になる。

3.2.3 プロジェクトマネジメントの定義

プロジェクトマネジメントとは,「特定使命を達成するために有期的なチームを編成して,プロジェクトマネジメントの専門職能を駆使して,プロジェクトを公正な専門的手段で効率的・効果的に遂行して,確実な成果を獲得する実践能力をプロジェクトに適用することである」と定義される [2]。

つまり,プロジェクトマネジメントとは,適切な知識,技術,ツールそして技法を適用して,プロジェクトの事業主体やその他の**ステークホルダー**[1]の当該プロジェクトに対する要求や期待を充足して,成果を上げるための活動といえる。プロジェクトを成功させるためには,単にプロジェクトの目標を達成すればよいのではなく,プロジェクトを取り巻く様々な制約条件を満たしたうえで目標を達成しなければならない。そして,制約条件の各事項は互いに関連するものが多く,ひとつを優先すると他の制約事項に影響が出てくる。例えば,プロジェクト期間の短縮のために「時間」を優先すると,割高な作業費が生じて「コスト」という制約事項に影響を及ぼすことになる。このため,複数の制約事項のバランスをとりながら,プロジェクトを成功に導くために行う活動である,プロジェクトマネジメントが必要になる。

プロジェクトマネジメントの要件は,「公正な手段,効率的遂行能力,効果的遂行能力」の3つといわれている。

3.3 マネジメントプロセスおよびマネジメントタスク

3.3.1 マネジメントプロセス

プロジェクトには,大規模プラント建設からソフトウェア作成までの種々の対象が存在する。しかし,プロジェクト対象の遂行プロセスには,プロジェクトの最終成果物にかかわらず,「共有となる部分」と「最終成果物によって異なる部分」とが並存する。両者は次のように定義されている。

①共通部分:**プロジェクトマネジメントプロセス**

プロジェクトを運営するためのプロセスであり,プロジェクトフェーズにあまり関わりなく,ほとんどのプロジェクトに共通な業務遂行構造をもつ。

②最終成果物によって異なる部分：**プロダクトオリエンティッドプロセス**
　成果物をつくりあげるためのプロセスであり，成果物（建造物からソフトウェアまで種々にわたる）に合わせてプロジェクトフェーズ（例えば，製造業における製品開発・製造プロセスでは，事業計画，製品企画，仕様確定，製品設計，調達，製造，検査など）ごとに異なる業務遂行構造をもつ。

3.3.2　マネジメントタスク

　プロジェクトマネジメントプロセスとして，プロジェクトの成果物にかかわらず行わなければならない**プロジェクトマネジメントタスク**がある［1］（表3.1参照）。

　それぞれのタスクのワークフローを図3.2に示す。この図では，選定タスクより監視・制御タスクにおける監視対象として，成果物と作業に関わる情報が入力されており，定義タスクより評価・終了タスクに対してプロジェクトの終了条件として当初定められたゴールが入力されている。

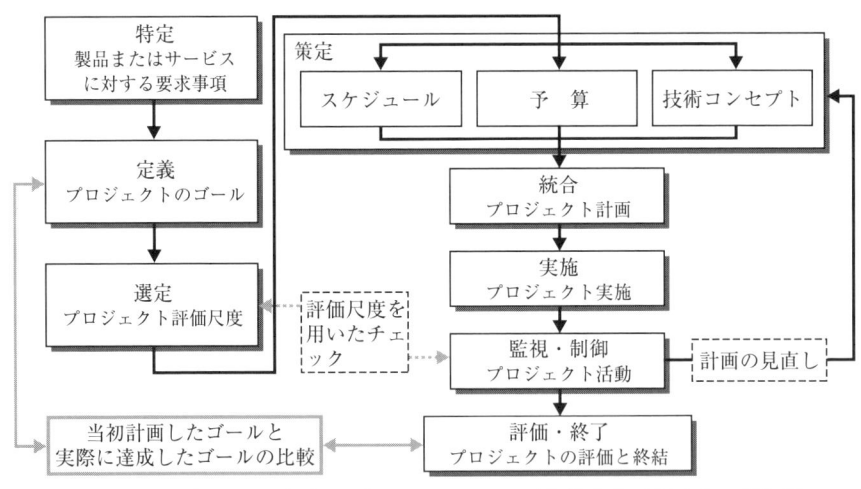

図3.2　プロジェクトマネジメントのワークフロー（文献［1］，図3.2を一部改変）

表 3.1 プロジェクトマネジメントタスク（文献 [1] をもとに作成）

タスク	タスクの内容
①特定タスク	顧客要求仕様の詳細化。
②定義タスク	**プロジェクトスコープ（業務範囲）** の設定。プロジェクトとして受け入れることのできる要求，受け入れるには条件を付ける必要のある要求，受け入れがたい要求等の仕分け。
③選定タスク	顧客の製品に対する要求仕様を満たしていると判定するための基準となる成果物と作業の選定。
④策定タスク	選定タスクにより選択された複数機能仕様（代替案）の評価を行う。3つのサブタスクがある。 ・**スケジュール策定**：プロジェクトの遂行計画の策定。 ・**予算策定**：プロジェクト実行予算の策定。 ・**技術コンセプト策定**：製品の概念設計を行い，この製品設計によって成り立つ技術，製品，サービスとその提供を行う専門部署（またはアウトソース先）の確定。
⑤統合タスク	策定した各プランを有機的に結合することで，プロジェクトの実行をできる限り効率化。
⑥実施タスク	プロジェクトの実際の実行。実施タスクでは，策定タスクで立てたスケジュール，予算，技術内容をより深く詳細化する必要がでてくるが，最初の基本計画をいかに守るかがプロジェクトの成功のキーポイント。
⑦監視・制御タスク	選定タスクで定めた成果物が，策定タスクで定めた計画どおりに生成されているか否かを監視し，計画より外れた場合には，随時計画の策定し直し。
⑧評価・終了タスク	定義タスクで定めたプロジェクトのゴールが達成されているかを評価し，プロジェクトの終結。

3.4 マネジメントタスクのワークフローに対応したプロジェクトマネジメントの手法

ここでは先に掲げた図 3.1 および表 3.2 のプロジェクトマネジメントタスクに対応した，プロジェクトマネジメントの手法を紹介する。

3.4.1 「特定タスク，定義タスク」における仕様確定

定義タスクでは，顧客の最終成果物に対する「**要求仕様**（Requirement Specification＝性能要求；Performance Requirement）」を策定し，これに対して，エ

ンジニアリング側の製品設計部門で「**設計仕様**（Design Specification＝機能仕様；Functional Specification）」を決定することは，プロジェクトにおいて最も重要な作業のひとつである。つまり，顧客の新製品に対する性能要求（以下に示すニーズ，運用要求，技術要求，システム要求）を分析し，その性能要求を満足する機能を定義し，その機能をコストにより評価した価値を提示する。この新製品に対する設計仕様では，性能を満足させるための具体的な機能，素材，工法などを特定する必要がある。

- ニーズ：顧客の要求そのものであり，性能要求を分析する際に1番目に位置する
- 運用要求：ニーズを達成するにあたって考慮する要件
- 技術要求：運用すべき「モノ」の製作にあたって考慮する技術要件・規格
- システム要求：「モノ」をシステムとして構成・機能するにあたって考慮する要件，適用すべき製造規格

3.4.2 「選定タスク」：要求から成果物・必要作業への変換

プロジェクト遂行のためのグランドデザインを行うタスクとして，顧客の成果物に対する「要求（Scope）」する仕様を特定して，「成果物（Deliverable）（中間成果物を含む）」へ変換するプロセスに，必要な「作業（Work）」を関連づける，**選定タスク**がある。

プロジェクトマネジメントについて説明する。プロセスにおける管理（マネジメント）の主体は，モノとヒトの管理である。ここでモノやサービスの管理とは，最終成果物を作成するために必要なすべての中間成果物（仕様書，図面などを含む）と，最終成果物の構成部品すべてを把握して管理することである。またヒトの管理とは，必要とされる作業のリストアップと，それぞれの活動に関わる技術，時間，工数を正確に把握して管理することである。通常，これらの情報は，SBSおよびWBSと呼ばれる構成要素の樹形図を中心として表現される。

(1) SBS（System Breakdown Structure）による成果物の把握

　SBSでは，プロジェクトの最終成果物の構成と各構成要素の作成に必要とな

図3.3 自動販売機の製造プロセスに関するSBSの事例（著者作成）

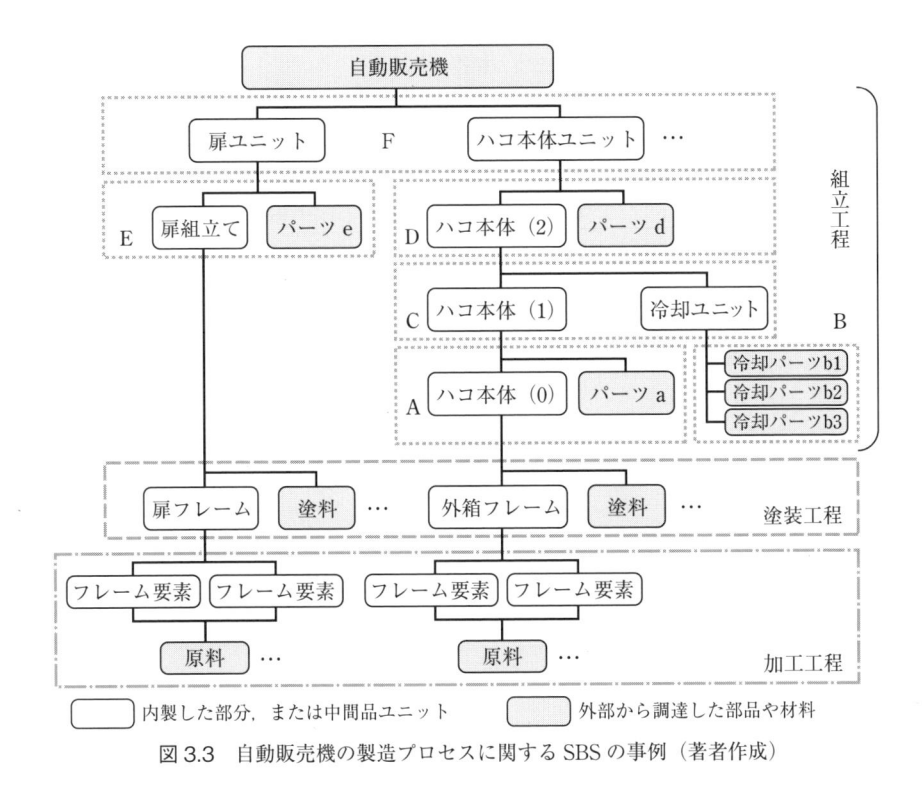

るリソース（特に原材料コスト，製造技術など）を階層構成状に分解して管理する。SBSにおける分解の対象は，各構成要素の作業量によりコストの算定可能な図面・仕様書などの設計図書，具体的なコストが設定されているユニット部品，部品単体までとなる（図3.3参照）。

(2) WBS (Work Breakdown Structure) による作業の把握

WBSでは，プロジェクト遂行に関わる作業を，階層構造状に分解し，具体的に指示可能なレベルまで細分化することで，実際に行われなければならない作業とその作業を行ううえで必要となるリソース，すなわち資源（特に人材，時間，部署，予算など）を管理する。図3.3のSBSに示された中間成果物ならびに最終成果物は，このWBSで特定された作業によって生成される（図3.4参照）。この

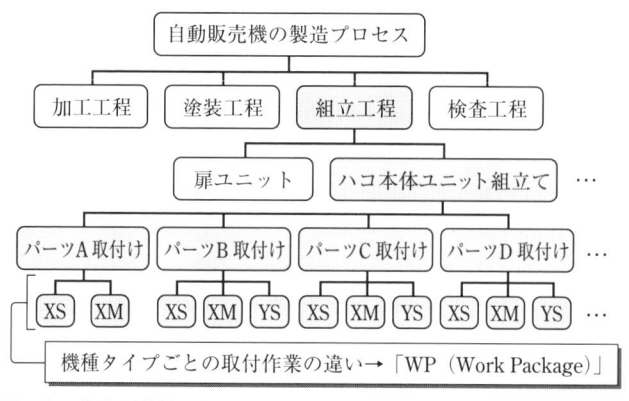

図 3.4 自動販売機の製造プロセスに関する WBS の事例(著者作成)

ように，WBS はプロジェクトの目的を達成するために，プロジェクトの成果物やフェーズに基づき，実行されるべきすべての作業を体系的に階層組織化して表したものである．その階層の最下位ベースの作業要素(同時に管理可能な最小単位)である **WP(Work Package)** を抽出する．

3.4.3 「策定タスク」：スケジュール，予算，担当部署の決定

前項の選定タスクによって作成された WBS 上の各作業を実行可能とするために，**5W2H**(Who 誰が，What 何を，When いつ，Where どこで，Why どんな目的で，How どうやって，How much いくらで)を具体的に設定するための方法を示す．

(1) スケジュール

WBS によって示された業務は相互に関連し合っており，業務処理に要する時間が決まると，業務遂行の手順をスケジュールとして「工程表」を作成することが可能となる．つまり，WBS の作業手順図の作業要素である各 WP にそれぞれの作業所要時間を入れると作業手順図は**工程表**となる．このように，工程表に基づいてスケジューリングすることが，プロジェクトを計画どおりに遂行するために必要不可欠となる．工程表作成には，種々の手法が開発されている．業務手順

のスケジューリングの表現手法として，ガントチャート形式とネットワーク形式のものがある。

① **ガントチャート形式のスケジューリング**

工程表を表形式で作成する方法で，左辺に業務を配し，上辺に時間軸，そして業務遂行に要する時間をバーの長さで，業務開始から終了時期を時間軸の位置によってプロジェクトを計画する。それぞれのバーの計画日程に対して，それぞれの業務の進捗状況について，実績の進み方や遅れが生じたときには対策を打ち，プロジェクトの工程管理を行う。この形式の利用例が「工程表」である。

② **ネットワーク形式のスケジューリング**

ネットワーク形式の工程表は，ボックスとそれをつなぐ矢印（Arrow）で構成され，次の2形式がある。第1の **PERT**（**Program Evaluation and Review Technique**）法は，アクティビティとその進行方法を矢印で表現し，イベントをノードで表現する（AOA型：Activity On Arrow と呼ばれることがある）。作業の順序関係が存在する複数の作業で構成されるプロジェクトを能率よく実行するためのスケジューリング手法である。

第2の **クリティカルパス**（**CPM：Critical Path Method**）法は，アクティビティをノードで表現し，矢印はアクティビティの先行順位を表現する方法で，特に，スケジュールの短縮期間とその費用を考慮していることが特徴といえる。プロジェクト開始から終了までの期間を，余裕（Float，フロート）なしの最小にする作業の選択も考慮した手法である。

(2) プロジェクト予算の決定

製造企業におけるプロジェクトの費用の構成を，一例として図3.5に示した。このなかで，直接費であるプロジェクト人件費，資材費，機材費がSBSとWBSとの組合せから見積もることができる。その見積りは，**CBS（Cost Breakdown Structure）**によって，プロジェクトに関わるコスト構造が決められている。

一方，WBSで管理するプロジェクトコスト計算例は以下のとおりである。
- 成果物を生成するための作業コスト

  作業コスト＝WH（Work-hour）コスト＋作業のために必要となるコスト

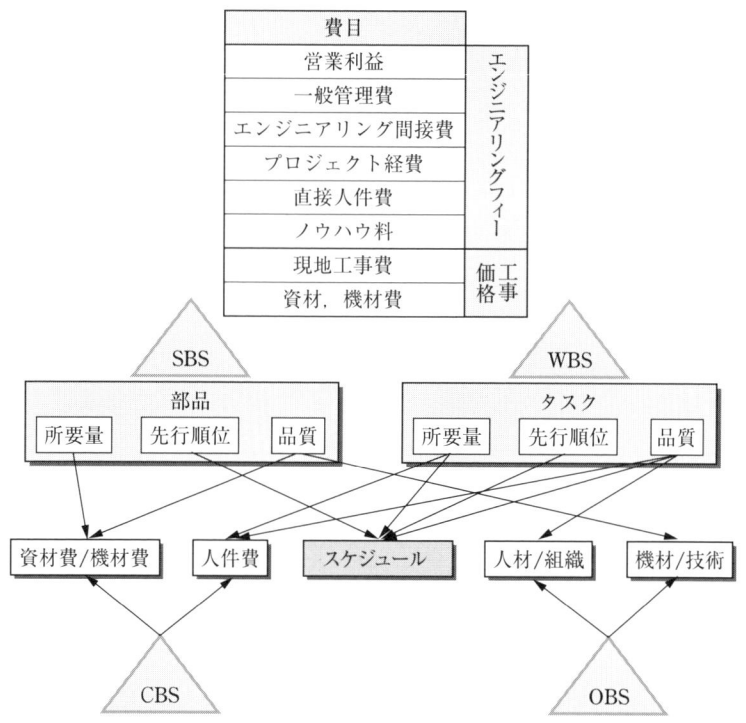

図 3.5 プロジェクトにおける費用項目例と，SBS，WBS によるコスト推定 [1]（図 4.13）

- WH（Work-hour）コスト

 WH コスト＝作業時間×作業単価

 作業時間＝作業量×1 単位の作業に必要な時間

なお，「作業のために必要となるコスト」とは，会議費，通信費，交通費などである。作業量の推定は，過去に実績があるプロジェクトの場合には標準値をそのまま使用することが可能である。一方，設備改良や開発要素のある場合には，成果物作成に至るまでの調査や，ケーススタディなどのために作業量（ワークボリューム）が増加することも考慮する必要がある。したがって，図面枚数のような成果物量は同じであっても，作業の特性により作業量は増減し，必要工数も変化する。

(3) WBSとOBSによるプロジェクトの担当部署の決定

WBSによって示された業務は，専門部署によって担当される．トップダウンアプローチで作成されたWBSは，作成された時点で担当する部署があらかじめ想定されている．このため，「**策定タスク**」としてはマトリックス組織とWBSの関係を示している．図3.6の左辺側には専門部署を階層化した**OBS (Organization Breakdown Structure)** が配置され，上辺側にはプロジェクトのWBSを配しており，交点が専門部署に対する業務の割振り（WP）を示している．なお，各プロジェクトにとって共通の資源である専門部署では，専門業務の集中管理をはかっている．このため，1人のエンジニアに複数のプロジェクトを割り当てることも行われている．

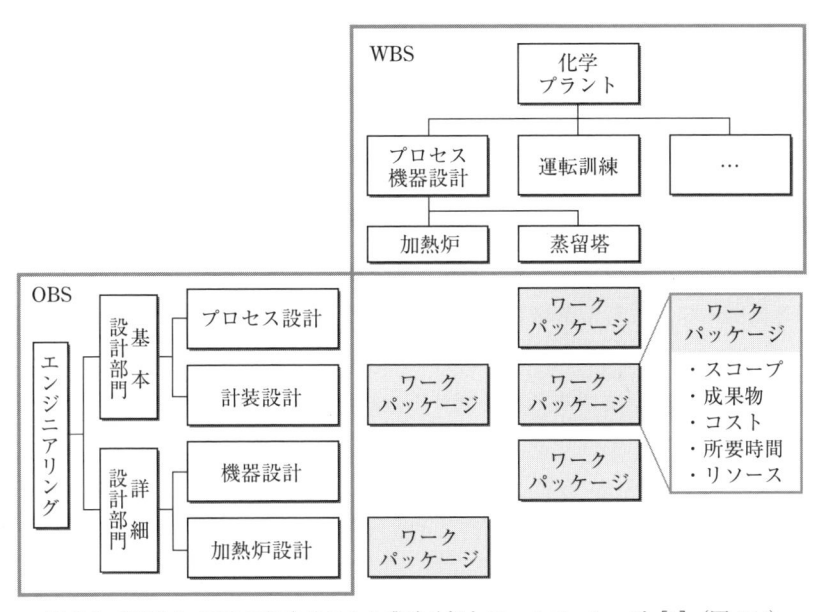

図3.6 WBSとOBSの組合せによる業務分担とワークパッケージ［1］（図4.14）

3.5 IDプロセスに対応したeラーニング専門家同士さらに教員との協働プロジェクトマネジメント

3.5.1 IDプロセスに対応したeラーニング専門家同士の協働プロジェクトマネジメントモデル

　eラーニングコースを開発・運用するには，十分なニーズ分析をはじめとした分析，設計，開発，実施，評価というID（**インストラクショナルデザイン**）プロセスに沿って，eラーニング専門家同士が協働しながら組織的に業務を遂行する必要がある。その協働の流れを表したものが，第1章の図1.6（23頁参照）である。この図では，IDプロセスに包含される各フェーズにおいて，それぞれのeラーニング専門家がどのような活動の職責を担うかを示したもので，我々はそれを「IDプロセスに対応したeラーニング専門家同士の**協働プロジェクトマネジメントモデル**」と呼んでいる。なお本書では，ひとつのeラーニングコースを開発・運用するための最低限の専門家として，インストラクショナルデザイナ，コンテンツスペシャリスト，インストラクタ，メンタ，ラーニングシステムプロデューサの5職種を定めている（第1章　表1.2参照）。

　前掲の図1.6では，主職責を担う専門家が各フェーズの主担当であることを指している。一方，副職責を担う専門家は，副担当として主担当のeラーニング専門家を協働的に支援して業務を行うことになる。

　従来，IDの手法を用いてeラーニングコースの開発・運用を担う専門家として「**インストラクショナルデザイナ**（IDer）」について語られるときに，決まって分析から評価まですべてのフェーズにまたがって主要な役割を担うものとされていた。しかしながら，分析から評価までのフェーズをすべてカバーしなければならない職責やタスク，そのためのスキルは膨大な数になり，現実的にはそのようなIDerの養成は難しい。

　そこで，各フェーズに対する主職責ならびに副職責を担う専門家を明示的に配置し，それらの専門家同士が協働してIDプロセスに沿った各フェーズの責任を遂行することにより，より効果的かつ効率的なeラーニングコースの設計，実施，評価を実現しようとしているのである。

3.5.2　高等教育における教員とeラーニング専門家との協働

なお，高等教育においては，eラーニング専門家以外の存在である教員の役割をよく考えておかなければならない。まず，教員はそれぞれの専門分野におけるエキスパートとして，各自の科目を担当している。そのことは，通常の対面型講義の形式で行われる授業の場合には，それぞれの教員は1人で **SME**（Subject Matter Expert）として活躍することに加えて，その他の専門家のすべての業務を果たしていることを意味している。

ただし，eラーニングコースを開発・運用しようとすると，教員1人ですべてを対応することは難しくなる。まず分析および設計フェーズにおいて，教員の主要な役割はSMEとしての立場であるが，IDerの支援を受けて授業設計を行っていくことになる。ただし，全体的な授業計画の進め方は教員の意向を反映したうえで，IDerが調整していくことになる。次に，開発フェーズとしての教材制作に関しては，パワーポイント講義用教材，補完資料，ケーススタディの小テストならびに期末テスト，課題レポートなどについては教員自ら担当することになる。しかし，VOD（Video On Demand）などの制作になるとコンテンツスペシャリストが主導的な役割を果たすことが想定される。

さらに実施フェーズとして，対面授業の際には，教員はインストラクタとしての役割を果たすことになる。なお，教員の対面講義をそのまま自動録画し，授業後に編集するタイプのVODについては，コンテンツスペシャリストの支援を受けることは少ないが，そのようなVOD教材は，対面授業に参加できなかった学生や復習時に利用する補完的なものとなることが多い。

現在，大規模な対面講義や，情報技術を扱う実習では，授業の実施フェーズにおいて，教員の教授活動を支援するためにTA（Teaching Assistant）が配置されることがある。それに対して，eラーニングコースでは，教員の教授活動を支援することからさらに一歩進んで，学生それぞれの学習進捗状況を把握して能動的な学習支援をするメンタの役割が大きくなってくる。eラーニングコースでは，学習管理システム（LMS）やその他の教育システムを活用することが必須となることから，ラーニングシステムプロデューサの支援を受けて，教員はメンタの役割も兼ねたTAとともに授業運営をすることが想定される。このように，授

業運営の過程で学生個々の学習履歴データがLMSに蓄積され，管理されている情報をもとにして，教員は，個々の学生に対して授業の全過程を通した学習成果を考慮した成績評価を実施できることになる．

最後に，評価フェーズではIDerが主職責を担い，eラーニングコースの総括的評価を実施し，その結果を教員ならびにその他の専門家へフィードバックして授業改善を行っていく．

以上述べてきたように，教員がeラーニングコースの実施に参加する際には，IDプロセス全体にわたってeラーニング専門家同士と協働することにより，「教育の質保証」さらには「教育の質向上」が実現できるようになる．しかし，現在日本ではeラーニング専門家の育成が遅れており，特にIDプロセスを俯瞰できる専門家が不足し，その育成が急務の課題となっている．そこで，教員側に対しても，ICTを活用したFD（ファカルティデベロップメント）活動の一環として，eラーニングに関わる基本知識やスキルを養成することが必要になる．このような教員とeラーニング専門家との協働体制が整うことにより，eラーニングコースの開発・運用・評価フィードバックをする協働的なプロジェクトマネジメントを効果的に実現できることになる．

3.6 協働プロジェクトマネジメントのための各eラーニング専門家の役割とそれぞれの連携

3.6.1 eラーニング専門家同士による協働プロジェクトマネジメントの役割と活動

前掲の図1.6において，eラーニング専門家同士の協働プロジェクトマネジメントモデルについて示したが，それぞれのeラーニング専門家が，IDプロセスに沿って主職責と副職責を担いながら，授業の分析・設計・開発・実施・評価の各フェーズでどのような活動をしながら具体的な成果物を生成しているのかを表3.2にまとめた．本節では，この表に対応させながら，5職種の協働プロジェクトマネジメント活動について述べていく［3］．

表3.2 協働プロジェクトマネジメントのための各eラーニング専門家の役割と活動（著者作成）

フェーズ	主職責	副職責	成果物と主な活動
分析	インストラクショナルデザイナ［IDer］	SME およびインストラクタ，コンテンツスペシャリスト	・コースの企画提案書
設計	IDer（授業設計・評価系）	SME およびインストラクタさらにはメンタ，コンテンツスペシャリスト	・コースの設計仕様書 ・教材のストーリーボード
開発	コンテンツスペシャリスト（教材系）	IDer，インストラクタさらにはメンタ，LSP	・eラーニングコンテンツの要求定義書 ・eラーニングコンテンツ
開発	ラーニングシステムプロデューサ［LSP］（教育システム系）	IDer，インストラクタさらにはメンタ，コンテンツスペシャリスト	・教育システムのRFP（Request For Proposal） ・システムベンダー：要求仕様書，システム設計書 ・教育システムのユーザマニュアル，ユーザサポート
実施	インストラクタ（授業実施・教育指導系）	SME，メンタ，LSP	・コース全体および毎回の授業に関する授業実施計画 ・eラーニングコンテンツ以外の教材の制作 ・学習者に対する成績評価書
実施	メンタ（学習支援系）	インストラクタ，LSP	・メンタリングガイドライン ・メンタリングアクションプラン
評価	IDer	インストラクタさらにはメンタ，LSP	・コース全体の評価報告書と改善提案

3.6.2　インストラクショナルデザイナの協働プロジェクトマネジメント

　IDプロセスにおいて，**インストラクショナルデザイナ**（IDer）は主に分析，設計，そして評価フェーズに関わる人材であり，効果的な授業になるよう授業計画の全体やそのための教材などの設計を行う。効果的な授業設計のために，IDerの重要な責任として，分析フェーズではコースの「**企画提案書**」を作成し，次に設計フェーズでは授業計画の設計図としてのコースの「**設計仕様書**」をまとめ上げることが挙げられる。その際，IDerはSMEとコミュニケーションをよくとり

SMEの専門領域としている内容についての基礎的な知識があるか，もしくは学習によってキャッチアップできる能力がIDerには求められる。

　IDerは，学習者と対面することはほとんどないため，学習者に対しての責任は，すべて企画提案書や設計仕様書へ反映させておかなければならない。つまり，学習者の学び方に直接影響を与える授業運営や，学習者へ提供される学びやすい教材づくりは，IDerが直接的に関与することはできないことになる。それらは，インストラクタさらにはメンタや，コンテンツスペシャリストなどに委ねられている。そのため，それらの専門家に対し適切な計画指針や情報を与えることが，IDerとしての責任を果たすことにつながる。

　なお，IDプロセスのなかで最後の評価フェーズとしてIDerが責任をもつのは学習者の成績評価ではなく（これはインストラクタの主職責と考えられる），コース全体の評価である。この「**コース評価**」には，一定の学習活動が終わったあとで，学習活動の成果を全体的につかむために実施する「**総括的評価**」と，学習コースの途中でインストラクタの教授活動や，学習者の学習活動の改善を目指して行う「**形成的評価**」とがある。

　このコース評価の対象は，学習コース，毎回の授業，コンテンツ，さらには学習環境などが含まれる。つまり，IDでいうコース評価の目的は，コース全体を構成する前述の評価対象としたものを改善フィードバックすることにある。そのために，IDerが体系的にコース全体のデータを収集・分析し，コース全体の「**評価報告書と改善提案**」を取りまとめ，それぞれ関係するeラーニング専門家へ提示し，具体的な改善策や活動指針づくりをしておくことが重要である。

　以上述べてきたように，IDerは他の専門家と調整するスキルも必要となり，eラーニング専門家のなかでも最も多くの専門家と協働作業をすることになる。

3.6.3　コンテンツスペシャリストの協働プロジェクトマネジメント

　コンテンツスペシャリストが主職責を担うのは，コンテンツの開発フェーズである。大きくは3つの業務がある。第1にIDerによるコースの設計仕様書をもとに，コース全体で使われる様々な教材に対して，コンテンツスペシャリストが新たに制作すべきeラーニングのためのコンテンツを特定し，学習環境を考慮し

たうえで適切に企画し，それらをeラーニングコンテンツの「**要求定義書**」へとまとめることである．なお，様々な教材として，おおまかにいえば次のようなものが挙げられる．

- 学習テキスト
- 課題レポートファイルやテスト問題ファイル（解答，解説，採点基準）
- eラーニングコンテンツ：例えば，VODコンテンツを制作するためには，素材教材として，解説画面データと解説画面の文章，ビデオ，動画，ナレーションなどと，確認テストが必要になる．
- ブレンディッドラーニングのなかで実習やケーススタディを行う場合には，実習手順や実習ソフトウェア，事例集，ディスカッションシナリオなどが必要になる．
- FAQデータ（よく寄せられる質問とその答え）

第2には，授業のなかでLMSを利用して配信されるすべての教材に対する著作権処理の業務がある．

第3に，eラーニングコンテンツの「要求定義書」に基づいて，実際にコンテンツを制作する業務である．そのためには素材の選定，コンテンツの作成手順，既製品のパーツの調達など，コンテンツ制作はひとつのプロジェクト業務となる．特に本格的なコンテンツ制作の場合には，複数のスペシャリストのチーム編成を立てたうえで，コンテンツスペシャリストのリーダがプロジェクトマネージャとして開発責任を担わなければならないことがある．例えば，テクニカルライタ，エディタ，ナレータ，カメラマン，映像・音声処理技術者，ウェブデザイナなどであり，普段はeラーニングや教育と関係のない分野で専門家として活躍している人々の技術も結集しなければならないことがある．

コンテンツスペシャリストは主として開発フェーズで活動するが，分析および設計フェーズから参加することが望ましい．つまり，分析および設計フェーズにおいて，eラーニングコンテンツとしての実現可能性，学習効果，そのための適切なコンテンツとしての表現方法について，SMEやIDerや必要によってはその他の専門家へ提案することが望まれる．

コンテンツスペシャリストには，eラーニングコンテンツの「要求定義書」に

基づいて，学習効果を上げられるコンテンツを予定の予算内とスケジュールで制作することが求められる。つまり，品質管理でいう **QCD** を確保するということで，つまり Quality（コンテンツの質保証），Cost（あらかじめ定められた予算），Delivery（納期）を守ることである。e ラーニングコンテンツの品質については，学習効果を考慮した画面デザイン，利用する教育システムにも配慮した操作性やインタラクティブ性，従来制作しているコンテンツの再利用性や今後の拡張性，さらにはコンテンツの標準化にも関係する学習履歴データや評価データの収集など，IDer が作成したコースの「設計仕様書」に記述されていることを確認し，明確になっていないものは補完的に記述していき，コンテンツの制作業務に支障をきたさないようにしなければならない。

3.6.4　インストラクタの協働プロジェクトマネジメント

インストラクタが主職責を担うのは実施フェーズである。ID プロセスのなかで唯一学習者と直接的な接点となるため，インストラクタは他の専門家に対し，学習者たちがとると予想される学習活動の情報や状況を提供する必要がある。特に，IDer が作成したコースの「企画提案書や設計仕様書」を参照したうえで，学習者がどのような教材や学習支援，さらに教育システムを用いればそれぞれの学習者が学習効果を上げられるのかに配慮することが求められる。そのために，IDer やメンタさらにはラーニングシステムプロデューサと協働してコース全体および毎回の授業に関する**授業運営計画**を立案し，実際にコースを運営するのがインストラクタの役割である。

一方，インストラクタはその実施フェーズのときに，それぞれの学習者の成績評価にも責任をもっている。メンタも学習支援を行うが，情意面からの支援を行うことがあるメンタに学習者の評価を担わせるのは適切でない。特に，成績評価は公平，公正を心がけ，成績評価の結果を通じて，何ができて何ができていないかを学習者に正確にフィードバックすることが必要である。

なお，e ラーニングコンテンツの一部の形態，つまり WBT や SRL などの場合には，対面授業がないときはインストラクタがいないことになる。その場合には，教えるという活動は，WBT や SRL など教材のなかに組み込まれていると

考えられる．

　しかし，コンテンツスペシャリストにより制作されるeラーニングコンテンツ以外にも，学習者分析やギャップ分析さらには学習目標分析の結果と，それぞれの学習者に対する学習効果を考慮して，前述したような補完的な教材をインストラクタ側で作成することになる．例えば，ブレンディッドラーニングの場合には，講義のためのパワーポイント教材，参考資料や事例データ，ケーススタディの小テスト，課題レポート，実習シナリオやディスカッションシナリオ，総合テスト問題など，IDerとの協働のもとに作成することがある．

　そして，教えているときにしか把握できない個々の学習者の学習履歴データや，授業運営の全体的な傾向を分析しつつ，それぞれの学習者にふさわしい教授活動と学習指導を，他の専門家と協働しながらクラスを運営していかなければならない．

　一方IDerは，授業中に形成的評価をしながら，コースの実施中に不明な点が発生したときにはインストラクタと互いに確認し合い，問題があれば適切な対策が打てるように協働して対処する．インストラクタは，コース終了後に授業設計の変更や改善の要望があれば，授業実施中に収集した学習履歴データを分析し，考察や意見を加えてIDerへ提案する．

　メンタは，学習者が所在にかかわらず自学自習している場合にも，学習者の個別の学習進捗状況や，学習者の特性や事情を把握しているはずなので，インストラクタは，授業運営計画に基づいてこまめにメンタと情報交換する必要がある．

　ラーニングシステムプロデューサに対しては，教育システムの利用状況に関する情報をもらい，授業で利用したいシステムの機能について必要があれば問い合わせ，インストラクタ自身でも実際の学習環境でシステムの操作性や教材の使用感を確認しておく．

3.6.5　メンタの協働プロジェクトマネジメント

　メンタが主職責を担うのは実施フェーズであり，インストラクタと協働する必要がある．メンタは少なくとも開発フェーズからeラーニング授業プロジェクトに参加し，インストラクタの授業実施計画に対応づけて，eラーニングコンテン

ツを含むすべての教材の内容やコンテンツへのアクセス手段，教育システムのインタフェース，学習課題の提出時期などについてあらかじめ確認しておくべきである．

また，実施フェーズにおいて実際に学習者に対する学習支援活動を担当するときの学習支援方針や学習支援計画の手引きとなる**メンタリングガイドライン**は，実施フェーズに入る前に策定されるべきものである［4］．それをもとに，インストラクタとメンタとの役割分担や，メンタ同士が協働して支援活動を行う際の具体的な内容や活動の適性水準，ラーニングシステムプロデューサとの連絡方法なども実施前に相互に確認し合わなければならない．

さらに，大規模授業や複雑な授業実施計画の場合で，例えばメンタリーダのもとで複数のメンタスタッフによる組織的な学習支援が求められる際には，そのメンタリングガイドラインに加えて，具体的な支援行動を定めた**メンタリングアクションプラン**を作成して，相互に連係プレーをすることが望ましい．このように大規模の授業では，複数のメンタスタッフがシフト制あるいは担任制で活動することになるが，メンタ同士で協働しそれぞれの学習者への発信内容に一貫性をもたせるためには，効果的な引継ぎや情報の共有が欠かせない．

なお，実施フェーズにおいて学習者からの声や学習履歴データに最も多くふれているのはメンタであるので，インストラクタへ助言をすることもある．さらに評価フェーズでは，学習者からのフィードバックをもとに，IDer が行うコース評価活動や，コース運営そのものや，教材に関する改善提案の作成にも協力することになる．

以上のような活動をスムーズに進めるためには，メンタ自身も形成的評価の一環として行われる実証実験授業に参加し，eラーニング授業を体験してみることが重要である．たとえ，そのような実証実験授業に参加できなくても，授業実施計画に従ってすべての教材を自ら確認しながら学習者の視点で学ぶことは，メンタにとって不可欠な準備作業といえる．

3.6.6　ラーニングシステムプロデューサの協働プロジェクトマネジメント

ラーニングシステムプロデューサ（LSP）にとって，コースの運用業務のほと

んどは実施フェーズに相当する．コース運用業務の主なものは，教育システムの運用，管理，普及，そして他の専門家やスタッフ支援などの業務である．普及や支援業務のためには，教育システムのユーザマニュアルを実施フェーズ前に整備しておき，授業の運用時には適切なユーザサポートを心がけていかなければならない．

　LSPは１つのコースのみでなく，複数のコースにまたがる学習組織全体のための教育システム全般に対して安定したシステム運用に責任を負う．情報システムの世界には，ミッションクリティカル（Mission Critical）というシステムの信頼性を示す言葉があり，「決して止まらずに安定して稼動し続ける」ことが求められる．eラーニングの教育システムにも本来は同様なことが求められる．

　さらに，学習管理システムに蓄積されている学習者ひとりひとりの学習履歴データのなかには，成績評価をするデータも含まれているため，安定的なシステム稼動はもとより，何百何千人分の学習履歴の蓄積データの保証も達成しなければならない．加えてLMSには，各種コースで使用する教材，さらにインストラクタおよびメンタと学習者ひとりひとりに対してなされた教育指導や学習支援のコミュニケーション情報などの蓄積データも保証することも当然のごとく求められている．

　以上のようにLSPは，他の各専門家や学習者ひとりひとりに対して，すべて教育システムを介して協働し，開講されているコース全般を支えていることになる．

　一方，LMSを含む各種の教育システムの改善や新規導入は，ひとつのコースに対するIDプロセスのサイクルより，長期的な視点でとらえなければならない．つまりLSPは，学習組織全般のためにこれからの教育システム全体に対する**アーキテクチャデザイン**や新規の教育システムのデザインや，既存システムの改善提案をまとめ，システムベンダに対して**RFP（Request For Proposal）**を提示する．そしてシステムベンダから，個々の教育システムの要求仕様書さらにはシステム設計書を受けて，それらの妥当性を吟味しながら教育システムの新規導入およびシステム改良を続けていくことになる．

◎注

1) プロジェクトには，それぞれ利害関係をもつ多くのまた種々の人たちが関係しており，彼らをステークホルダーと呼ぶ。直接的関係者（事業主体，顧客，チームメンバーなど），協力者（提携機関，部品供給会社，流通会社など），監視・監督者（行政府，地域住民など）などが挙げられる。

◎参考文献

[1] 越島一郎（2004）「プロジェクト・マネジメント」，サイバーコンカレントマネジメント研究部会『サイバーマニュファクチャリング』青山学院大学総合研究所．
[2] 日本プロジェクトマネジメント協会（2007）『P2Mプロジェクト＆プログラムマネジメント標準ガイドブック』日本能率協会マネジメントセンター．
[3] 玉木欽也監修，齋藤裕・松田岳士・橋本諭・権藤俊彦・堀内淑子・高橋徹著（2006）『eラーニング専門家のためのインストラクショナルデザイン』東京電機大学出版局．
[4] 松田岳士・原田満里子（2007）『eラーニングのためのメンタリング』東京電機大学出版局．

第II部
インストラクショナルデザインと学習理論

　eラーニングを良くするための仕掛けや工夫はいろいろあるが，授業として成立させるために必要なものといえば「授業設計」しかないだろう。インストラクショナルデザイン（ID：Instructional Design）は，授業設計に用いる理論やモデル，技法の集大成である。わが国のeラーニングシーンはすでにブレンディッドラーニングが主流となっており，対面講義とeラーニングを組み合わせるだけでなく，ソーシャル・ネットワーキング・サービス（SNS：Social Networking Service）や学習ポートフォリオを活用した様々なコラボレーションの試みがなされ，学習コースは多様化，複雑化している。

　このようなトレンドのなかで，IDは常に学ぶべき目標と，それを達成するために必要なものをもたらしてくれる。この第II部ではIDプロセスの分析，設計，評価の業務と，学習目標の分類によってあてはめるべき教授方略，教材設計に役立つ実践的なモデルを紹介する。

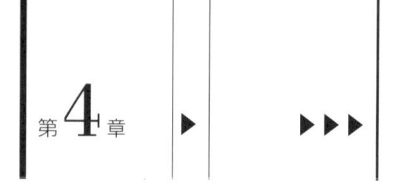

第4章 インストラクショナルデザインとは

> **本章の学習目標**
> - インストラクショナルデザインの基本的な考え方を説明できるようになる。
> - インストラクショナルデザインの基本的なプロセスと,そこで行われる主要なタスクを説明できるようになる。

4.1 インストラクショナルデザインの概要

今日,学校教育と企業内教育とを問わず,ICT(Information and Communication Technology)を活用した教育,つまりeラーニングは,一般化したとまではいわないまでも,それほど珍しいものではなくなりつつある。企業では人的資源管理(HRM:Human Resource Management)システムとの連携を目指し,教育現場では続々と学習管理システム(LMS:Learning Management System)の導入が進められているほか,「インターネット大学」などと呼ばれる,eラーニング環境を主要な教育基盤とする教育機関も誕生している。

そのような時勢にあって,教育方法にeラーニングというオプションが加わったことで,人材育成や教育に携わる人に,これを適切に活用する能力が求められ始めた。しかし,わが国のeラーニング実践の現場では,しばらくの間多くの人材育成担当者や教育者がeラーニングを適切に取り入れ,運用するための確たる方法論を手にしているとはいえない状況にあった。そのため,当初は学習の目的が見えず,業績や教育効果の向上に寄与しない教育コンテンツやコースが氾濫する状況をもたらしたことがあった。

このような現状への解決策のひとつとして示されたのが,第Ⅰ部でも触れた**インストラクショナルデザイン(ID:Instructional Design)**である。IDとは,鈴

木 [1] によれば，教育活動の効果・効率・魅力を高めるための手法を集大成したモデルや研究分野，またはそれらを応用して教材や授業を実現するプロセスである。さらに本書では，ID の目的に，教育に成果保証をもたらすことを付け加えたい。これは，後述する ID の手続きにおいて，学習のゴールとそこに到達するのに必要な学習の順序が定められ，学習課題ごとに適切な教授方略が選択されることで，より多くの学習者を学習目標の達成に導くことを目指していることによる。これは ID の概念が，客観的に観測可能な学習者の行為によって学習の成果を判定するという，行動主義心理学の考え方に基づいているためである。それだけに，明確なゴールを設定することが難しい学習活動のデザインには，ID を適用しにくいという批判もある。例えば，学習者自らが問題を発見し，解決法を調べたりするような高度な学習活動などがこれにあたる。しかし，ID の強みは，なるべく多くの学習者を，より確実にある一定のレベルまで到達させるところにある。学習者が同じメディアを用いた教材で学習する e ラーニングの開発には，ID はとても相性がよいといえる。

4.2 ID プロセス

ID を用いた学習コース開発の進め方をまとめたものを ID プロセスと呼ぶ。

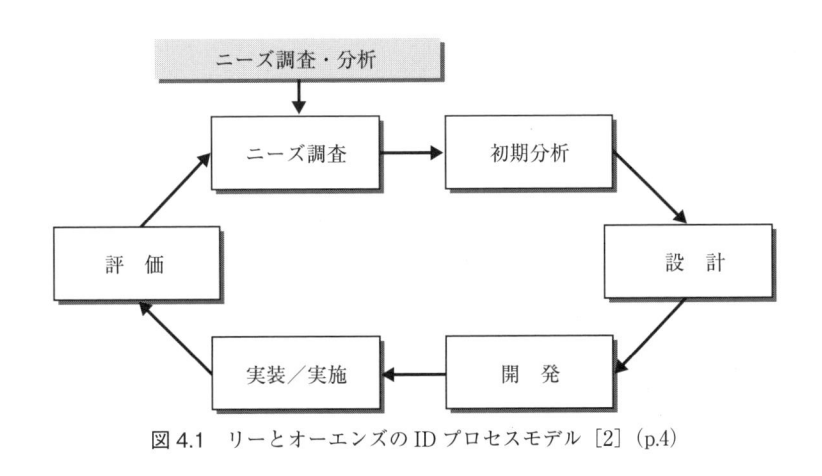

図 4.1 リーとオーエンズの ID プロセスモデル [2]（p.4）

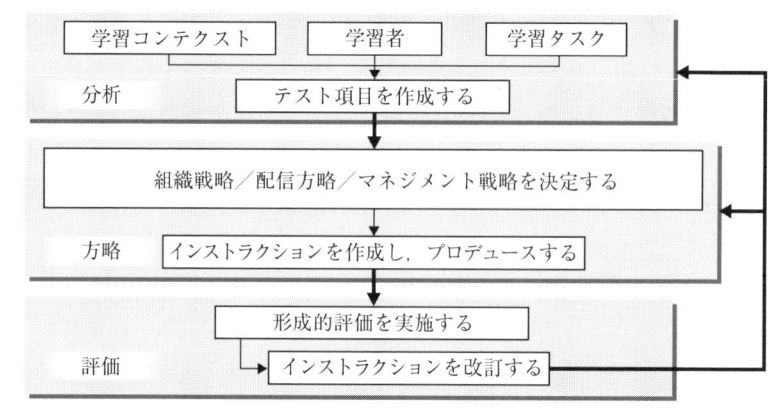

図4.2 スミスとレーガンのID プロセスモデル（文献 [3] を日本語訳）

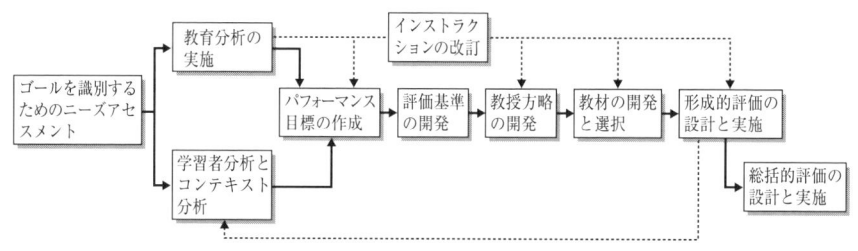

図4.3 ディックとケアリーのID プロセスモデル [4]（p.2）

様々な研究者がID プロセスのモデルを提唱している。例えば，シンプルなサイクルモデルのリーとオーエンズ（図4.1），Analysis（分析），Strategy（方略），Evaluation（評価）の3つのステップに整理したスミスとレーガン（図4.2），そして日本でも本格的なID プロセスとして知られるディックとケアリー（図4.3）らが，それぞれID プロセスを主張している。だが，これだけのID プロセスモデルでも，はっきりした2つの共通点を見出すことができる。1つは，プロセスがサイクルを形成している点である。授業，研修，訓練…あらゆる学ぶためのコースは1度やったらおしまいではなく，常に改善を重ねることでよりよい成果をあげる，あるいは状況や環境の変化に対応することができるのである。もう1つは，そのプロセスの1サイクルは，分析に始まり評価に終わっているという点である。「教育」というと教室で講義をしているようなイメージがあるが，実際は

その準備や評価にかける時間がとても多いことは，塾講師のアルバイトをしたことがあるだけの人も含めて，教育に携わったことがある方ならおわかりいただけるだろう。講義，つまり学び手に向かってインストラクションしているのは，「教育」と呼ばれるすべての活動のうちの一部にすぎない。eラーニングでは，講義に相当する教材の再生がいったん始まれば，途中変更がききにくい分，事前や事後の活動が通常の講義に比べてもとても大きな意味を持つことになる。

本書ではADDIEモデル（図4.4）と呼ばれるシンプルなプロセスをベースとし，第Ⅰ部で述べたようなeラーニング専門家が協働してこのプロセスを進めていくことを想定している。

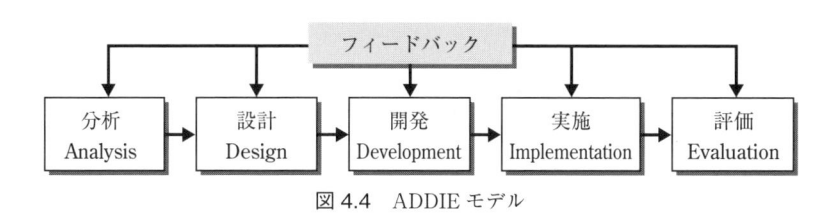

図4.4 ADDIEモデル

IDの基本的な考え方についてのより踏み込んだ説明は，既刊『eラーニング専門家のためのインストラクショナルデザイン』を参照されたい。次章からは，同書でも扱っている分析，設計，評価の各フェーズの取組み方についてのさらに具体的で実践的な手法と，IDの学術的な背景を構成する様々な学習理論を解説していく。

◎参考文献
[1] 鈴木克明（2005）「e-Learning実践のためのインストラクショナル・デザイン」日本教育工学会論文誌，29，pp.197-205.
[2] Lee, W. W., Owens, D. L. 著，清水康敬監訳（2003）『インストラクショナルデザイン入門 マルチメディアにおける教育設計』東京電機大学出版局.
[3] Smith, P. L., Ragan, T. J. (1999) *Instructional Design Second Edition.* John Wiley & Sons Inc, p.7.
[4] Dick, W., Carey, L., Carey, J. O. 著，角行之監訳（2004）『はじめてのインストラクショナルデザイン 米国流標準指導法 Dick & Careyモデル』ピアソン・エデュケーション.

第5章 分析フェーズ

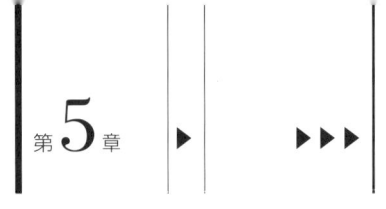

> **本章の学習目標**
> - コースの企画提案書を作成できるようになる。
> - 企画提案書の作成に必要な分析項目を列挙し，それぞれのタスクの概要を説明できるようになる。

　インストラクショナルデザインプロセスで最初に行うことは，各種の分析である。分析フェーズでは，まずニーズアセスメント（ニーズ測定）を行い，現在の課題を明らかにしその解決策を考え教育のゴールを設定し，新しく開発するコースの骨組みをつくる。手順は，情報を収集し，分析し，その結果を文書化していく。ここでは，コースを開発するために必要な情報を収集し，企画提案書として整理する方法を解説する。

　何のために，そして誰のために，コースを開発するのか。分析フェーズでの視点は，ステークホルダーとなる雇用者（企業），学習者，社会の主に3点である。企業はどんな人材を求めているのか，社会からのニーズは何か，対象となる学習者の特性は何かなどを分析しよう。ひとことでコースを開発しようといっても，効率的に学習でき，学習効果が上がり，学習者にとって興味深く最後まで継続して学習意欲を保持できるようなコースを作成するためには，現状を正確に把握する必要がある。どんなニーズがあるのかを正しく知ることから，コース開発は始まる。

　まず，企画提案書に盛り込むべき項目を概観し，それぞれの項目を記入していくための情報の集め方，各種分析のポイントと方法を説明する。今回の分析では，ニーズ，対象者，学習目標と課題，技術，環境，コストについて扱う。情報収集には，インタビュー，アンケート，行動観察，過去に収集された資料や公表され

ている研究報告書などを使った文献調査などがある。

ニーズ分析では，対象者の今の姿とあるべき姿をとらえギャップをはっきりさせる。そして，このギャップを埋めるようなコースにしなければならない。対象者分析では，コースを受講する前提条件や学習動機，学習者の特性を明らかにする。学習目標と課題分析では，コースの出口として，学習者はコースを終えるとどんなことができるようになるのか，できるようになったことはどうやって測定し確認するのかを決めていく。技術や環境については，コースを設計するうえでどんな学習環境においてどんな教育手法を使用できるのか，実際の業務環境に習得したスキルや知識を活用できるかなどを考えながら分析する。

コスト分析では，このコースを開発するにはどのくらいのコストがかかるのか，また，最初から制約としてコース開発にかけていい予算があるとしたら，その予算の中で納まるのかを予測する。コスト分析では，これだけの予算をかけてコースを開発し実施するだけの価値があるのかをも見極めなければならない。その他の分析についても簡単に言及する。自身の状況や必要に応じて企画提案書に項目を増やし，よりよいコース開発のための情報整理に使用してほしい。

5.1 企画提案書をつくろう

　自分を見つめる全課員の視線を感じながら，マナブは，部署が変わると空気も変わる気がするなどと，どこか他人事のように感想を思い浮かべていた。なぜ自分がここに来ることになったのか，異動の理由がマナブにはわからないでいた。
「青山マナブです。本日付けで人事部教育企画課に配属になりました。以前は開発部一課でシステム開発をしていました。はじめは勝手がわからずご迷惑をおかけすることもあると思いますが，よろしくお願いいたします」
　元気のよい拍手が部屋に鳴り響く。
「みんな，よろしくね。青山君，改めまして，課長の木俣です。早速だけど，君に任せたい仕事があるのね」
　課長と名乗った男の，およそ威厳とか力強さを感じない口調で説明されたのは，次年度の新入社員研修を，eラーニング研修を取り入れた新体系でつくり直すという仕事だった。この課長が言うと簡単に聞こえるが，転属者にいきなり任せてよいものには思えない。大丈夫，うち

のエースを君の教育係につけるから，という課長に呼ばれて出てきたのは，小柄な女性だった。
　教育係になったその女性はミチコといった。朝礼が終わって，ミチコのデスクで打ち合わせを始める。
　「マナブ君，君がこれから何をするか，わかったわよね？」
　「はい，eラーニングで新人研修をつくるんですよね。とりあえず，Flashでコンテンツのサンプルでもつくってみましょうか」
　「何言ってるのよ，そんなのまだ早いわよ。何をつくるべきか，企画提案書にして見せてちょうだい」

　新しい研修やコースの企画提案書は，ニーズ分析によって明らかにされた現状の課題とその解決策を整理し，大学の教員や企業の人材育成担当者など，実際に企画を採用する関係者に対し，コースの重要性や概要を説明するための書類である。関係者は，企画提案書を見てコースを開発し実施するか判断する。企業や社会へのベネフィットは何か，現状の課題は何か，研修・コースによって現状の課題を解決できるのか，対象者は誰なのか，コースを実施する環境は整っているのか，初期投資はいくらかかるのか，ランニングコストはどのくらいなのかなどがわかるように企画提案書にまとめる。つまり，企画提案書の目的は，このコースは実施するだけの価値があると，関係者を説得するための情報を提供することである。「ぜひこの企画を採用したい！」，「これは素晴らしいコースになるぞ！」と思わせるようなアピールをするために企画提案書を作成しよう。
　次に，一般的なコース企画提案書の構成を説明する。企画提案書では，コース名とコース概要を述べ，その後，各種の分析結果と結果の概要を説得するための資料として整理する。最後に，予算や今後のアクションプランを加える。
　一般的なコース企画提案書には，以下の項目が含まれる。
- 開発コース名
- コースのキャッチコピー（コース内容を1行で表してみよう）
- セールスポイント（コース概要）
- コース内容・進め方の説明
- ニーズ分析
    ニーズ分析結果と概要
- 対象者分析

対象者分析結果と概要
- 学習目標分析（授業内容に関する分析）
　　　学習目標分析結果と概要
- 技術分析
　　　技術分析結果と概要
- 環境分析
　　　環境分析結果と概要
- コスト分析
　　　コスト分析結果と概要
- （その他の分析）
- アクションプランと予算

　開発コース名は，研修の内容がすぐにわかる名称がいい。コースのキャッチコピーは，コース内容を1行で表してみる。例えば，企業の新入社員教育でビジネスマナーを学ぶためのコースを開発するとしよう。コース名は「ビジネスマナー講座」，キャッチコピーは「ビジネスの成功の第一歩はマナーから」としてみる。

　次に，コースの概要をアピールするセールスポイントにまとめる。どんな人がこのコースを受講すべきか，このコースを受講するとどんなことができるようになり，どんな素晴らしいことが起こるのかなどをまとめる。ここまでで，企画を採用する関係者に「面白そうな企画だな」と，思ってもらおう。

　次に，実際のコースの内容や進め方を，具体的に，かつ簡潔に書いていこう。学習はどのように提供するのか，集合研修で行うのか，eラーニングを使うのか，それとも両方を合わせたブレンディッドラーニングを採用するのかなど，大まかな学習方法を記述する。学習期間や課題の有無，学習活動の種類とやり方，学習支援の有無なども説明する。どんなコースを開発したいのか，概要をわかってもらえるように書いていこう。

　その後は，この企画を提案した背景となる分析結果をまとめたものをつけていく。分析の結果と，結果をまとめた概要をそれぞれの分析につけることで説得力のある資料になる。分析の方法とそのまとめ方は，次節以降で説明する。

　最後に，実際にコースを開発するための予算計画やアクションプランを添付す

る．設計にかかる時間と工数，開発期間，実施期間，評価をして改善に至るまでの期間，関係するスタッフの役割と人数などを含むスケジュールと予算を表にして添付する．これにより，採用を決める関係者が実現可能性を判断できるようになる．さあ，企画提案書を作成するために様々な分析をしていこう．まずは，ニーズ分析から．

5.2 ニーズ分析

　マナブが昨日1日かけて書いた企画提案書は，きっかり20秒でミチコの手によって葬られた．
　「残念だけど，これではダメね」
　「ミチコ先輩，僕の考えた企画書は，何がいけなかったんでしょうか」
　「ああ，それよ．「僕の考えた企画書」は必要ないの」
　一瞬，これってイジメなんだろうか？という暗い考えがマナブの脳裏をかすめる．
　「マナブ君，以前はシステム開発をやっていたんでしょ？企画書をつくるとき，最初にどんなことをしていたの？」
　「まあ，お客様にヒアリングしたり，今までのシステムを検証したり，他社のシステムのことを調べたり…」
　「そうよね．じゃ，私は会議があるからもう行くね．頑張って」
　言い終わらないうちに立ち上がり，書類を片手にミチコは部屋を飛び出していく．
　「研修は君がつくるけど，君が考えるんじゃないのよ，いい！？」
　振り向いて念を押すかのように言い残し，頼るべき先輩はドアの向こうに消えた．主のいないデスクの前で，マナブはミチコの言葉の意味を考えてみた．これまでのシステム開発でやってきた仕事から，「要求定義」という言葉が思い浮かんだ．そうだ，自分であれこれ考えるより，まず新入社員に関する社内の要求を調査してみよう．それに，これまでの研修を受けてまだそれほど時間が経っていない若手にも話を聞いたほうがいいな．
　マナブは，新しい仕事のやり方の糸口が少し見えてきたかもしれないという気がした．

> **演習問題**
>
> 教育ニーズのテーマを探し，それについて今の姿とあるべき姿を分析し，ギャップを見つけ出し，それを埋めるような学習内容を整理しなさい。

ニーズ分析では，現在の教育ニーズを明らかにし，現状と望まれる状況のギャップを埋める解決策を挙げていく。望まれる状況がコースの教育ゴールとなる。ニーズ分析をすることによって，コースの入口（現状：つまり今の姿）と出口（望まれる状況：あるべき姿）を設定することができる。入口と出口のギャップが教育ニーズであり，そして，ギャップを埋めるための解決策を提供することを目指したコースの提案が可能となる。

教育ニーズは，主に5種類のニーズ（①標準比較ニーズ，②感覚ニーズ，③需給関係ニーズ，④比較ニーズ，⑤予測ニーズ）に分類される [1]。①標準比較ニーズでは，一般的な水準と比較してそのレベルまで達していないときのニーズを表す。②感覚ニーズでは，ここが足りていないなというような実経験から関係者が感じているニーズである。③需給関係ニーズとは，需要があるから供給する必要がある状態で，④比較ニーズとは，個人の能力差から出てくるニーズである。同じ営業担当者でも，成績がふるわないものに対し教育して営業スキルを上げさせようというのがこのニーズに入る。最後の⑤予測ニーズは，社会の流れなどを読み，近い将来必要となることがらを指す。例えば，今後アフリカは大きな市場になるだろうと考え，ビジネス展開のためにアフリカの社会や文化を学ぶ必要があると考えることなどが，このニーズにあてはまる。では，教育ニーズを明らかにするために具体的な調査方法を見ていこう。

ニーズの調査方法では，①あるべき姿，②今の姿，③ギャップ，を明確にするための情報収集を行う。情報収集は，ステークホルダー（学習者，雇用者／教育機関，社会）の視点を考慮しながら行う。収集方法には，インタビューやヒアリング，アンケート，グループディスカッション，行動観察，文献調査などがある。具体的には，コースの対象となる学習者，上司や業務の熟達者，関連する分野の有識者からの意見を聞いてみるという方法もある。インターネットで検索したり，図書館などへ出かけたり，関係している部署の過去のデータを用いたりして調べ

ることもできる。まずは，情報収集の計画を立ててみよう。①あるべき姿，②今の姿，③あるべき姿と今の姿を比較したときのギャップ，について，それぞれ情報収集の方法とその視点を考えながら計画を立てよう。

例えば，新入社員研修に関連したニーズ調査をする場合の情報収集の計画を表5.1にまとめた。まず，あるべき姿を見極めるために，新入社員の配属先責任者からの業務に関する評価報告書を分析しようと考える。評価が低い箇所をピックアップし，理想とする新入社員の職務を明らかにしたい。評価報告書だけでは情報が不十分な場合は，責任者へヒアリングを実施する。

今の姿については，学習対象者となる新入社員と2年目の社員にアンケートとヒアリングを行い，業務上で困っていることやうまくいかないことなどを明らかにしよう。また，指導係の社員にアンケートとヒアリングを実施し，客観的に対象者の今の姿をとらえてみたいと考える。

ギャップを埋める学習内容については，市販の書籍，ウェブなどで基本的な情報を探してセオリーを確認してみよう。必要に応じて学習内容の専門家（SME：Subject Matter Expert）を探し，意見を求めてみよう。

計画を立てたら，情報を収集し整理する。新入社員研修の情報収集計画の今の姿について，学習対象者と指導係への調査結果を整理すると表5.2のような結果になった。学習対象者は，対人業務に慣れていないため緊張してしまうようだ。敬語の使い方にもとまどってしまうし，話し方もよくわからないという。仕事でメールを書くときも書き方がわからずとまどうらしい。社会人になったが，まだ学生の気分が抜けないという意見も多く聞かれた。一方，指導担当社員からは，

表5.1 ニーズ分析の情報収集計画例

あるべき姿	新入社員の配属先責任者からの評価報告書を分析する。必要に応じて責任者へのヒアリングを実施する。
今の姿	学習対象者（新入社員，2年目社員）にアンケート，ヒアリングを実施する。指導係の社員にアンケート，ヒアリングを実施する。
ギャップ	市販の書籍，ウェブなどで基本的な情報を探し，セオリーを確認する。必要に応じてSMEを探し，意見を求める。

表5.2 「今の姿」に関する情報収集の結果

学習対象者調査結果	指導担当社員への調査結果
対人業務のときはまだ緊張が解けない。どのように話してよいかわからない。 メールを書くとき，書き方で悩んでしまう。 正直，まだ学生気分が抜けていないと思う。	適切なメールの書き方ができていない。外部との連絡はひやひやさせられる（顧客にはまだコンタクトさせない）。 内線電話でもすぐに新入社員とわかるほど電話応対がぎこちない。 退社時に「お疲れ様でした」と言って帰る新人が目につく。

　メールの書き方，対人コミュニケーション，電話の応対などができていないというコメントをもらった。また，社会人としての礼儀が身についていないということも指摘されている。

　以上，今の姿に関する結果を整理してきたが，あるべき姿についても同様に情報を整理し結果としてまとめる。そして，今の姿とあるべき姿のギャップを整理する。ニーズ分析後には，コースの入口，出口，不足している要素，つまりギャップが明確になっているはずである。

演習問題解答例

今の姿	あるべき姿	ギャップ
どこか落ち着きがなく，いつもおっかなびっくりしている。電話をなかなか取らなかったり，取っても取り次ぎや伝言に失敗したりする。メールも書き方や内容に物足りなさを感じる。同期生とは自然に接するが，上司や先輩社員とのコミュニケーションは固さがある。	社会人として身につけるべきビジネスマナーを身につけ，対人関係に自信をもって業務を遂行している。	最低限のビジネスマナーとして必要なこと • メールの書き方 • 電話対応のマナー • 挨拶 • 敬語 • 経験 • 同僚との信頼関係

5.3 対象者分析

> **演習問題**
>
> 「今の姿」をもつ対象者を分析し，前提知識，学習に対する動機付け，学習のスタイルを見出しなさい。

　ニーズ分析で，今の姿とあるべき姿を設定したら，コースのターゲットとなる対象者の分析を行う。では，何のために対象者分析を行うのだろう。ニーズ分析でもふれたが，よりよい教育を提供するために，教授する内容やゴールに応じて，教え方を変えていく必要がある。また，それぞれの学習者に特化した教育を行うことで，効率のよい教材を作成できる。「知っていることばかりやらされる」，「役に立つことをやっているようには思えない」というようなことをいわれてしまわないように，この対象者分析を実施する。つまり，対象者分析の目的は，授業や教材のスタート地点を定め，対象者の状況に合った授業や教材を提供することである。対象者のことをよく知るために行うのである。対象者をよく知ることは，今の姿をより正確にとらえることにつながる。

　インストラクショナルデザインの目的である教育の効果と効率，魅力を上げることを考えた場合，学習者個人に合わせた教育を提供することが理想である。自分に合った方法で，適切な学習内容のレベルを，自分の興味をひくような教材や学習活動を通じて，自分の好きなペースで学習をすることができれば，効率や効果も上がるだろう。コースを設計するときに，できるだけ様々なケースを考え，学習方法が選択できるようにしよう。ただし，多くの場合，すべてのケースに対応することは難しい。そこで，対象者分析では，学習効果に影響を与えるような学習者の共通の特性を知ることが大切である。

　対象者分析では，「誰に」教えるのかを具体的に掘り下げるとともに，その対象者のおかれている状況，取り組む姿勢や学習環境などに注目して分析する。教材を設計していると，つい内容の充実に注意しがちだが，そもそもやる気があるのかどうか，無理をしないで続けることができるかどうかにも，目を向けなくてはならない。

限られた条件のなかで対象者をよく知るために，まずは4つのポイントから情報を集めてみよう。その4つとは，①対象者自身，②背景，③前提条件，④制約条件である。この4つのポイントのなかでも，授業を開発するうえで必要な内容を中心に集めるようにしよう。

　①対象者自身では，対象者は一体どういう人なのか。社会人なのか，小学生なのか，教授内容に興味をもっているか，性別はどちらか，職業は何か，というようなことを調査していく。成人の学習の進め方と子供の学習の仕方では，大きく違うだろう。これによって，学習内容として盛り込む内容や説明も変わってくる。また学習者の学習スキルや学習方法の嗜好，新しい学習方法への適応度を調査する。例えば，日本人は座学で学習することに慣れているが，「生産管理」についての学習であれば，フィールドトリップで実際に工場にでかけて生産過程とその管理体制を調査することもあるだろう。そんなときに，フィールドトリップに積極的に参加して調査することができるか，またはこのような活動に抵抗があるのかなど，学習のスタイルは教授方略を選択するための重要な情報になる。

　②背景では，対象者はいったいどのような背景をもってその授業を受けているのかを考える。上司に命令されて仕方なく受講するのか，自発的に学んでいるのかでは，やる気が違っている。

　③前提条件では，対象者が過去に受けた教育や今までに習得している知識やスキルについて調査しよう。教えようとしている内容について，すでに知識をもっているかどうかを確認する。前提条件を確認することで，どこから学習内容を教えるか，スタート地点を決定できる。

　最後に，④制約条件について，学習者が学習するうえでの制約を挙げていく。例えば，コンピュータを使って学習をするeラーニングでは，コンピュータを持っていない学習者がいた場合には，他の手段を考える必要がある。

　対象者分析の方法を簡単に説明する。まず，ニーズ分析時と同じように情報収集の計画を立ててみよう。対象者のデータを集める方法には，様々な方法がある。まず考えられるのは，学習者やインストラクタ（教員），上司や同僚などにインタビューすることである。前提知識についてはプレテストを行い，学習内容の既存知識のレベルを明らかにする方法もある。教育ゴールに関するモチベーション

などについては，アンケートを利用することもある．その際に，ケラーの提唱するARCSモデルを基にした質問をしてみてもいいかもしれない．

　第6章の設計フェーズで詳しく説明するが，ARCSモデルは，注意（Attention），関連（Relevance），自信（Confidence），満足感（Satisfaction）の要因と動機付けについてまとめたモデルである．教育ゴールに関するやる気はどのくらいあるか，学習内容に興味はどのくらいあるか，仕事や自分の専門分野との関連性はどのくらいあるか，ゴールまで達成できる自信はあるか，ゴールに達成したらどのくらい満足できるかなどである．これらの情報は，分析フェーズの後の設計フェーズにおいて行う，動機付け設計の際に役立つ．また，対象者の直接的なモチベーションだけでなく，対象者がおかれている状況，制度，環境についても調査し，それがモチベーションにどのような影響を与えているか，学習にどのくらい時間を割くことができるかを想定してみよう．

　学習者特性を調査するうえで，学習スタイルについても調べよう．どんな学習方法を好むのか，学習のスキルはどのようなものを使っているのかを明らかにしよう．学習スキルについて調査する方法として，認知の研究分野で広く使われているコルブやフェルダなどの質問紙を使うこともできるが，もう少し一般的に学習形態別に，学習経験やその成功・不成功についてインタビューやアンケートで聞いてみてもいい．どんな形式の学習であれば，最後まで続けられて目標を達成することができたのか，確かめてみよう．これまで，講義・講演，グループディスカッション，ケーススタディ，eラーニングを含む個別学習など，どんな学習を経験して，それは自らが目標としたゴールまでたどりつくことができたのか，どのような学習形態が好きかなどを聞いてみよう．また，新しい学習形態を試してみたいという意欲についても同時に明らかにしよう．この情報は，設計フェーズにおいて，教授方略や学習形態を選択するときにも役立つ．

　学習者に関する情報を集めたら，その結果をまとめてみよう．学習者の前提知識を知ることで，コースのスタート地点を明らかにする．モチベーションを知ることで扱う内容の範囲やケースなどが決まってくる．この作業と平行して，学習スタイルをまとめて，大まかな授業の進め方などを整理しよう．

演習問題解答例	
前提知識	PCの操作はほぼ問題なくできる。3G携帯電話でウェブアクセスし，アプリで遊んだこともある。Officeは，凝ったことをしなければトラブルなく利用できる。 メールの書き方は，先輩社員のメール文面を見てテンプレート的な法則性があることは気づいているが，自分ではまだうまく活用できない。 丁寧語は使えるが，尊敬語と謙譲語の正確な使い分けは自信がない。
モチベーション	新人なので学習意欲は高い。課題を課されたらやらなければならないとは思っている。ビジネスマナー修得の必要性も感じている（Relevanceあり）。 自宅で学習するときは，1時間程度はできる。だが，空き時間をうまく使って学習できるならそれにこしたことはない。
学習のスタイル	携帯電話を使ったモバイルラーニングなら少しずつできるかもしれない。しかし，仕事に関することならきちんとした指導者に教えてもらいたい。

　初年次研修を終えた新入社員が配属された部署をいくつもまわり，教育係やマネージャの話を聞いてきた。2年目の社員にも話を聞いたり，アンケートをとったりした。おかげで，マナブは新入社員の「今の姿」がだいぶ見えてきたような気がしていた。

　研修についてわかったことは，結局，社会人としての基本的なマナーは研修を受けただけでは完全には身についていないということだった。でも，新入社員たちは真面目に日々の仕事に取り組みながら，ビジネスマナーも含めて仕事を覚えようとしている。それに調査活動で話を聞いているうち，いろいろ面白いことがわかってきた。家にいてPCでネットを見るより，移動中に携帯電話で見ることが多い。隙間時間を有効に使いたいという気持ちがあるのだろう。

　彼らの好みや生活サイクルも何となくつかめてきた。マナブは自分と新入社員とを比べながら，似ているところや異なるところをみつけては，不思議に思ったり感心したりを繰り返す。そうこうしているうちに，対象者分析はみるみる仕上がっていった。たくさんのアンケートとインタビューは手間がかかったが，やらなければわからなかったことがたくさんあったことに，マナブは気づいていた。

5.4　学習目標分析

　「マナブ君，君がちゃんと新人が求めるものを見抜いてきたのは，見事だったわ。でね，自分の書いた学習目標をもう一度読んでみてほしいの」
　苦心の末，新入社員に足りないものを突き止めたことから，いつもよりも晴れやかな気持ちで出社してきたマナブを待っていたのは，ミチコの呼び出しだった。マナブは心の中で身構える。どうしようもない防御本能だ。
　「ええと，「社会人としての最低限のビジネスマナーがわかるようになる」ですけど…って，何ですか？　その満面の笑みは」
　「マナブ君，君にできるかしら？　それ」
　「そんなに難しいこととは思えませんが」
　「そう，じゃあ彼らが「わかったかどうか」を，彼ら自身はどうやったらわかるの？」
　「えっ？」
　そんなの，わかったかどうかなんて一目瞭然じゃないか？　あれ，わかったことはどうやってわかるんだ…。わかることってなんだ…！？

演習問題

　対象者が「あるべき姿」になるために，達成すべき学習目標を定めなさい。また，その実施条件と合格条件も合わせて設定しなさい。

　ニーズ分析によって明らかにされた「あるべき姿」は，ニーズに見事に応えた，理想の状態を示している。そこで，そうなるように教育するための学習プログラムの設計を始めようというのが，この段階である。だが，あるべき姿をそのまま学習目標にしても，教育がうまくいかない場合がある。なぜなら，「あるべき姿」になるための要因には，教育によって達成すべきものと，それ以外の方法によって満たすべきものの，複数の課題が組み合わせられているからである。
　学校や教育ビジネスの現場では，基本的に教育が目的である。そのため，課題の達成はたいてい教育によってなされるのに対し，特に企業内教育では，解決すべき問題も，それに対する解決法も様々である。別の資源を投入して解決できることを必死に教育しようとすると，業務上のロスを生みかねないし，ひどいときには「教育は失敗だった」という結論すら導き出しかねない。そこで，学習目標

分析では，まず課題分析を行い，**教育によって達成できる課題**と**教育以外の手段によって達成できる課題**を分けて，それぞれ列挙していくことになる。

例えば，先のニーズ分析では，「あるべき姿」が「社会人として身につけるべきビジネスマナーを身につけ，対人関係に自信をもって業務を遂行している」と定められた。まず，この「あるべき姿」となるために，どのような要素が必要となるかを書き出してみる。事前の対象者と指導担当者への調査から，実際に必要とされているビジネスマナーが「メールの書き方」，「電話対応のマナー」，「挨拶」，「敬語」であることがわかっている。この情報を基にすれば，それらを「自信をもって業務を遂行」できるようになるために必要なのは，実践によって経験を積むことであろう。これに加え，職場の同僚の信頼を得ることができれば，間違いを犯したときにすぐに注意してもらったり，役に立つアドバイスを得たりすることもできる。そのような環境があれば，学習者は間違いを恐れずに学んだ知識を活用しようとし，より経験を積むことができるようになる。

さて，これまで挙げてきた要素を整理して書き出してみると，次のようになるだろう。

- メールの書き方
- 電話対応のマナー
- 挨拶
- 敬語
- 経験
- 職場の信頼関係

次に，これらを教育すべき課題と，それ以外の課題に振り分けていく（表5.3）。

表5.3　課題分析

教育によって 達成できる課題	教育以外の手段によって 達成できる課題
メールの書き方 電話対応のマナー 挨拶 敬語	経験 同僚との信頼関係の構築

まず，ビジネスマナーの4つの要素は技術的な問題であり，教育によって修得可能な，またそうすべき課題だといえる。残る2つは，どちらかといえば日々の積み重ねによって得られる課題である。

教育以外の手段によって達成できる課題は，それを実現可能なプレイヤーに渡し，達成するよう促す。こうすることで，目標に対して教育活動が責任を負う範囲を明らかにすることができる。

課題分析を終えたら，いよいよ学習目標の策定を行う。学習目標は，教育によって達成できる課題の1つに対し，1つずつ定める。このとき，必ず**目標行動**（Objective），**評価条件**（Condition），**合格基準**（Criteria）をセットにして記述する。これらは，IDが教育の**成果保証**をするために必要となる要素である。ではこの3つの要素がどのようなものかを見ていくことにする。

目標行動とは，教育課題について，学習者がどのような「行動」をとったかということをもって，その学習目標を達成したかどうかを判定するベンチマークである。目標行動は必ず**行為動詞**で記述される。行為動詞は，達成の可否を判定するため，外部から観測可能な動きを表すものである。例えば「わかる」とか「理解を深める」といったような言葉は，動詞ではあるが，学習者の内面をのぞいてみなければ不明なことであり，目標行動としては適さない。

そこで，「メールの書き方」という課題であれば，「メールを書くことができる」というように目標行動を記述することになる。さらに，ただメールを書くのではなく，メールのマナーを守ることが求められているので，「マナーに則ったメールを書くことができる」のように書けるだろう。

次の評価条件は，学習者が目標行動を実施するとき，どのような条件下で行うかを規定するものである。そのような意味では**実施条件**と呼ぶこともできる。使用できる道具，補助者の有無，自然環境も含む周囲の状況などがこれにあてはまる。例えば，宇宙飛行士にあこがれた経験のある方は，宇宙飛行士の訓練メニューのなかに宇宙服を着て実施するものがあることをご存知かもしれない。これはもちろん実際の宇宙での活動を想定しての訓練だから，「宇宙服を着て船外活動を行う」というような訓練ミッションが必要であり，宇宙服を着るという条件は明示されなければならないのである。

「マナーに則ったメールを書くことができる」ときの条件としては，まず1人で行うことが求められるだろう．その他の条件としては，業務の一環としてメールを正しく書くことができればよいので，業務で使用できるリソースは何でも使用できることにする．例えば，自分のメールソフトのメールボックスを見ながらメールを書くことは，特段禁ずることはないだろう．

　合格基準は，目標行動を実施したとき，どの程度を超えたら，または超えなかったら，それが成功したとみなすかという基準である．試行回数，正答率，制限（時間，文字数など），結果の誤差などがこれに含まれる．

　メールが書けるかどうかを判定するには，人の目で評価するしかない．そこで，誰の目を使うか，どの程度の数のメールを読んで，何％以上のメールが正しく書けられれば合格，目標達成とするかを決めておく．例えば，「指導係とマネージャが1週間分のメールを読んでともに問題がないと認める」のように決めることができる．

　このようにして決めた学習目標は，学習コースの開講前に開示し，学習者に知らせることができる．これにより，学習者ははっきりした目的をもって受講できるというメリットを享受できるのである．

演習問題解答例

学習目標	実施条件	合格基準
マナーに則ったメールを作成できる	アドバイスはもらわない 自分のメールボックスの中の過去のメールを参考にしてもよい	指導係とマネージャが1週間分のメールを読んでともに問題がないと認める
マナーに則った電話対応ができる	アドバイスはもらわない	指導係とマネージャが見て，複数の機会ですべて問題ないと認める
TPOに合わせた挨拶とお辞儀ができる	アドバイスをもらわず，自分の判断で行う	指導係とマネージャが見て，複数の機会ですべて問題ないと認める
敬語を適切に使うことができる	直接対話，電話，メールなど，言葉を使う場面で自分の判断で行う	指導係とマネージャが見て，複数の機会ですべて問題ないと認める

5.5 技術分析

技術分析の目的は，これから設計・開発しようとしている学習コースで，自分たちが活用できる ICT，技術面で何ができるかを明らかにすることである。それは，裏を返せば何ができないかを明らかにすることでもある。壮大な学習シナリオ，精緻(せいち)に構造化されたコミュニケーション，パワフルな学びのインパクト——それら理想的な学びはプラットフォームを形成する技術と，質，量ともに豊富な学習支援者の尽力があって初めて成り立つ。技術分析は制約条件を明確にするための分析活動のひとつでもある。

技術分析のアウトプットは，大きく**動作環境分析**と**機能分析**の2つに分けることができる。動作環境は，学習者が e ラーニングで学ぶのに必要な PC のスペックとソフトウェアである。こういったものは，ほぼすべてのアプリケーションソフトのパッケージや発売元企業のウェブサイトで見ることができるので，容易に想像がつくだろう。PC の CPU，メモリ，OS，ブラウザ，その他各種必要なソフトウェアの種類とバージョン，画面サイズと解像度，通信速度などを知らせる。対面研修など何らかの理由で無線接続をさせる場合は，無線 LAN や Bluetooth

表 5.4　動作環境表示の例

OS	Windows XP SP3, Windows Vista SP1, Mac OS X 10.4 以降
ブラウザ	Microsoft Internet Explorer 8.0, Apple Safari 4
CPU	Windows XP の場合：Intel Pentium 350MHz 以上 Windows Vista の場合：Intel Pentium 800MHz 以上 Mac OS X の場合：Power PC G3 以上
メモリ	Windows XP の場合：128MB 以上（256MB 以上を推奨） Windows Vista の場合：512MB 以上（1GB 以上を推奨） Mac OS X の場合： 128MB 以上（256MB 以上を推奨）
必要なソフトウェア	Java Runtime Enviroment Version 6 Adobe Flash Player 10 Adobe Reader 9
回線速度	下り：512kbps 以上（1.5Mbps 以上を推奨） 上り：256kbps 以上

などの規格も周知する。ほかにも，何かを USB 接続させたいならば「USB 2.0 スロット 1 箇所」など，漏れのないように記載したほうがよい。必須環境と推奨環境の両方を併記できればなおよいだろう。

　余談だが，筆者たちはあるとき実施した研修で，持ち込み PC の無線 LAN 接続を行う予定だったのだが，無線 LAN 規格を提示するのを忘れてしまい，受講者の方にお叱りの言葉を頂戴したことがある。難しい作業ではないが，たった 1 つのミスが受講者の学習意欲を奪いかねないこともあるので，注意が必要である。

　機能分析は，現状の ICT 環境と，e ラーニングのために使用できるシステムの機能を記述する。まず，LMS や CMS（Contents Management System）を持っている場合，そのシステムで実施できる機能を明らかにする。そのためには，今分析している学習コースで，一体どのような授業を実施したいかというイメージができていなくてはならない。なお，本来そのイメージは，企画提案書の完成後に取りかかる授業設計が終わらないと完全なものにはならないので，この時点ではあくまでも基本的な方向性として記述しておく。

　一般的な e ラーニングシステムの機能は，次のように分類することができる。もちろんこれはその考え方のひとつであり，絶対ではない。「開発環境」の項目は，システム，コンテンツの開発に投入できるリソースを分析しておく必要があるため，機能ではないがここで分析しておく。以下では，それぞれの機能について見るべきポイントを挙げていく。

- コミュニケーション支援
- 受講支援
- テスト
- 教材配信
- レポート管理
- 学習履歴管理
- 開発環境

(1) コミュニケーション支援機能

　まず，学習コースにおけるすべてのコミュニケーションのあり方を，3 つの軸

でとらえてみる。時間的に同期があるかないかという**同期性**，次に，クラス全体，またはインターネットに公開されているか，それとも任意に選ぶ個人を選択してコミュニケートするかという**公開度**，最後に，1つの機能上で誰から誰に向かってどの方向にコミュニケーションできるか，受信した人が発信した人に返信できるのかというという**方向性**である。今あるeラーニングシステムのコミュニケーションのための機能をこれらの指標で調べ，何ができるかを明らかにする。

- 同期性：同期か非同期か
- 公開度：全体的か選択的か
- 方向性：一方向か双方向か

(2) 受講支援機能

受講支援機能とは，ここでは学習内容そのものではなく，学習コースをとりまく環境についてのメタ情報を提供する機能を指す。学校にたとえるなら，教務情報（履修や単位など）のような情報を取り扱う機能である。

具体的には，カリキュラム情報，シラバス，インストラクタ情報などの管理と公開，学習プログラムと学習コースのスケジュール管理，学習ポートフォリオ，学習者の学習スケジュール管理支援，各種マニュアルとヘルプ，FAQ，ヘルプデスクなどが含まれる。このような情報がどこでどのように提供されているか，あるいは提供できるかを明らかにする。

(3) テスト機能

どのようなテストを実施するか，どのように実施するか，テスト問題をどのように評価するかを分析する。

テストの種類は，一般的な形式としては正誤問題，択一式，複数選択式，選択肢同士を結び合わせる照合問題，穴埋め，記述式などがある。実施方法というのは，ランダマイズや条件設定（合格基準や受験回数など），フィードバックの有無を表す。テストの評価は，問題の信頼性を検証するために行う。そのためには出題と回答の実績データを集める機能が必要になる。さらに高度な機能ではQTI（Question & Test Interoperability，[2]）規格への対応や古典的テスト理論

(Classical Test Theory)，項目応答理論（Item Response Theory）に基づく出題と評価ロジックなどがある。

(4) 教材配信機能

どのような教材をどのように配信可能かを分析するのが，教材配信機能の分析である。まず利用可能な教材の形式を明らかにする。教材の形式の種類には，一般的な Office ドキュメントや PDF ファイルもあれば，ストリーミングやポッドキャスティングで提供される動画，Flash などで制作されたよりインタラクティブなコンテンツなどがある。

教材の学習進捗データは，国際標準に準拠しているか，配信期間とアクセス権の管理がどのようになっているか，あるいはどのようにしたいかも確認しておく。

(5) レポート管理機能

レポートの出題と提出の方法，フィードバックの方法を分析する。学習成果を蓄積する学習ポートフォリオがあるならば，それとの連携の方法を考える。

(6) 学習履歴管理機能

一般的なウェブシステムには，アクセスログなどと呼ばれるユーザのアクセス記録を管理する機能が備わっている。学習履歴管理機能は，LMS に備えられたログ管理を行い，学習者の学習活動を記録，分析する機能である。学習履歴は教員，メンタ，評価者など，学習コースに関わる者すべてが活用するもので，必須といってもよい機能である。例えば，メンタが学習者支援を適切に行うために必要な情報は，すべて学習履歴から得られるといっても過言ではない。評価者は膨大な学習履歴データを使って統計処理を行うことができるだろう。従来のウェブシステムにおけるログ解析と同じような使い方である。学習履歴として，何のデータをどのように表示させるかというインターフェイスの設計が重要となる。

(7) 開発環境

開発環境は，もちろん LMS の機能ではない。ここで明らかにしたいのは，今，

何を，どれだけつくることができるかという開発能力のことである．これまでLMSの機能のことを分析してきたが，ここでは教育コンテンツなどの開発能力も含める．例えば建物や部屋などの設備，コンピュータやカメラなどの機器類，素材の作成やオーサリングに使うソフトウェアなどがどれだけあり，それらを動かすことができるスタッフは何人いるのかというようなことを明らかにしておく．

5.6 環境分析

演習問題
実務環境と実施環境を分析しなさい．

「あの研修，受けたけど何の役にも立たなかったよ」

こんな言葉は，研修を手配したり設計したりする企画担当者，あるいは講義そのものを行う講師にとっては最も頂戴したくない評価ではないだろうか．役に立たない研修にはやる意味がない．IDではそのような悲しい末路をたどることのないように，ニーズや対象者を細かく分析し，前提条件を満たした学習者が適切に学習すれば達成できるよう，学習目標を注意深く設定するようにしている．

そのようにしたとしても成果が出ない学習コースがあるとしたら，原因は学習コースのデザインではなく，学習者がそれを学んでいる環境に隠されているかもしれない．例えば，何らかの特別な条件下で行われる業務があるとして，そのための研修でその特別な条件を全く想像したり体験したりすることがなかったら，学習者が現場に出たとき，研修で身につけたスキルを十分に発揮することができなかったとしても不思議はない．

このような学習と実務の乖離（かいり）を避け，学習者に最も適した教育を設計するために，ディックら [3] は，学習対象者の分析とともに**パフォーマンスコンテクスト**，**学習環境コンテクスト**を分析するよう提唱している．コンテクストという言葉は一般に文脈と訳される．パフォーマンスコンテクストとは，知識やスキルが用いられる仕事場の環境を構成する人間関係，物理的な資源，あるいは知識・スキルと関連する場に制約を与える制度や慣行，状況などの総称であり，学習環境

コンテクストは同様に学習環境を構成する様々な要素の総称である。

　ここで，コンテクストを分析することの重要性について少しふれておきたい。野中・竹内は，コンテクストについて「情報と知識は両方とも，特定の文脈（コンテキスト）やある関係においてのみ意味をもつ。すなわち，それらの意味は状況に依存し，人々の社会的相互作用によってダイナミックにつくられる」と述べている［4］。またジョナセンは，自身が構築した構成主義的学習環境設計モデルで学習環境を中心から外縁まで6層に分け，中心を構成する3つの要素のひとつに「問題の文脈」を，外周部に「社会的／文脈的支援」を配置するなど，構成主義的学習観におけるコンテクストの重要性を強く認識している［5］。このように，人間の知識はコンテクストとの関わりなしには意味をなさないことから，知識だけを取り出してどのように教えるかを考えるのではなく，学んだことが"現場"で最大のパフォーマンスを発揮できるように，現場を構成する様々なコンテクストを分析し，考慮すべきだというのが，コンテクストを分析する目的である。

　しかしながら，コンテクストという概念には外来語特有の馴染みにくさを感じることはないだろうか。わかりづらいことをわからないままにして学び続けるのは，IDの観点から見ても避けたいことである。そこで本書ではIDの初歩を学ぶことを目的としていることから，あえてこの優れた用語を用いず，厳密な意味が変化するリスクを受け入れて**環境分析**という言葉に置き換えることにする。それにともない，分析の対象もいくぶんか簡略化する。

　この環境分析には2つの側面がある。ひとつは学習したことがすぐに実務で活用できるように，**実務環境**を想定したコースを用意するための情報を入手すること，もうひとつは学習環境として，学習者に提供可能な教室や研修室などの**実施環境**，および学習者が使用するコンピュータの**動作環境**を明らかにすることである。本書では，前者を**実務環境分析**，後者を**学習環境分析**と呼ぶ。

　企画している学習コースの種類によっては，該当する環境が存在しないことがある。例えば，B to C（Business to Customers）教育サービスにおける学習者は一個人として学ぶため，共通の実務環境が存在しない。このように，eラーニングを提供する主体者を企業内教育，学校教育，B to B（Business to Business）教育サービス，B to C教育サービスに分けてみると，環境分析をどのように実

表 5.5 環境分析を行うケース

	実務環境分析	学習環境分析	
		実施環境	動作環境
企業内教育	○	△	○
学校教育	△	△	○
B to B 教育サービス	○	△	○
B to C 教育サービス	×	△	○

施するかは少しずつ異なってくる（表5.5）。

動作環境は，技術分析結果から得ることができるので，ここでは実務環境と実施環境の分析について説明する。

5.6.1 実務環境分析

実務環境と異なる環境で研修を行うと，それだけ学習の成果が業務の成果から遠ざかることになる。そこで，実務環境をあらかじめ把握することで，研修と実務のミスマッチを防ぐ。ここで分析する実務環境は，**自然環境**と，学習の目的である**業務に関わる要素**の2つからなる。

自然環境は，運動技能に及ぼす影響が高い。そこで気温，湿度，明るさ，風向や風速，音量などを測り，パフォーマンスに強い影響を与えるものを見抜いて対策を立てられるようにする。工場や倉庫，屋外など，特殊な環境で行われる業務では，自然環境の分析は特に重要さが増す。

業務に関わる要素とは，職場に戻った学習者が実際に業務を行うときに，その業務遂行のために環境が提供しうるあらゆるものを指す。業務を支援する情報や資料，機器，用具は職場内のどこにどれほど配置してあって，どのような形で業務を遂行している社員に提供されるのかを明らかにする。これには作業場のレイアウトも含む。コンピュータを使う業務なら，少なくとも実務で使用するコンピュータのOSや業務遂行に必要なソフトウェアはバージョンまで把握しておきたい。

学校教育では基本的には実務の場というのは存在しないが，実験や実習などの学習方法を学ぶための授業を設計する際には，その実験や実習を実務の場とみな

し，実務環境分析を行うとよいだろう．

　また実務環境分析は，**教育シミュレータ**を開発する際にも役立つ．学習するうえで実習が必要でも，何らかの原因でそれが難しい場合は，シミュレーション学習が有効である．シミュレーション学習のためには，擬似的に実務環境を再現する必要がある．そこで，自然環境についても業務に関わる要素についても，一般的な研修よりもはるかに詳細な情報を集める必要がある．

5.6.2　実施環境分析

　ここでいう実施環境とは，対面授業を行う際の研修室や教室の設備などのことを指している．そこでまず，可能な限り実務環境の再現性が高い環境を探そう．反対に，企画の初期段階から対面研修を全く予定していないという制約条件がある場合は，分析の必要はなくなる．

　最低限分析しておきたい内容をまとめると，表5.6のようになる．本書では主にブレンディッドラーニングを前提とし，対面授業でもノートPCを使用する可能性を想定しているので，実施環境でチェックするべき項目には電源やネットワークの設備を含めている．外部の研修施設を使用する場合は，学習者へ案内することを想定して交通アクセス，休憩所などの付帯施設，食事をとる手段などを明らかにしておく．実施環境が明らかになったら，実務環境との差異を分析し，実務環境に対して不足している部分や余計な部分を明確にする．

表5.6　実施環境の主な分析項目

実施環境の項目	分析する内容
収容能力・レイアウト	教室や研修室の収容人数，椅子と机の形状，配置など
光源，音響設備	ライト，スピーカーなどの配置とコントロール方法など
電源設備	電源の仕様，コンセントの数など
ネットワーク設備	LANの有無およびインターネット接続の可否，接続方法，接続台数など
講師用機器・学習者用機器	PC，プロジェクタ，マイクなど
施設	交通アクセス，食堂，休憩所，トイレ，周辺施設など
実務環境との差異	実務環境分析結果と比較して特異な要素を明記する

> 演習問題解答例

〈実務環境〉

　メール作成は，職場で社内ウェブメールサービスを使用することを想定。電話は，職場の事務用電話を使用することを想定。いずれも自然環境には特別な点はないと考えられる。メール作成の実践においては，インターネット接続環境下でコース資料にアクセスすることは可能。電話応対の実践に際しては，特に支援する情報，用具などはない。

　挨拶，お辞儀，敬語は主に社内外での実践を想定。会場は目的に応じて様々な規模が考えられるが，場所によって変わる点はないと考えられる。なお，社員はスーツを着用している。現場において挨拶などの実践を支援する情報，用具などはない。

〈実施環境〉

実施環境の項目	分析する内容
収容能力・レイアウト	100名収容の研修室 50脚の長机がありレイアウトは変更可能
光源，音響設備	光源は蛍光灯と，窓からの自然光。遮光カーテンあり 光量調節機能はなし 天井にスピーカー6基を設置
電源設備	全端末，機器に電源を供給可能
ネットワーク設備	講師用端末がインターネットに接続可能。接続速度は100Mbps
講師用機器・学習者用機器	講師用PC　　　　　1台 プロジェクタ　　　1台 DVDプレイヤ　　　1台 ワイヤレスマイク　2本 ピンマイク　　　　2個
施設	社内で実施のため分析は省略
実務環境との差異	特になし

5.7 コスト分析

> **演習問題**
>
> 物品購入や施設整備を除くコストを分析しなさい。単価が不明な場合は業務にかかる人月まで算出しなさい。

　eラーニングコースを開発して実施するためには，当然お金がかかる。ここまでの分析では，eラーニングの経済的な側面にふれてこなかった。しかし，教育・研修の効果がどれほど素晴らしいものであっても，大きな赤字を生み出すコースは現実的ではない。コスト分析の目的は，コストを算出して開発するコースの内容と予算のバランスをとることである。一般の受講者に，企業が直接eラーニングサービスを提供するB to Cタイプのコースでは，収益予測の材料となるので，このコスト分析はとりわけ重要である。

　さて，ひとくちにコスト分析といっても，取り扱うコストは大きく4種類ある。コストが発生する順に見ていこう。

5.7.1 イニシャルコスト (Initial Cost)

　その名のとおり初期コストのことであるが，具体的には開発フェーズまでにかかるコストである。設備投資，ソフトウェアなどの購入費，コースの開発費などが含まれる。設備投資や機器購入費の計算は容易であるが，開発費はどのように算出するのであろうか。

　開発費には，分析・設計・開発・評価フェーズに必要な費用が含まれる。これを成果物で考えると，企画提案書作成コスト，設計仕様書，テスト作成コスト（場合によってはストーリーボードの作成コストも含む），コンテンツ開発コスト，インストラクタガイド作成コスト，評価報告書作成コストなどの合計額となる。すでに説明したように，企画提案書は分析フェーズの成果物であり，設計仕様書は設計フェーズの成果物である。この2つの文書に関しては，おおむね担当者の工数から人月（にんげつ・1月単位の労働コスト）による計算が可能である。

　これらのコストのうち，最も複雑な計算を必要とするのは，開発コストである。

開発コストには，少なくとも素材作成のコスト，オーサリングのコスト，形成的評価のコストが含まれる。さらに素材作成には，動画撮影，アフレコ，画像作成，編集など一般的に複雑な工程が含まれている。

このように，イニシャルコストを分析する際には，実施フェーズ以外の詳細な工程を列挙，整理しておく必要がある。もちろん，これは通常のプロジェクトマネジメントで標準的に行われることであり，特別な手法を必要とするわけではないが，開発フェーズは複雑である分，不確定要素も多いことに注意しなければならない。

5.7.2　ランニングコスト（Running Cost）

ランニングコストとは，eラーニングコースの運用費であり，主に実施フェーズのコストである。ランニングコストは，大きくシステム運用費とインストラクタやメンタの人件費に分けられる。

システム運用費は，LMSなどのシステムを管理する人件費に加えて，外部のデータセンタを利用する場合の利用料なども含まれる。実施フェーズを担当するインストラクタやメンタの人件費についても，これらの専門家が組織内に存在するか，組織の外に存在するかによって変わってくる。

ランニングコストは開発コストの影響を受けやすい。例えば，対象者分析や形成的評価に力を入れないと，開発コストが抑えられる可能性は高いが，一方で学習支援を手厚くしないと学習者の不満が高まるおそれがあり，メンタの人件費に反映される。

5.7.3　学習者コスト（Per-learner Cost）

学習者コストとは，コースを学習することで，学習者自身とその雇用者が支払う費用と逸失した利益の合計額である。この定義からわかるように，そもそも学習することがその組織に所属する目的である場合，学習者コストという概念は発生しない。例えば，教育機関やB to Cタイプのビジネスが提供するeラーニングに学習者コストはない。あえて設定するとすれば，もともと対面授業や従来の遠隔教育を受講していた者だけが全く同じ学習内容のeラーニングを受講する場

合，それまでの学習にかかっていた費用や時間と比較したコストである。

　これに対して，B to Bタイプのeラーニング，例えば社内研修において学習者コストは重要である。企業内研修の分野では，従来の研修にかかっていた学習者コストの削減が期待され，eラーニングの導入が進んできたからである。

5.7.4　ビジネスコスト（Business Cost）

　ビジネスコストとは，商品としてのeラーニングサービスを売るために必要なコストである。具体的には，営業費や広告宣伝費などマーケティングにかかる費用である。

　eラーニングにおけるビジネスコストの特徴は，コースごとに費用が発生するケースが少ないことである。したがって，1つのコースの企画提案書ごとにビジネスコストを算出することは少ないといえる。

　コスト分析の最後に，eラーニングのようなサービス分野の価格設定について考えてみよう。サービスの価格とコストの問題はサービスマーケティングにおいて，重要な課題のひとつである。ラブロックとライト［6］によると，サービスの価格を決定するためには次のような3種類の方法があり，市場の状況に応じて，いずれかが選択される。

(1) コストに基づく価格設定（Cost-based Pricing）

　価格をコストに基づいて決定する方法である。具体的にはサービスの生産やマーケティングにかかるすべてのコストを回収できる金額を求めて，さらに利益を得られるようにマージンを加える方式である。市場において競合するサービスとの差別化がはかられており，サービスを生産するために固定費が大部分を占める場合に採用されることが多い。

　eラーニングでは，他社では開発しておらず，すでに学習者からの評価も得ているタイプのコースシリーズに新たにコンテンツを追加する場合や，非営利教育機関のように固定費が多く，コストがあらかじめはっきりしているケースなどに用いられると想定できる。

(2) 競争に基づく価格設定（Competition-based Pricing）

　競合他社が設定している価格に応じた価格設定をする方式である。市場における競争が激しく，しかも差別化がほとんどできない場合に採用されることが多い。

　eラーニングでは，語学や人気のある資格試験対策のコースのように，類似のコースが多数存在する市場に参入する場合などに用いられると考えられる。

(3) 価値に基づく価格設定（Value-based Pricing）

　顧客のサービスに対する価値判断に基づいて価格設定する方式である。新製品の売り出し時期など，**価格弾力性（Price Elasticity）**が大きく，顧客が受け取ると考える価値を探らなければならない場合に採用されることが多い。

　eラーニングでは，徹底したメンタリング（学習支援）や画期的なシミュレーションなど新たな付加価値を加えたコースをこれまでeラーニング化が難しいと考えられていた分野で開始する場合などに用いられると考えられる。

　これらの価格設定戦略のうち(1)は，まずコストありきの戦略であり，(2)や(3)は，市場環境を重視し，マーケティングを基礎としてコストを決定する戦略である。実務においては，(1)〜(3)がある程度組み合わされて価格が決定されることが多い。ここで注意しなければならないのは，自分が担当しているeラーニングコースのコスト分析もこのようなコスト決定戦略と無関係ではないということである。つまり，インストラクショナルデザイナは，あらゆるコストには最低額と最高額があることを知ったうえで，それを踏まえたeラーニングコースの価格弾力性を念頭において，コスト分析をしなければならない。非現実的なコストを設定すれば，素晴らしいコースを開発できるかもしれないが，そのツケは組織や学習者に回ってくるのである。

演習問題解答例

イニシャルコスト

項　目	数　量	単　価	合　計	備　考
機器購入費	0			購入機器なし
企画提案書作成	3人日	28,000	84,000	
設計仕様書作成	2人日	28,000	56,000	
テスト作成	3人日	28,000	84,000	
ストーリーボード作成	17人日	28,000	476,000	
ナレーター	2人日	50,000	100,000	3時間拘束×2日
アクター	4人日	40,000	160,000	2名×2日
コンテンツ作成	1式	800,000	800,000	10本（総計120分）
インストラクタガイド作成	1人日	28,000	28,000	
評価報告書作成	3人日	28,000	84,000	
小計			1,872,000	

ランニングコスト

項　目	数　量	単　価	合　計	備　考
システム運用費	0	28,000	0	通常業務で対処
インストラクタ	0.5	150,000	75,000	対面講義・実習は2時間
メンタ	0	42,000	0	人事部が進捗とスケジュールを管理
小計			75,000	

学習者コスト

項　目	数　量	単　価	合　計	備　考
逸失利益	42.5	11,200	476,000	利益は単価×0.4
小計			476,000	

　対象者は受講必修の社内研修で，通知は社内メール，グループウェアなど無料のもののみ使用するため，ビジネスコストは発生しない。

5.8 本章のまとめ

本章では，ADDIE モデルに基づく授業，研修開発の第一歩である分析フェーズの基本的な分析項目とその手順について説明してきた。ID でこれほどまでに分析が重要視される理由は，ひとえにニーズに応えるためである。企業においては，社員の学習の成果を業績に結びつけなければならない。そのためには，組織にどのような問題が存在していて，その問題を解決するために誰に何を教育するべきかを明らかにしないまま，ぼんやりと研修をつくり実施しても，全く無駄に終わるばかりか，無駄な研修につき合わされた従業員たちの研修に対する不信を生み，ひいては組織全体の学習意欲を削ぐような悪影響すら生じさせかねない。

高等教育では，学生が学ぶ理由は主に単位のためかもしれない。しかし，何のために何を学ぶべきかがわかれば，学生はそれを学ぼうとする。得られるものをみすえる学生の視点が，「半期で 2 単位」から「社会で求められる力」や「自分のキャリアプランに合致するスキル」というより高い位置に変化すれば，学生が学ぶ目的が変化する。それは，学ぶ動機が外発的なものから内発的なものへと少なからず近づくことにほかならない。誰が，何のために，何を学ぶかを明確にすることで学習への関心が高まることは，社会人であろうと学生であろうと変わらない。だから，ID プロセスはニーズ分析から始まるのである。

一方，技術分析や環境分析，コスト分析は，どちらかといえば制約条件を明らかにすることを主眼においている。学習コースの開発や実施に使える機能，環境，予算といったリソースを分析すれば，何をどれだけできるかということがわかってきて，実際に設計するときの枠組みをつくることができる。とてつもなく学習効果が高い夢のような学習コースのアイディアがあったとしても，既存の学習管理システムやその他のシステム基盤にそのアイディアを実現するだけの機能が実装されているのか，また教材を開発するのにどれだけのお金を出すことができるのか，そういったことがわからなければ，設計したとおりに授業や教材をつくることができない。

これらの分析結果は企画提案書にまとめられ，設計フェーズへと引き継がれる。いろいろなことを分析し，文書化してきたが，この時点では実質的にはまだ何の

授業もつくられてはいない。これからようやく始まるのである。

◎参考文献

［1］Briggs, L. J.（Ed）（1977）*Instructional Design : Principles and Applications*. Englewood Cliffs, N. J. : Educational Technology Publications.
［2］IMS Global Learning Consortium：IMS Question & Test Interoperability Specification. http://www.imsglobal.org/question/（参照日 2010.2.17）.
［3］Dick, W. Carey, L. Carey, James O.（2005）The Systematic Design of Instruction Sixth Edition. Allyn & Bacon.
［4］野中郁次郎・竹内弘高（1996）『知識創造企業』東洋経済新報社．
［5］David Jonassen（1999）Designing Constructivist Learning Environments. *INSTRUCTIONAL-DESIGN THEORIES AND MODELS. Instructional-Design Theories and Models：A New Paradigm of Instructional Theory*. Vol. 2, ch. 10, Routledge. pp. 215-239.
［6］Lovelock, C. H., Wright, L. K. 著，小宮路雅博監訳（2002）『サービス・マーケティング原理』白桃書房．

第6章 設計フェーズ

> **本章の学習目標**
> - 設計仕様書を作成できるようになる。
> - 設計仕様書の作成に必要な分析項目を列挙し，それぞれのタスクの概要を説明できるようになる。

「マナブ君，企画提案書を書いてみて，どうだった？　モノになりそうな企画になったかしら」
「いや先輩，正直に言って1週間もかかるとは思っていませんでしたよ」
「そうかしら？　初めてにしては上出来だと思うわよ」
「それに，予算を考慮すると結局たいしたことはできないんですよね。対象者のヒアリング結果を分析している間はいろんなアイディアが湧いてきて，止まらなくなって大変なくらいだったんですけど」
　実際，教材のコンテンツをスマートフォン対応にできないかとか，映像のあらゆる瞬間にタグを埋め込んで学習しながらどこからでもあらゆるクイズができたら面白いかもとか，役者に若手芸人を起用できないかとか，そんなアイディアが次々と湧き出てきて，マナブはちょっとおもしろかったのだ。だが，このプロジェクトに割り当てられた予算はごく常識的な額で，マナブの知的冒険の旅は始まりそうにない。
「まあ，若手芸人はないわね」
「ちょっとミチコ先輩，人の心を読まないでください」
「ともかく，企画提案書は完成したわけよね。これで第1段階クリア！　次に行くわよ」
「そうですね，分析に時間とられたので大急ぎで原稿を書きます」
「そう，その意気よ！　でもそれはダメよ！！」
　ミチコがやおら立ち上がる。その迫力に，マナブは自分が座っている椅子ごと倒れそうになる。
「な，何でですか…？」
「すぐそうやって手順を踏まずに先へ先へと急ぐのは君の悪いクセ！　分析と設計は質の違う仕事なの。企画提案書をいくら眺めても，教材は開発できっこないのよ！」

　分析とは，現状をいろいろな角度から見たり，あれこれ深掘りすることだ。ネ

ットの大辞泉では「複雑な事柄を一つ一つの要素や成分に分け，その構成などを明らかにすること」としており，得られるのは，「現実存在するものやことに関する情報」である。

それに比べて，設計は「現存しないものについて考え，計画を立てる」仕事である。単につくるだけなら，設計せずにつくることは可能かもしれない。しかし，私たちは，できるだけコストを低くし，効果のある魅力的な教材をつくろうとしている。そのため，きちんとした計画は必要不可欠である。

もちろん，住宅にも建売住宅やモデルハウスがあるように，教材にも既存の教材がある。多くの事例を知っていることは設計の際にも大変有効であるが，それだけではすまない。この章では，設計時に決めておくべきこと，決めておくべきレベルを示すが，定型用紙を埋めていくような形で書いていけるものではないと思っていただきたい。

6.1 設計仕様書をつくろう

IDにおいて設計は，効果的で効率的，魅力的な教材をつくるための創意工夫と計画をすることである。どのようにつくれば効果的，効率的，魅力的な教材になるかという決まった形を決めることはほぼ不可能で，同じテーマでも対象者のレベル，目標にしている到達レベルが変わると効果や効率，魅力は違ったものになる。

分析結果から出てくるいろいろな条件，制限事項の中で設計していく。分析が「有から有」を出す仕事であるのに比べて，設計は「無から有」をつくり出すので，クリエイティブで苦しくも楽しい仕事といえる。

新入社員向けのビジネスマナー研修といっても，営業職の新入社員か，研究職かといった職種，業種，業界，国籍，言語のレベルなどによって異なることは容易に想像できる。営業職の新人であれば，名刺交換や面会の約束の取り付け方，客先訪問時のふるまいや言葉遣いが正しくできるように訓練しなければならない。会社の中で過ごすことが多い新入社員に名刺交換のやり方を訓練しても，実際に行うときにはすっかり忘れているということもよくある。では，どうすればよい

のか？　それを考えて工夫するのが設計である。研修の体系を設計し，個々の教材を設計していく。

「設計」は「制作」への基本文書づくりの行程である。制作者が迷いなくつくることに専念できるような情報を漏れなく含んでいることが必要である。

教材作成において，設計が不十分なまま制作（開発）の行程に進むことが現実には存在する。その場合は，開発者に設計作業も一任していることになり，最終的な成果物で，出来不出来が判断されることになる。では，設計の結果として何が得られればよいのだろうか？　ひとつひとつの教材で工夫するといっても，最低限考えて決めておかなければならない事柄を挙げておく必要がある。これを設計仕様書と呼んでいる。

6.2 設計仕様書の例

項目名に使われている「研修」は学校などでは「授業」もしくは「科目」,「課目」と呼ばれる。「研修」は「コース」,「教育プログラム」などとも呼ばれ，教育体系と個別の研修，開催回別の個別の研修などが区別される。eラーニングの場合は，開催回別の区別がないことも多く，eラーニングコンテンツ，または単にコンテンツと呼ばれることも多い。これから作成するものがどの位置づけなのかを明確にしておく必要がある。例えば，次のようになる。

- 新入社員のためのビジネスマナー（教育体系全体の名称）
- ビジネス文書におけるマナー（個別の研修）
- 来客対応のマナー（個別の研修）
- 電話応対のマナー（個別の研修）

これらの体系が妥当かどうかは，後述の学習目標の詳細化の部分の考え方を使って，学習後検証してほしい。

設計仕様書の項目を挙げるが，今の段階で記述を埋めようとしなくてよい。ここでは，個別の学習単位を研修と呼ぶことにする。

このように表にできる項目はそれほど多くはない。実際に作成する教材，eラーニングコンテンツの内容は，これらの記述からは出てこないためである（表

表6.1 設計仕様書テンプレートの例

項目名	説　　明	記　述
研修名	他と区別するために記述する。	
研修コード	コード体系に従ってつける。	
記述者名	設計者の氏名を記述する。記述に責任をもつ。	
研修概要	読み手がおおよその内容をすばやく把握できるようにする。この研修の扱う内容の概要だけでなく、位置づけを記述しておく。	
研修の目的	何のためにこの研修を行うことになったのか、eラーニングコンテンツをつくることになったのか、背景を踏まえて目的を明確に記述する。	
学習時間	学習のために必要な時間を見積もって記述する。全体ボリュームの指定となる。	
前提知識	何が、どの程度できる学習者を想定しているか記述する。いろいろなレベルの学習者がいる場合でも、どの範囲の学習者を主なターゲットとするか決める。	
使用メディア	eラーニングとして、画面のほかに音声やビデオを使用するのか、画面にはアニメーションを使用するのか、クイズ、演習、実習などを行うのか、テキスト、資料などを併用するのかなどを明記する（分析時に利用できるものはわかっているはずなので、そのなかで利用するものを決める）。	
開発計画	全体ボリュームと、使用メディア、納期（分析時に決まっているはず）、予算から、作業量をおおまかに見積もり、概要計画を立て、必要人員を手配する。	
研修の展開	章節項の構成を明記する（後述の学習目標の詳細化図、構成図、系列化の図を添付する。章節項の構造については、表などにまとめる）。	
学習内容	各章節項に含まれるべき内容、用語とその定義を記述する（別途用紙。表などにまとめる）。	
説明方法，説明図，事例など	必要な説明方法を具体的に記述する。使用する事例を具体的に記述する（別途用紙。ラフ原稿の形にまとめる。テスト問題は別途表などにまとめる）。	

6.1）。

　コンテンツの内容やその展開は、どのように決めればよいのだろうか。これま

でにつくられた教材を参考にしながら，必要な分析結果を反映させてつくるということがよく行われる。また，「なんとなく書き始める」というケースもある。極端な例では，自分が知っていることだけを書いてそれでよしとしてしまうことさえある。そのような設計仕様書に基づいてつくられたコンテンツでは，効果的に学習することは困難である。

難しいことを難しく説明するのは，説明のための努力不足であり，やさしいことを難しく説明するのは犯罪行為といってもよい。

ビジネスマナーの基本は敬語。とにかく使うこと，覚えることだ！として，次のような例を並べた場合を考えてみよう。例えば，

- 自分が行くときは「うかがう」と言う。
- お名刺はよいが，おビールはおかしい。

自然な環境の中で使うときには，このようなことをひとつひとつ覚えていくものだが，いわゆる覚えのよい人は，背景に流れる原理原則に自然に気がついて応用の利く形で身につけているものである。学習の場では整理され，覚えやすく配置されているべきであり，原理原則があるならば明確に示して，応用できるようにすべきである。

例えば，敬語には尊敬語，丁寧語，謙譲語の3種類があって，それぞれ相手と自分の位置関係が異なる。いずれも相手に対する気持ちを表現している。立場の違いを意識することというように覚えると間違いにくく，応用も利く。

まずは，何を学習するのか（学習目標を達成するために，何ができるようにならなければならないか），どうやって学習するのがよいのかを，考えていくべきである。

それでは，学習内容を適切に決めるための方法として，学習目標の詳細化のやり方を説明する。

ミチコは設計仕様書を書け，でなければ教材をつくるなという。たしかに，システム開発では仕様書がないと仕事は進まない。だが研修を設計するとはいったいどういうことだろう。マナブは，どうしてもそこが腑に落ちない。

「学習目標は決まったんだから，あとはそのための講義を録画して，サーバにアップすればい

いいじゃないですか」

マナブがそういうと、ミチコは頭に手を当てしばし考え込んだ。うー、と唸りながら、上を向いたり下を向いたりと忙しい。やがて手で膝を打ち、体を起こしたミチコが口を開いた。いつになく表情が硬いように見える。

「マナブ君は、何でこの研修の教材が講義ビデオコンテンツだと思うの？」

「え、何か違うんですか？」

とても意外なことを言われたような気がして、マナブは腰を浮かしかけた。

「ざっくり言うとね、人がものを憶えるのにも順序とやり方ってものがあるのよ。君が言った、「こんな教材にしよう」っていうのは、その順序と学習の方法を見極めてからでないと決められないわけ」

マナブは、この仕事を始めたときに、いきなりコンテンツのサンプルをつくろうとして止められたことを思い出した。順序と学習の方法。もしそれらが間違っていたら？

「時間を割いて仕事に役に立たないことを学ぶか、いくら必死に学習してもたいして身につかないかよ」

6.3 学習目標詳細化

> 演習問題
>
> 今回のビジネスマナー研修はどの領域と考え、どのレベルまでを目指すのが適切か。あなたの考えを簡単に述べなさい。

6.3.1 学習目標詳細化の意義

学習内容をつくっていくために最も重要なのは学習目標である。分析結果として、目標は定まっているはずであるが、それを実現可能な目標として、具体的な到達レベル、確認方法まで決め、その目標を達成するために何が必要かを考えて詳細化していく。発注者と学習者の両方に研修の結果を明示するためであり、後述するテストの作成につながっていく。

学習の目標について、有名なブルームの教育目標の分類を確認しておこう。ブルームは認知的領域、情意的領域、精神運動的領域に分けて、それぞれのレベルを定義した。つくろうとしている研修はどの領域に属し、どのレベルを目指して

表 6.2　教育目標分類 [1]（p.128, 表 5-1）

6.0	評価		
5.0	総合	個性化	自然化
4.0	分析	組織化	分節化
3.0	応用	価値づけ	精密化
2.0	理解	反応	巧妙化
1.0	知識	受け入れ	模倣
	認知的領域	情意的領域	精神運動的領域

いるのか考えておきたい（表 6.2）。

　最終目標の領域，レベルを確認したら目標の詳細化に先立って，目標の表現を再度確認しよう。

　原則として「～を理解できる」という目標の表現は不適切である。客観的に測定できない目標は意味がない。「理解した」，「わかった」というのは個人差が激しく，「業務に戻ってから，研修ではわかっていなかったということがわかった」，「研修の場ではわかった気になったが…」などという感想は，しばしば聞かれるものである。企業における業務の目標設定に，数値化できる目標を立てるようにとされているのと同様に測定可能な目標にしよう。

　「～が～できる」の「～」の部分に何を書くか，もっている言葉を総動員して考えよう。例えば，「ビジネスマナーの重要性を理解する」は目標の表現になっていないが，「顧客に対して，失礼のない応対ができる」は，よさそうに見える。

　しかし，どのようなときに，どのような対応ができればよいのだろうか？　例えば，ファストフードのカウンタに立つのであれば，ある程度の範囲の受け答えができればよいと思われ，パターンを覚えてしまうという習得方法が考えられる。一方，オフィスビルの総合受付ではどうだろう？　営業職の場合はどうだろう？　一般的なパターン化された応対はやさしいが，クレームを持ち込んだ顧客に対する応対は難しい。

　目標を決める場合には，次の 3 点を十分に吟味しなければならない。
- 測定可能な具体的な行動表現にすること。
- どのような条件のもとでできればよいのか，条件を明示すること。
- どの程度できればよいのか，目標の基準を明示すること。

「原則として」と書いたのは，最終の目標など上位レベルの目標は抽象的になりがちだからである。言葉の使い方は難しいが，クライアントとの合意を得るために十分に考えてほしい。最終の目標が適切に表現できたら詳細化していくが，詳細化した結果，最終目標を変更，修正しなければならないこともある。実現不可能であることがわかってレベルダウンする場合もあり，詳細化の話し合い，検討の過程で真の目的に気がつく場合もあるためである。最初はある程度抽象的でもよいが，明確になってきた時点で書き直しておこう。

例えば，ビジネスマナーをもっとしっかりやらせよ，というリクエストが社長から出たとする。その場合，そのリクエストの背景は十分検討しなければならない。

新入社員研修では名刺交換，挨拶の仕方など新入社員に必要とされるマナー教育を実施しているにもかかわらず，このリクエストが出た。新入社員と社長の接点を考えてみると，オフィスロビー，エレベータ，社外の通勤路などであることがわかった。たしかに，名刺交換ができても社内の雰囲気がだらしなければ何もならないであろう。これまでの研修の成果が出ていないか，設定が間違っていたことになる。

6.3.2 詳細化の方法

詳細化には次の3つのアプローチがある。

(1) タスク分析アプローチ

その学習目標を達成すると，どのようなタスクをできるようになるのかを考え，まずタスクを定義して分析することで，必要な学習目標群を導く。定型的なタスクをこなすための能力を導くためには有効なアプローチである。例えば，新人営業が顧客に電話で面会の約束を取り付ける，という仕事を行う場合にどのようなサブタスクに分かれるか考えて，それぞれに必要な能力を考えていく。

電話で面会の約束を取り付けるだけでも，次のような動作をしている。
- 客先に電話をかける（いつ，どこからかけるか，最初の名乗り方は）
- 目当ての人を呼んでもらう（目当ての人が直接電話を取ったとき，転送して

もらうとき）
- 訪問の目的，同行者などの情報を伝える（相手が多忙の場合，非好意的な場合も対処できる）
- 訪問日時を交渉する（候補を言ってもらう，候補を提示する。予定が合うとき，合わないとき両方の場合に対処できる）
- 感謝の意を伝えて，適切に切る（お礼の言葉，挨拶，かけた方が先に切らないように，おだやかに切る）

「電話をかける」というサブタスクを学習目標として記述すると「初めてのお客様に失礼なく電話をかけることができる」となる。例えば，携帯電話で街中の騒音のあるところからかけるようでは不合格である。まず，自分の名前を名乗らないようでも不合格である。

(2) 内容領域分析アプローチ

最終目標を内容領域の観点からブレイクダウンする方法。新規な領域，タスクとして確立していない場合に有効である。例えば，ビジネスマナーと呼ばれている領域を分析・詳細化し，そのなかで必要な小目標を自分たちの学習目標として採用していく（ウェブプログラミングの技術者を育成する場合では…）。

ただしこの分析をする場合には，扱う専門領域を熟知した専門家が必要である。目標の領域を分析しようとして，その領域について知らないことが多いことに気づくことがある。

(3) データ収集アプローチ

専門家の協力を得てデータを収集し，分析していくアプローチである。専門家自身が分析するのではないので，インストラクショナルデザイナが上手に専門家，時には複数人の専門家から情報を引き出すようにする。

どのアプローチにしろ，目標を詳細化したときに，漏れなく詳細化されていることが重要である。小目標を漏れなく書き上げる。それは，研修として含めるべき目標を取り上げ，それらを達成できるように研修を組み立てていかなければならないからである。漏れのない詳細化のためには，ツリー図などで図示すること

が効果的である。

　漏れなく書き上げるとき，どこまでも深くする必要はない。学習者が前提知識としてもっている部分は不要だからである。細かくしすぎる必要もない。研修の1項目として扱うことができ，目標達成が検証できる程度の大きさになればよい。また，詳細な目標を書き上げるとき，学習順序について考える必要はない。一度に考えることは少なくするほうが間違いにくいためである。学習順序はこの後の工程で決定する。

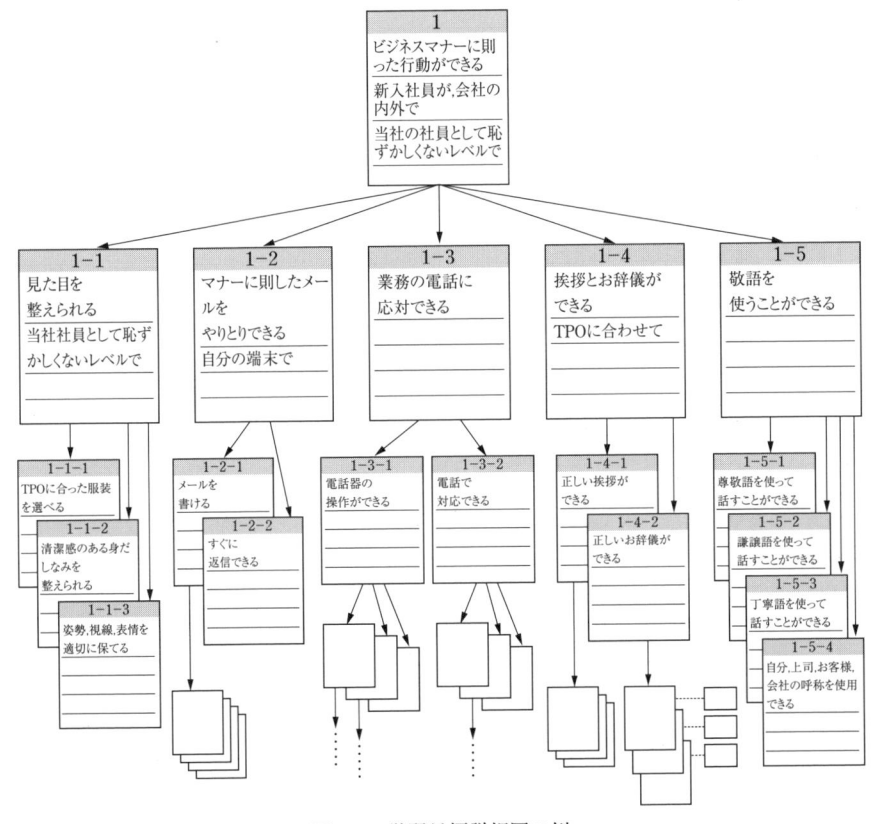

図6.1　学習目標詳細図の例

> 演習問題解答例

　今回のビジネスマナー研修では基本的なやり方を知ること，理解することだけでなく，ビジネスマナーが必要であるという意識をもつこと，そして実際に行動できることが求められている．

　したがって，下の表の網掛けの部分を目標として考えなければならない．

6.0	評価		
5.0	総合	個性化	自然化
4.0	分析	組織化	分節化
3.0	応用	価値づけ	精密化
2.0	理解	反応	巧妙化
1.0	知識	受け入れ	模倣
	認知的領域	情意的領域	精神運動的領域

　退社時刻が迫るオフィスで，学習目標の詳細化に取り組むマナブに，課長の木俣が声をかけてきた．
　「青山君，仕事は慣れたかい？」
　「あ，課長．おかげさまで」
　ミチコにいろいろ教えてもらいながら何とかやっているとマナブがいうと，木俣はミチコ君はアメリカの大学院で教育工学を学んできたプロだから，おおいに彼女から学ぶとよい，と教えてくれた．
　「学習目標を詳細化するには，僕もビジネスマナーをちゃんと勉強しなおさなきゃなりませんね．あ，ミチコ先輩に聞くという手があるか」
　「ははは，新人に研修しようっていうんだから，それは自分でも知っておかないと後で困るぞ．ところで，今君が手がけているその研修な，3時間にしてほしいんだ」
　翌日，マナブは木俣に言われたことをミチコに話した．実は，マナブの見立てでは，どんなに詰めてもこの研修には丸1日はかかる．ミチコの答えは明快だった．
　「それはもう会社というクライアントの要求なのよ．つまり，現実的な制約事項なのね．覚えてもらわなきゃならないものは他にもたくさんあるし，ビジネスマナーは研修でなければ絶対に身につけられないものでもないわよね」
　「確かに，そうですね」
　「となれば，どの部分を確実に扱い，どこを諦めるか．あらかじめクライアントとよく話し合って，合意をとっておくことが大切よ．制限のなかで，最善を尽くすように工夫するのも設計工程で考えるべきことなの」

学習目標を詳細化し，目標のレベルを定めていくと，しばしば目標に到達するために膨大な時間がかかることが判明する。これは，研修やeラーニングの中だけで学習活動をさせようとするためであることが多い。

実際には，今回の演習の場合でも，基本事項を研修で行い，新人研修全体の中に実践の場を組み込むことで総合的に目標達成できるよう考えるのが妥当であろう。

6.4 学習目標構造化

> 演習問題
>
> 学習目標：ビジネスマナーに則った行動ができる（新入社員が，会社の内外で，当社の社員として恥ずかしくないレベルで）。
> この学習目標を下位目標へ詳細化し直し，構造について考えたことを述べなさい。

学習目標を詳細化すると，それで研修の構成が決まったと勘違いされることが多い。暗黙のうちに，学習順序を考えながら詳細化することも実際にはある。しかし，そのような詳細化のやり方は，誤った結果を生む危険がある。そこで構造化の手順を踏むと間違いを起こしにくい。

詳細化された学習目標の間の関係を考えるときのチェックポイントを挙げる。

- 横の関係では，レベル感が同じか
- 縦の関係では，上位目標の達成に必要な下位目標が漏れなく挙げられているか

例えば，次のように詳細化したとする。

　　上位目標：ビジネスマナーに則った行動ができる（新入社員が，会社の内外で，当社の社員として恥ずかしくないレベルで）
　　下位目標1：マナーに則ったメールを作成できる
　　下位目標2：マナーに則った電話対応ができる
　　下位目標3：TPOに合わせた挨拶とお辞儀ができる
　　下位目標4：敬語を適切に使うことができる

横の関係を考えてみよう。

下位目標の1～4はレベル感が異なる。1と2は同じレベルだが，下位目標3のTPOに合わせた挨拶は，メールや電話対応の際にも必要なので，部分的に重なる目標になっている。下位目標4は，1，2の両方の基礎である。これでは適切に詳細化できているとはいえない。

次に，縦の関係を考えてみよう。下位目標の1～4ができるようになれば，上位目標ができるようになるといえるだろうか。明らかに不足しているのは，直接会って対応しているときの，挨拶とお辞儀以外の部分である。これでは，マナーに則って用件を済ませることができないであろう。

| 演習問題解答例 |

学習目標を2つ取り上げて，その間の関係を考えることが大切である。一度に多くを考えないようにしなければならない。漏れなく，ダブりなく書き上げられているだろうか。

〈再詳細化〉

ビジネスマナーに則った行動ができる（新入社員が，会社の内外で，当社の社員として恥ずかしくないレベルで）			
	見た目を整えられる		
		TPOにあった服装を選べる	
		清潔感のある身だしなみを整えられる	
		姿勢，視線，表情を適切に保てる	
	ビジネス相手に好感をもたれるような言葉遣い（挨拶を含む）ができる		
		敬語，丁寧語，謙譲語の使い方を指摘できる	
			尊敬語を正しく使える
			丁寧語を正しく使える
			謙譲語を正しく使える
			組み合わせた形を正しく使える
		相手と，状況に合わせた行動ができる	
			相手の状況を推測できる（忙しい，応対不可能など）
			相手が目の前にいるとき，いないとき，公式の場，非公式の場などを区別できる

		実際に行動できる（必要な場面で使えること）	
			話す
			書く
			聴く（相槌，質問の適切な使用）
			読み取る
	それ以外の部分で失礼がないようにふるまえる		
		態度	
			おもてなし，思いやりの気持ちを示せる
			相手を尊重していることを示せる
		行動	
			時間管理，健康管理ができる
			相手との約束に誠実でいる
			社会的ルールを順守しているなど

　見た目，それ以外の目標については，新人研修の別の部分でも扱うことができる。また，日々の注意事項として研修を通して行うのが実践的であろう。
　言葉遣いについては，まずは3種類の存在を認識させてから，それぞれを学習させるのがよさそうである。尊敬語，丁寧語，謙譲語を1つずつ扱うか，例題中心で総合的に扱うかは要検討である。実際の行動として話し方にするか，メールなどの書きものにするか，他の研修の内容と重複しないように選択する必要がある。

　解答例には，まだ不足しているところがあるかもしれない。例えば，敬語が使える，という面から詳細化したが，失礼な言葉，軽薄と思われる言葉遣いを避けることができる，という目標を加えることも考えられる。相手先からの資料について「頂戴します」，「拝見します」と言いながら「そのサイトは私どもからは見れません」と言ってはだいなしである。正しくは「見られません」と言わなければならない。いわゆる，「ら抜き言葉」である。
　詳細化も構造化も，「これが正解！」といえるただひとつの答えはない。多くの考え漏れをみつけることができれば，学習目標の詳細化は成功である。構造化を行って詳細化の不備がわかったら，詳細化に戻るべきである。

6.5　学習目標系列化

> **演習問題**
>
> 前述の分析結果をもとに，学習しやすいと思われる順に並べなさい。また，そのように並べた理由を簡単に記述しなさい。

　学習目標の構造が明らかになったら，学習の対象とする目標を決定し，学習にふさわしい順序を考える。順序性のあるもの，ないもの，対象者によって変わりうるもの，がある。

　多くの学習目標の順序性をきちんと整理したい場合は，全部の学習目標をマトリックスに表してそれぞれの順序を組み合わせていくこともある。

　最も単純なのは，作業の手順や時間の経過に沿っている場合である。この並べ方は受け入れられやすいが，いつも最善であるわけではない。例えば，初めてエクセルやワードの操作を学習するとしよう。ソフトの起動，入力，編集，保存そしてソフトの終了という一連の作業が学習内容である。入力や編集の部分ではたくさんのことを学習しなければならないので，流れのとおりに学習するより，起動と終了については先に学習して，全体感を得てから，実際にファイルをつくる，編集するなどの操作を学習するほうが容易と考えられる。ちなみに，既存ファイルの編集は，ファイルの新規作成と入力を行うより作業量が少なく，学習を楽に進めることができる。

　基本事項と応用事項であれば，一般的には基本事項を学習したのちに，応用事項を学習するほうがよい。しかし，常にこの順序ではなく，1つの応用事例を学習させた後に基本を提示するほうがよい場合もある。例えば，敬語のパターンをすべて覚えてから応対の練習をさせるのは得策ではない。

> **演習問題解答例**
>
> ①それ以外の部分（ビジネスマナーとは何か，基本的生活習慣について）社会人として他の人に迷惑をかけないで過ごすことができる
> ②見た目（社会人としての身だしなみについて）を整えられる。新入社員に相応なもの

③社会人にふさわしい言葉遣いについて以下のようなことができる

　敬語の種類と，考え方を指摘できる。種類を間違って使わない，敬語の本来の意味である，相手を大切に思っているという意識を示すことができること。ただし，具体的な行動については，新入社員が遭遇すると思われる場面に限ってよい。
　　具体的な敬語表現を間違いなく使うことができる
　　　尊敬語を正しく使うことができる
　　　丁寧語を正しく使うことができる
　　　謙譲語を正しく使うことができる
　　　違反例を指摘できる
　　正しい言葉遣いで新入社員として遭遇する場面に対処できる
　　　挨拶ができる（初対面の場合，目上の相手に対し）
　　　名刺交換（1対1の場合，複数人の相手に対し）
　　　電話を受ける（自分への電話および，自分以外へ取り次ぐ場合）
　　　電話で用件を伝える（電話をかけて用件を伝える。不在の場合に伝言を依頼する）
　　礼儀正しいメールを書くことができる
　　　正しい形式を守ることができる
　　　明確に用件を書くことができる
　　　ネチケット，セキュリティに違反しないように送信できる
　対面で話すこと，電話，メールのどれが新入社員にとって最も難易度が高いか，これまでの研修講師や過去の新人にヒアリングするのもよいだろう。
　いずれにしろ，なぜこの順序で学習を提供するか，理由が述べられるようでありたい。

6.6　テストの作成

「よし，系列化まで終わって，研修の骨組みができたわね。粗いところもあるけど，まあ合格。これでいきましょ」
「ありがとうございます」
「じゃあ次だけど…」
　そこでミチコは言葉を切った。マナブの反応を待っているのだ。

「いよいよ教材づくり…ではないんですよね，きっと」
「ふふ，わかってきたじゃない」
「これまでのことを考えれば予想はつきます。でも正直言って，ここまでやっておいて，まだ開発の前にやらなきゃならない作業というのが何なのか，見当もつきません。次に僕が何をやるのか，教えてください」
「そこまで殊勝に問うなら，このミチコお姉さんが教えて進ぜよう。テストをつくるのよ」
　無理だ。脊髄反射的な速度でマナブは思った。冗談めかしながらこの人は何という無茶ぶり！
「まだ教材もつくっていないのに，テストをつくるんですか？」
「学習成果を判定する具体的な基準ができていないのに，それをクリアするための知識を学ぶ教材を君はどうやってつくるわけ？」
「あ…」
　マナブは，テストと教材の関係をそんなふうに考えたことがなかった。マナブにとってテストは，あらかじめテキストがあり，指示された試験範囲があり，そこから出題されるものだった。
「それを見ればつくれるはずよね？」
　ミチコは，マナブがつくった学習目標系列図を指差した。学習目標は最小単位まで詳細化されて並べられ，目標行動と実施条件，合格基準が書いてある。

> 演習問題
>
> 「電話を受ける（自分への電話および自分以外へ取り次ぐ場合）ことができる」という学習目標に対する，知識レベルのテスト問題，模倣レベルの問題を作成しなさい。

　テストは，研修やコンテンツができてから最後につくることが多いかもしれない。しかし，学習目標の達成を判断するというテストの本来の意味から考えれば，学習目標を設定した時点でテストは作成できるはずである。また，学習目標に対応したテストでなければならない。学習目標のレベルについて分類したのは狙いを絞るためであり，ここで活かすものなのである。

　後になってからテストをつくるのは二度手間である。かつ，テスト問題をつくっていくときに，学習目標が適切でなかったことに気づくと，設計や分析の工程に戻らざるをえなくなることもある。これが手戻りで，工数オーバー，納期遅れの大きな原因となる。テストは授業・教材の開発前に作成するのが鉄則である。実装（開発）は教材と同時でもよいのだが，テストやその成績の収集，学習履歴の収集などはLMSの機能に左右されることも多く，早い段階でどのようなデー

タを取りたいのか，実際に取れるのか検討しておいたほうがよい。

　テストをする目的については，評価の部分を参照してほしいが，テストの目的と，何をテストするのかという種類，判定レベルを明確にしなければ適切な問題はつくれない。

　別の見方をすると，学習目標が具体的に記述されているとテストは作成しやすい。「ビジネスマナーを身につけさせる」，ではどのようなテストをすればよいか決められない。「きちんとした敬語で話ができる」でも，どのような場面で誰に対して話せるのか，言葉遣いが正しければ，内容はどうでもよいのか，など決めておかなければならない。

　先の演習問題解答例のように書かれていると，どのようなことを確認すればよいかわかりやすい。

　例えば，「知識」を問う問題として，次のようなものが考えられる。
- 3種類の敬語と，その定義を関係づけなさい
- 次の言葉を尊敬語の表現にしなさい
- 次の文章中の敬語の使い方として間違っている点を指摘し，正しい表現に改めなさい

　上記の例は「知識」を問う問題である。「理解」のレベルを問う問題としてはより応用的なものとしたい。例えば，場面設定をしたうえで，「このようなとき，あなたはどのようにふるまうか」を聞くことが考えられる。「自部門近くで担当者がわからなくて迷っているような人を見かけた。どのように声をかけ，用件を聞き出すか，想定問答を書き上げなさい」などである。この場合は，同じ会社の中の他部門の人に対するマナーを問うていることになる。ビジネスマナーの対象はお客様とは限らない。

　情意的な「受け入れ」，運動領域の「模倣」についても，それぞれテストの仕方を考えなければならない。

　例えば，「これまでの自分の生活を振り返り，学習した敬語の使い方が今後どのような影響を与えそうか，xx文字以内で記述しなさい」という問題で表現させることも考えられる。また，実際に活用されるべき場面を観察することもテストといえるだろう。新入社員研修時の服装，学習態度，出退勤時の挨拶，オフィ

スでの過ごし方，その他すべてがテストといえる。

　ここまで，学習目標に対応したテストでなければならないことを力説してきたが，学習目標は学習者に明示されているべきものである。学習者は自分が目指すものを知っていなければならない。それは，どのようにテストされ，どのように評価されるのかを学習者自身が知っていることを意味する。テストや評価方法について説明しきれないようでは，研修・教材が適切に設計できていないのではないかと考え直したほうがよい。

| 演習問題解答例 |

〈知識レベルの例〉

　電話応対における次の記述について，正誤を答えなさい。

　例1　電話をかけたら，まず自分が名乗る。(○)
　例2　伝言を頼んだ場合，頼まれた人が名乗らない場合，名前を聞くのは失礼にあたる。(×)
　例3　肝心のところがよく聞こえなかった場合，聞き直してもよい。(○)
　例4　簡単な用件だったので，電話で話す時間があるかどうか確かめる手間を省いていきなり用件を話した。(×)
　例5　電話はかけたほうが先に切る。(×)

〈模倣レベルの例〉

　既存の顧客で，あなたが今後担当することになったA社のBさんに電話で面会の約束を取りつけようとしている。用件は，新しい商品の説明会への参加ご案内で，これを機会に担当を受け継ぐことになっている。Bさんの言葉に対してどのように対応するか，書かせる。可能であれば，研修の場で実際の電話機を使ってロールプレイさせる（学習した範囲内のマナーが守られていればよい。例えば，相手に対する配慮がなされていること，敬意を払った会話になっていること）

　会話1
　　B　　「これからちょっと会議があるんだけど」
　　自分　「・・・①・・・」
　会話2
　　B　　「その件は私ではちょっとわからないな。XXさんのほうが適任だろうな」

自分「・・・②・・・」
会話3
　　Bさんは，担当のXXさんと同席して顔合わせの機会をつくってくださることになりました。切る前の挨拶をしてください。
　　「・・・③・・・」
回答例
　①「失礼しました。後でかけ直したいのですが，何時頃でしたらお手すきでしょうか」
　②「そうですか，もしよろしければXX様にご紹介いただけませんでしょうか」
　③「それでは△△日，××時にお伺いします。お忙しいところありがとうございました」で，相手が切ったことを確認してから電話を置く。電話中は，相手の顔を思い浮かべ，神妙に，かつ快活に話すこと。

　テストには，教えるべき内容が詰まっている。そして研修や教材は，このテストに合格できるだけの知識が身につくようにつくる。このことに気づいたとき，マナブは軽い感動を覚えた。これがいわゆるコロンブスの卵というやつか。
　ミチコが教えてくれた。
　「何も選択問題や穴埋め問題だけがテストってわけじゃないのよ。要は学習目標を達成したかどうかが判断できるものなら何でもいいの」
　「何でもですか」
　「そう，実技や口述でもいいの。ただし，学習目標によるわよ」
　IDのふところは結構広いようだ。

◎参考文献
[1] 梶田叡一（1983）『教育評価』有斐閣.

第7章 教材設計と実施計画

本章の学習目標

- ID を支える学習理論について説明できるようになる。
- ID 理論を活用し教材設計ができるようになる。

　本章では，ID を支える理論を紹介し，それらをどのように教材設計に反映していくのか，先に述べてきたビジネスマナー研修を例として使いながら，説明していく。まず，ARCS モデル［1］を紹介し，ARCS モデルの4つの要素を反映させた教材設計案について考えていく。次に，成人学習理論［2］を紹介する。成人学習理論の観点から ARCS モデルを反映させた案をもう一度見直していき，必要に応じて，その案に追加していく。さらに，欲求階層説［4］について説明し，教材設計案に対して補足する。次に，ID の第一原理［5］，ガニエの9教授事象［6］について紹介する。これらの理論をビジネスマナーの対面研修のレッスンプランに反映させていく。最後に，ここで紹介した e ラーニングの教材設計案を表 7.1 に，そして対面研修の内容，背景となる理論を表 7.2 にまとめている。

　設計仕様書のドラフトを持ったマナブが，ミチコのデスクに向かう。マナブが教育企画課に異動してきてから毎日のように見られる光景だ。
「ミチコ先輩，次の作業のことなんですが」
「そろそろ教材の開発する？」
「いえ，学習の順序は決まりましたが，学習目標に応じた学習方法が決まっていません」
　ミチコは数瞬の間をおいて無言で立ち上がった。
「マナブ君」
　抑制の効いた声に，マナブを見すえるまっすぐな視線。凄いプレッシャーを感じる。だが次のミチコのアクションは予想外だった。
「偉い！　よく気づいたわ」

そう叫ぶと相当な力でマナブの両肩をばしっと叩いた。
「いやあ成長したわねえ君も。お姉さん嬉しいわ」
「先輩のおかげです。ですが学習方法を選択するセオリーまでは僕にはわかりません。あと，肩が痛いです」
「そうね，基本的な学習理論を教えてあげるわ。それで教材の具体的な設計や実施計画を立てるわよ」

教材設計のフェーズでは，分析フェーズで得た情報をどのように反映すべきなのだろうか。以降では，どのような学習を行うのか詳細を決定していく過程において，有用な学習理論をいくつか紹介する。それぞれの理論が重視しているポイントを反映しながら教材設計に取り組むことが，効果的な教材設計の鍵となっていく。先に述べたビジネスマナー研修の教材を設計する際に，どのように理論を反映させたらよいのか考えてみよう。

7.1 ARCS モデル (John M. Keller)

演習問題

ARCSモデルを活かして，ビジネスマナー研修の教材設計について考えよう。

ARCS モデルとは，ケラーが学習者のモチベーションを高めるのに考慮すべき4つの点を説明したもので，注意（Attention），関連性（Relevance），自信（Confidence），満足感（Satisfaction）の英語の頭文字から，ARCS モデルという [1]。

注意（Attention）とは，学習者の注意をひいたり，学習者が探求心を抱くよう，工夫することの重要性を意味する。これは，教材の導入部分にあたり，学習者に考えさせるような質問を投げかけ，興味をそそったり，視覚，聴覚に刺激を与えたりするような工夫をして学習者に探究心を抱かせる。ここでは，より多くの学習者をこれから始まる学習活動にひきつけることが重要となる。

関連性（Relevance）とは，学習目標を達成すると学習者がどのようなことができるようになるのかを明確にすることで，この学習が意味のあることだと認識

し，学習者自らがその学習の価値を見出すことの重要性を示唆している。教材においては，学習者にとって興味がある内容を取り扱ったり，彼らにとって親しみのあるトピックを取り扱ったりすることで，学習意欲を高めるよう取り組む必要がある。ここでは，分析フェーズで得た結果を参考に，学習者のニーズを満たすような内容かを十分に吟味することが不可欠である。

自信（Confidence）とは，文字どおり，学習が順調に進んだという成功体験をさせ，自信をもたせることの重要性を説いている。自信を得るためには，学習者が自分で学習をコントロールできるような学習活動を導入する必要がある。ここでは，学習者を尊重し，学習者が練習問題や課題に主体的に取り組むという機会を設けるとよい。

満足感（Satisfaction）は，学習に楽しさややりがい，達成感などを感じることで得られるものである。また，何か外的な動機付け（よい成績，賞賛の言葉，単位認定など）を得ることからも，満足感が生じる。特に，習得した知識やスキルが意味のあるものだと実感できるような機会をつくることが大切である。また，学習の成果を公平に評価されることで，スキルが向上した，新しい知識を身につけたという実感が得られる。分析フェーズで得た情報をうまく活用し，学習者が満足感を得られるように工夫するとよい。教材設計においては，学習の成果が明確にわかるような仕組みや，達成感を得られるような機会や場面を設定するのが望ましい。

演習問題解答例

では，ARCS モデルを活かしたビジネスマナー研修の教材設計について，考えよう。

まず，注意（Attention）を考えると，学習者の注意をひくようなものや，学習者に探究心を抱かせるようにする工夫が必要だ。ビジネスマナーに関する簡単なクイズのようなものを，写真や動画を使って行ってみるのもよいだろう。ビジネスマナーとして適切かどうかを，○，×で答えてもらうようなものを使うとそれぞれのトピックを考える機会が得られ，注意をひくことができる。そこでは，再詳細化で出てきた 3 つの目標に関連する，身だしなみ，言葉遣い，ふるまいなどから問題を出すようにする。それらを研修でもっと知りたいと思うように，少

し立ち止まって考えるようなものを使い，学習者をひきつけるとよい。

次に，関連性（Relevance）を考えてみよう。まず，研修の学習目標を明確に新入社員に教えなければならない。それから，ビジネスマナーの重要性を教えるには，身近なことから説明したほうがよい。例えば，株式会社エルプコで，ビジネスマナーの欠如から起こってしまった失敗例あるいは，マナブの個人的な今までの失敗例もいい題材になる。身近なトピックを題材にすることによりビジネスマナーの重要性を身近に感じることができる。

取り扱う内容は，目標の再詳細化を行ってできあがった項目を中心に行えばよいが，詳細部分にもニーズ分析の結果や関係者に行ったヒアリングの結果を反映させるようにする。例えば，ミチコ先輩が行ったヒアリングでは，「最近の新入社員のなかに，すごく派手なネイルをしてきた社員がいたので，身だしなみでは，服装だけではなく，ネイルまでしっかり指導してください」と言われたという。それなら，やはり，ネイルなども研修でふれるようにしたほうがよいだろう。

次の自信（Confidence）を考えてみよう。この部分は，学習者に自信をもたせることが重要である。やはり主体的な学びを含め，苦手な事柄を克服してもらうのは不可欠であろう。個々の苦手箇所を克服できるような主体的な学びを実施するならば，eラーニングを活用すると効果的である。しかしながら，このような研修の場合，対面研修でマナーに関する実践的な研修も行ったほうがよいといえる。それならば，研修はeラーニングの自己学習行動や態度を実演しながら研修する対面研修とで構成するブレンディッドラーニング形式を計画すると効果的と考えられる。学習形態があらかじめ決められているものもあるかもしれないが，eラーニングの特徴を考えたり，対面研修の利点を考慮しながら，考えるようにする。eラーニングでは，ビジネスマナーの基礎となる知識の習得を中心に取り扱おう。特に尊敬語，丁寧語，謙譲語の使い方などは，ビジネスの場でよく使われる表現を中心に，場面設定に沿って実践的に行っていくとわかりやすいだろう。それから，それぞれの章で重要ポイントの小テストを用意し，対面研修までに，納得いくまで各々の苦手な箇所を繰り返し学習してもらう。そうすることで，苦手な箇所も克服でき自信をつけられる。それから，対面研修では，実践を中心に行い，自分のふるまいが相手にどうとらえられるのかよくわかるように，ペアになり場面設定に応じた実演練習を行うとよい。他人のふるまいを評価しようとすることでより理解を深められる。よくできた場合は賞賛し合い，成功体験から自信をつけることを配慮する。

次に，満足感（Satisfaction）について考えてみよう。最後には，研修教官に

よる実演テストを設定するとよい。今回の研修受講者は40名なので，教官が数名いれば実行可能と考えられる。このようなテストに合格できると，新入社員も自信をもつことができ，満足感も得られるだろう。

7.2 成人学習理論（Malcolm Knowles）

> 演習問題
>
> 先にARCSモデルを反映させて考えた教材設計の案を，ノールズの成人学習理論を考慮しながら見直してみよう。

ノールズは，成人学習者にとって効果的な成人学習理論を提唱した [2]。彼は，成人学習者には，次の5つの特徴を含むことを示唆した。①成人学習者になると，自己概念が依存的なものではなく自己決定的なものになる。つまり学習をさせられるというのではなく，学習すること自体を自分で意思決定するのである。②成人学習者は経験が豊富なことから，それらを学習のリソースとして経験を活かした学習をする。③成人学習者は，社会的な役割を担うとき，学習のレディネスが構築される。社会の中で何かの役目を果たそうとするときに学習しようとする。④成人学習者には，学習した成果が即実社会で使用できるように問題解決を行うような学習がよい。⑤学習への動機付けは，自己実現など内発的動機付けによる。これらは，成人学習者にとって非常に重要な基礎的な要素となっている。

また，モリソンらは，ノールズと同様に成人学習者の特徴を以下のように説明した [3]。成人学習者は，一般的に高い学習意欲をもって教育プログラムや研究プログラムに望むことが多い。成人学習者は，体系的に開発されたプログラムを好み，目標なども明確にされることを望む。また，プログラムがいかに価値のあるものなのかを判断しようとする。まず，内容が適切かどうかを考え，即座にこれは活用可能な知識やスキルを習得することができるかどうか把握する。成人学習者にとって時間はとても重要であるため，時間を無駄に費やすことを好まない。さらに，成人学習者は知識にあふれ，効果的な授業を行う教員を尊敬する。あまり好ましくない教員はすぐに認識する。

また，成人学習者は個人的，社会的経験を学習に結びづけることができるので，学習には彼らの豊富な経験を活用するとよい。教員は授業の進行役であったり，学習の手助けをするという存在でいることを好み，先生という立場から抑圧的に学習者に指示することを嫌う。成人学習者は意思決定に参加することに意欲的である。彼らは，学習においても，自分でテーマを決めて行えるものを好む。また，成人学習者は子供の学習者よりも融通がきかない傾向があり，恥ずかしい状況や場面に陥らないように慎重な態度になることがある。彼らはグループ学習も好み，少数で行うグループ学習や休憩中に学習者同士で話をすることが重要となる。

| 演習問題解答例 |

　先に，ARCSモデルを反映させて考えた教材設計の案を，ノールズの成人学習理論を考慮しながら見直してみよう。
　①自己決定的な学習活動
　②経験を活かした学習
　③社会的な役割を担い学習のレディネスを構築
　④即実社会で使用できるように問題解決形式の学習
　⑤自己実現など内発的動機付け
　まず，①の自己決定的な学習活動の部分では，eラーニングでの自己学習を含める案からも，新入社員が自分で学習する時間やペースを決定できるようになっている。
　ただ，②の経験を活かした学習というのが，ARCS理論のみで考えた案ではうまく反映されていない。新入社員の経験と考えると，新入社員はあまりビジネスの経験がないから研修を受けるのだと思いがちだ。しかし，新入社員とはいえ日常生活のいろいろな場面でお客さんとしての扱いを受けている。そのため，客としての体験談を研修に活かすことは可能である。例えば，導入部分で電子掲示板を使用し，客の視点から店員の対応がどのような印象を与えたかなど，ディスカッションしてもらうとよい。そこから，ビジネスマナーのヒントを得ることができる。
　また，④の問題解決をするような形式というのは，前の案に組み込んでいなかったので，問題解決をするような学習活動を取り入れてみるとよい。例えば，ビジネスマナーの疑問点などを学習者同士でディスカッションし，ある学習者の疑問をみんなで解決する。そこで明確にならなかった項目は，対面研修で確認する

というのも効果的である。

⑤の自己実現などの動機付けだが，この会社で将来こんな仕事をしたいという目標をもったり，あの人のようにスムーズに対応できる人間になりたいと思うことも重要である。各部の業務の紹介やエースの紹介なども考えられるだろう。

7.3 欲求階層説（Abraham Maslow）

> **演習問題**
>
> 欲求階層説を考慮しながら，これまで考えてきた案に何か追加したほうがよいところがないか，再度考えてみよう。

マズロー [4] の欲求階層説は，人間の欲求というものを段階的に説明している。そのため欲求段階説ともいう。人間は欲求を充足するように行動する，人間はある段階の欲求を満たすと次の段階の欲求を追及する。この説から，欲求や動機は，それぞれ個人が置かれている社会的な状況に応じて異なることが示唆されている。

Level 1　生理的：食料，水分，睡眠の確保という生命維持に関する欲求
Level 2　安全：住居など身の安全を得たいという欲求
Level 3　所属と愛：何かに所属し，人間的なつながりをもちたいという欲求
Level 4　尊重：他人から尊重されたい，尊敬されたいという欲求
Level 5　自己実現：自分の能力を発揮し，自分の目標を達成したいという欲求

さて，これらの欲求を教材設計にどのように活用することができるのだろうか。少なくとも Level 3～5 は，教材設計の際に考慮することができる。例えば，Level 3 では，人間的なつながりに着目し，先生あるいは学習者同士が，コミュニケーションをもつ学習活動を組み込むことが考えられる。例えば，先生に質問したり，学習仲間と討論する機会を与えたりするなどがある。e ラーニングで考えれば，電子掲示板やメール，SNS などを使い，コミュニケーションをすることが考えられる。Level 4 の他人から尊重されたいという欲求は，自分が主体的に学習を行うことや，学習課題に少し自由度を付加し，自分の意見を述べること

が含まれる．Level 5 の自己実現においては，学習者が具体的に目標を設定することが重要なことから，具体的な目標を持てるようなきっかけづくりを学習に盛り込むとよい．

> **演習問題解答例**
>
> 欲求階層説を考慮しながら，前述の案に何か追加したほうがよいところがないか，再度考えてみよう．ここでは，欲求には段階があることを覚えておこう．特に，ここでは，自分が会社の中でどうありたいか．どのような業務で，どのように活躍したいかというような，具体的な目標を設定できるようにすることが重要である．そして，それがビジネスマナーとどう結びついているのか認識できるとよい．しかしながら，生理的欲求や安全の欲求が満たされていないと，上位の欲求へとつながらない．このような場合は，新入社員に規則正しい生活を指導することも当然，重要になる．

7.4 ID の第一原理（M.D. Merrill）

> **演習問題**
>
> ID の第一原理と 9 教授事象は，どのように活用したらよいだろう．

メリルは，現在の多くのインストラクショナルモデルの最も効果的な学習環境とは，実社会で活用できるようなより現実的な課題に取り組み，学習において次の 4 つの点を含めることだと述べている［5］．

- 前提知識の活性化（activation of prior experience）
- 習得すべき知識の明示（demonstration of skills）
- 習得した知識の応用（application of skills）
- 習得した知識の統合 ＝ 実社会で使用可能なスキルの確立（integration or these skills into real world）

さらにメリルは，多くのインストラクションは習得すべきスキルの明示（demonstration of skills）ばかり重視する傾向があるが，その他の 3 つのフェーズも学習において非常に重要な役割を担っている点を強調している．この ID の第一

原理の構成要素を図7.1に示す。それらの要点を教材に反映させる場合，以下の点がポイントとなる。

- 実社会で活用できるようなより現実的な課題を取り扱う
- 新しい知識の基礎となる前提知識を活性化する
- 習得すべき新しい知識を学習者に明示する
- 習得した新しい知識を応用させる
- 学習した知識を実社会で活用できるよう知識を統合させる

これらの点を考慮して，どのようなインストラクションを構成すべきかヒントを得るとよいだろう。

習得した知識の統合 INTEGRATION	前提知識の活性化 ACTIVATION
習得した知識の応用 APPLICATION	習得すべき知識の明示 DEMONSTRATION

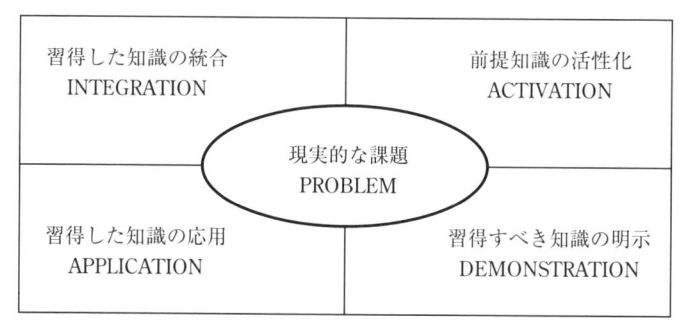

中央：現実的な課題 PROBLEM

図7.1　IDの第一原理（文献［5］p.45, Figure 1 Phases for Effective Instructionに日本語訳追加）

7.5　9教授事象（Robert M. Gagne）

ガニエは，効果的な学習を行うために次の9つの活動を含むよう示唆した［6］。

(1) 注意の獲得

　学習を効果的に行うには，学習者の注意の獲得は不可欠である。どんなにわかりやすい説明をしても，学習者が注意を払って聞いていなければ，学習は不可能である。学習者の注意をひいたり，興味をひいたりするような導入を意識する必要がある。

(2) 学習者に学習目標を知らせる

　学習者に学習目標を知らせることにより，学習者が何を学習するのか，どのようなことを期待されているのかを認識させ，学習の到達点を明確にする。

(3) 前提知識（以前に学習した内容）を思い出させる

　新しい学習を始める際に基礎となる前提知識を思い出させるような復習を行う。これにより，これから学習する新しい知識をうまく前提知識とリンクさせることができ学習効果を高める。

(4) 学習内容の提示

　新しい知識を提示したり説明したりする。ここで初めて，学習者は新しい学習内容にふれることになる。

(5) 学習のガイダンスを与える

　具体的な例を提示したり，写真を見せたり，音を聞かせたり，事例を紹介したりして，学習した内容の理解を深める。

(6) 習得知識の確認

　簡単な練習問題や課題に取り組み，学習者が新しい知識を正しく学習しているか確認する機会を与える。

(7) フィードバックを与える

　学習者が取り組んだ練習問題や課題に対して即座にフィードバックを与え，正しく理解していないところは補足説明を行い，学習目標を満たすよう指導する。

(8) 学習の評価

　提示した学習目標を達成できたかどうか評価する。ここでは，(2) で提示した目標を達成できたかどうか評価できるようなテストや成果物の提出を課し，それらを評価する。

(9) 保持と転移を高める

　習得した知識を保持し，実社会で活用できるようにする。フィールドトリップ，現場研修など，学習者にとって印象深い活動や経験をさせ，学習した知識と実践的な研修で習得した知識と統合するようにする。

　ガニエは学習設計を行う際に，これら9つの活動を重視して設計する9教授事象を唱えた。ここでは，新しい知識を習得するということは，学習活動の9分の1となることが示唆されている。

演習問題解答例

　IDの第一原理と9教授事象は，インストラクションにおける効果的な構成を示唆している。レッスンプランや実施計画を立てる際に，彼らの理論を活用するとよい。

7.6　対面研修のレッスンプラン

　ミチコが教えてくれたモデルはシンプルで，この仕事を始めたばかりのマナブでもすぐに使えそうだと感じた。この研修は，まずeラーニング教材を使った自己学習で基礎知識を習得してから，対面研修で実習を行う。マナブは，IDの第一原理と9教授事象を使って，対面研修のレッスンプランを考えてみることにした。

演習問題

　IDの第一原理と9教授事象を使って対面研修のレッスンプランを考えよう。

演習問題解答例

　IDの第一原理と9教授事象を使って対面研修のレッスンプランを考えよう。
① eラーニングによる自己学習で新入社員の多くが間違えた箇所を使用し，注意の獲得を試みる。また，少し難しい応用編を提示し考えさせ，対面研修ではeラーニングで行った内容が発展していくことを感じさせる（**注意の獲得**）。

②ビジネスマナー研修全体の目標の再確認，また対面研修での学習目標の提示。どのようなことを期待されているのかを認識させ，学習の到達点を明確にする。対面研修の最後に行う実践テストの評価条件や合格基準についても示唆する（**学習者に学習目標を知らせる**）。

③eラーニングで学習した内容の復習を行い，電子掲示板で討論した点について補足説明を行う（**前提知識を思い出させる，前提知識の活性化**）。

④eラーニングで習得した知識を基本に，状況に応じた言葉遣い，態度，ふるまいなど，eラーニングで習得した基礎知識を活かして対面研修で習得すべき内容を提示する（**学習内容の提示，現実的な課題，習得すべき知識の明示**）。

⑤習得すべき内容に関して，学習者の疑問点を明確にする機会を与え，必要に応じて補足説明を行う。新入社員同士ペアになり，状況に応じた言葉遣い，ふるまいで，問題箇所を指摘しながら，実践的な練習を行う（**学習のガイダンスを与える**）。

⑥新入社員の中から何人か代表者を選び，みんなの前で実演してもらう。また，他の代表者に評価してもらう（**習得知識の確認，習得した知識の応用**）。

⑦実演した新入社員また新入社員の評価コメントに対し，指導員がフィードバックを与える（**フィードバックを与える**）。

⑧対面研修のまとめとして，評価基準に沿って実践テストを行う（**学習の評価**）。

⑨学習した内容を職場で日々実践してもらう。研修1ヶ月後に，部署の上司や先輩にコメントフォームなどを記載してもらい，より実践的な指導やアドバイスを得る（**保持と転移を高める，知識の統合**）。

7.7 ビジネスマナー研修の実施計画

ここでは，先に述べてきたビジネスマナー研修の実施計画として，eラーニング教材の案を表7.1に，対面研修のレッスンプランを表7.2にまとめる。また，関連のある理論について記載する。

表7.1 eラーニング（自己学習）教材案

研修内容の概要	背景となる理論
動画や写真を使用し，ビジネスマナー（身だしなみ，言葉遣い，ふるまい）に関する簡単なクイズを行う。これにより，学習者の注意をひく。	ARCSモデルのAttention 9教授事象の注意の獲得
ビジネスマナー研修の学習目標を提示する。研修の全体像を説明し，eラーニングの部分の学習目標を提示したり，対面研修での目標なども提示する。学習目標を達成すると学習者がどのようなことができるようになるのかを明確にすることで，この学習が意味のあることだと認識する。学習者自らがその学習の価値を見出す。	ARCSモデルのRelevance 9教授事象の学習者に学習目標を知らせる
成人学習者の学習スタイルを考慮し，客の視点でビジネスマナーから得る印象などの経験を掲示板でディスカッションする。	成人学習理論の経験を活かした学習 欲求段階説のLevel 3：所属と愛
会社で実際にあった失敗例の紹介をしながら，ビジネスマナーの重要性を提示する。身近なテーマからビジネスマナーの重要性を認識する。	ARCSモデルのRelevance 欲求段階説のLevel 4：尊重
新入社員に必要な研修内容の詳細を含んだ学習内容をeラーニングによる自己学習で行う。自己学習の内容は，次の3分野にする。 ①身だしなみ（ネイルも含める） ②言葉遣い（尊敬語，丁寧語，謙譲語） ③ふるまい（マナーの基本，場面設定に応じた内容） eラーニングを使用した自己学習で研修を行うことにより，個人のペースで学習することができる。苦手な箇所は，時間をかけたり，繰り返し学習したりすることができる。	ARCSモデルのRelevance 9教授事象の学習内容の提示 IDの第一原理の現実的な課題 IDの第一原理の習得すべき知識の明示 成人学習理論の自己決定的な学習 ARCSモデルのConfidence
掲示板などを使い，学習者同士で疑問を解決する。自分の疑問なども解決すべき問題として提案できる。	成人学習理論の問題解決形式の学習 成人学習理論の自己決定的な学習
各部署の業務を紹介する。部署のエースを紹介し，彼らからビジネスマナーの重要性について説明してもらう。将来自分が行いたい業務に夢をもったり，あの人のように活躍したいと思ったりするところから，内発的な動機付けをねらう。 まとめの小テストを行う。自己学習で扱った内容についての小テストを受験し，学習の成果を実感することにより自信を得る。	欲求段階説のレベル5自己実現 成人学習理論の内発的動機付け ARCSモデルのConfidence

表7.2 対面研修レッスンプラン案

研修内容の概要	背景となる理論
eラーニングの自己学習で新入社員の多くが間違えた箇所を使用し，注意の獲得を試みる。また，少し難しいような応用編を提示し考えさせる。自己学習で行ったものより，応用編の問題を見て，対面研修では，より発展的なことを行うと認識させることにより注意を獲得する。	ガニエ注意の獲得 ARCSモデルのAttention
ビジネスマナー研修全体の目標を再確認するとともに，対面研修での学習目標を提示する。どのようなことを期待されているのかを認識させ，学習の到達点を明確にする。対面研修の最後に行う実践テストの評価条件や合格基準についても示唆する。	9教授事象の学習者に学習目標を知らせる ARCSモデルのRelevance
eラーニングで学習した内容の復習を行い，掲示板で討論した点について補足説明を行う。自己学習の内容を復習することにより，学習内容を思い出させる。	9教授事象の前提知識を思い出させる ID第一原理の前提知識の活性化
状況に応じた言葉遣いや態度，ふるまいなど，eラーニングで習得した基礎知識を活かして，対面研修で習得すべき内容を提示する。自己学習の復習をし，前提知識を活性化した後で，新しい知識の習得へとリンクさせていく。	9教授事象の学習内容の提示 IDの第一原理の現実的な課題 IDの第一原理の習得すべき知識の明示 ARCSモデルのRelevance
習得すべき内容に関して，学習者の疑問点は明確にし，補足説明を行う。新入社員同士ペアになり，状況に応じた言葉遣い，ふるまいについて，問題箇所を指摘しながら練習を行う。	9教授事象の学習のガイダンスを与える
新入社員の中から何人か代表者を選び，実演してもらう。それを他の代表者に評価してもらうことで理解度や習得度をはかる。	9教授事象の習得知識の確認 IDの第一原理の習得した知識の応用 ARCSモデルのConfidence
実演した新入社員，また新入社員の評価コメントに対し，フィードバックを与える。フィードバックを与えることにより，不足していた知識やスキルを補う。	9教授事象のフィードバックを与える ARCSモデルのConfidence
対面研修のまとめとして，実践テストを行う。評価基準に沿って，学習の成果を評価する。	9教授事象の学習の評価 ARCSモデルのSatisfaction
学習した内容を職場で日々実践してもらう。研修1ヶ月後に，部署の上司や先輩にコメントフォームなどを記載してもらい，より実践的な指導やアドバイスを得て，知識を定着させる。	9教授事象の保持と転移を高める IDの第一原理知識の統合 ARCSモデルのSatisfaction

7.8 近年の学習理論

　行動心理学や認知心理学，eラーニングを含むインストラクショナルテクノロジーの分野の学習理論の多くが，行動主義的な理論に基づいているものだった[7]。前述したものもインストラクショナルデザインに反映しやすい行動主義的な学習理論である。しかしながら近年では，行動主義の対極としてよく議論される構成主義の要素を反映させた教材設計による学習効果が注目されている。多くの教育者や認知心理学者は，ますます構成主義的な学習環境を開発することに力を注いでいる。

　例えば，ブラウンらの状況的認知（**Situated cognition**）が構成主義的な学習理論の応用といえる[8]。できるだけ，臨場感がある体験学習や事例を使った体験（Authentic Activity）を学習に組み込むことを目指すものである。つまり，シミュレーションを活用するようなものがそれにあたる。このような学習では，学習者が実際に活用できる高いレベルの知識やスキルを習得するように事例をうまく組み込んで，学習を進められるような学習環境の設計が必要となっている。これについては，第8章で説明する教授方略でもう少し詳しく述べる。

7.9 本章のまとめ

　本章では，授業，教材の設計に活用できる，IDを支える主だった学習理論を紹介した。それぞれの理論，モデルを振り返ってみよう。

　まず，ケラーのARCSモデルは注意（Attention），関連性（Relevance），自信（Confidence），満足感（Satisfaction）の4つの側面から学習の動機付けを支援できることを示した。次に，ノールズやモリソンらは成人学習者の特徴をまとめた。彼らの研究の成果により，成人学習者がいつ，どのような機会に，どのようにして学ぶかがわかってきた。マズローは人間の欲求を5段階に分類し，人間の欲求が生理的なものから社会的なものへと段階的に進んでいくモデルをつくった。ここでは，授業設計においてレベル3〜5の欲求を考慮することの効果について述べた。

ここまでの3つの理論やモデルは，学習の動機付けを考えるのに役立つ。ここでいう動機付けとは，どうしたら人を学習プログラムに振り向かせるかということだけでなく，どうしたら自発的に学び続けられるかということまで含んでおり，これらの理論やモデルは，学習プログラムの価値創造に加えて授業や教材の設計に際しても指針を与えてくれるものであるといえる。

　また，ガニエは教育を人間が学ぶ過程を支援するプロセスととらえ，9教授事象を作成した。このモデルは，教材のシナリオづくりやレッスンプランの作成に応用することができる。そして，メリルが様々なインストラクショナルモデルを分析してつくり上げたIDの第一原理は，授業設計に必要なエッセンスの集大成と位置づけることができる。授業設計の原則，基本的な考え方として常に頭に入れておくとよいだろう。

　本章で紹介した理論やモデルは，教育，学習に関する研究分野におけるごく一部の知見にすぎないが，これらを知っておくだけでも授業や研修の設計がずいぶんとやりやすくなるはずである。最後に設計仕様書の一例を示すので，理論がどのように授業設計に応用されているかを確認してほしい。

〈設計仕様書例〉

項目名	記　述
研修名	ビジネスマナー研修
研修コード	XXX-XXX
担当者名	青山マナブ
研修概要	本研修は次のように進められる。 1. 対面講義形式による1時間のオリエンテーションで趣旨と学習方法の説明 2. 1週間の学習期間中に，視聴時間合計2時間程度のeラーニング教材を用いて自己学習 3. 集合研修による2時間の実習 　eラーニング教材は1ユニット当たり10〜20分のVOD教材と，確認テストからなる。確認テストは実習日までにすべて合格する必要がある。
研修の目的	本研修は，わが社の新入社員がオフィス，顧客，取引先などの前に出て失礼のない，社会人らしいふるまいができるようになることを目的とする。
学習時間	約5時間

前提知識	受講に際し，あらかじめ以下の知識を習得済みとする。 ・社内システムの操作法 ・学習管理システムの操作法 その他の前提知識としては，当社の新入社員の過去の例と同様のレベルを推定する。
使用メディア	VOD教材は以下2種類（いずれもSCORM1.2対応） 　スライド＋音声（アニメーションあり） 　ショートムービー 確認テストの方式 　択一式，複数選択式，照合式を適宜組み合わせる。 配布資料 　VOD教材のスライド原稿をPDF形式でダウンロード可能にする。
開発計画	ストーリーボード　　　2月　1日～2月12日 (画面原案)　　　　　　2月　1日～2月　9日 (ナレーション原稿)　　2月　1日～2月　9日 音声収録　　　　　　　2月15日～2月16日 音声編集　　　　　　　2月17日～2月19日 ムービー撮影　　　　　2月22日～2月23日 ムービー編集　　　　　2月24日～3月　2日 オーサリング　　　　　3月　3日～3月10日 テスト　　　　　　　　3月11日～3月24日 納品　　　　　　　　　3月25日
研修の展開	別紙カリキュラム案参照
学習内容	別紙用語集参照（省略）
説明方法，説明図，事例等	別紙ラフ原稿参照（省略）

〈カリキュラム案〉

回	学習内容	概要・学習目標	所要時間	スタイル
1	オリエンテーション	研修の趣旨説明 研修の学習方法の説明 ビジネスマナーの必要性を説明できるようになる	60分	研修室における対面講義
2	身だしなみ	社会人としてあるべき見た目を整えられるようになる	10分	SRL
3	挨拶	社会人として挨拶ができるようになる	10分	SRL
4	言葉遣い	状況に応じて適切な敬語を使って話すことができるようになる	20分	SRL

5	メール	失礼のないメールを書き，やりとりできるようになる	15分	SRL
6	電話	業務における電話の応対，取り次ぎができるようになる	15分	SRL
7	名刺交換	失礼のない名刺交換ができるようになる	10分	SRL
8	来客時のふるまい	お客様を迎えたときに失礼のないようにふるまうことができるようになる	10分	SRL
9	訪問先でのふるまい	訪問先で失礼のないようにふるまうことができるようになる	15分	SRL
10	社会人としての心得	自己管理の方法を説明できるようになる	15分	SRL
11	実習	身だしなみ 挨拶と名刺交換 言葉遣いと電話応対	120分	研修室における対面講義と実習

◎参考文献

[1] Keller, J. M. (1983) Motivational design of instruction. In C. M. Reigeluth (Ed.), *Instructional-design theories and models : An overview of their current status*. Lawrence Erlbaum Associates.

[2] Knowles, M. (1980) *The Modern Practice of Adult Education. Andragogy versus Pedagogy*. Prentice Hall/Cambridge.

[3] Morrison. G. R., Ross. S. M., and Kemp. J. E. (2001) *Designing effective instruction*, 3rd Edition. John Wiley & Sons.

[4] Maslow, A. H (1943) A Theory of Human Motivation. *Psychological Review*, Vol. 50, pp. 370-396.

[5] Merrill, M. D. (2002) First principles of instructions, *Educational Technology Research and Development*, Vol. 50, No. 3, pp.43-59.

[6] Gagne. R. M., Wager. W. W., Golas. K. C., and Keller. J. M. (2005) *Principles of Instructional Design* (5th ed.). Wadsworth/Thomson Learning.

[7] Jonassen, D. H. (1991) Objectivism versus Constructivism : Do We Need a New Philosophical Paradigm? *Educational Technology Research and Development*, Vol. 39, No. 3, pp.5-14.

[8] Brown, J. S., Collins, A., and Duguid, P. (1989) Situated cognition and the culture of learning. *Educational Researcher*, Vol. 18, pp.32-42.

第8章 教授方略

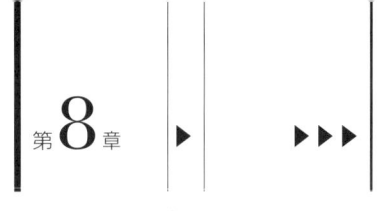

本章の学習目標

- インストラクショナルデザインにおける学習理論の重要性を説明できるようになる。
- 学習理論の流れを2つの見解に整理することができるようになる。
- 方向性教授と構成主義の学習に対する概念や学習活動の特徴を比較できるようになる。

8.1 インストラクショナルデザインにおける学習理論の重要性

　IDを用いて教育の効果や効率，学習の継続を促進するには，そのプロセスのすべてを通して学習理論を考慮する必要がある（図8.1）。学習理論はADDIEモデルの各フェーズで次のように使われる。分析フェーズでは，分析を行う視点として学習理論が使われる。設計フェーズでは，教育ニーズを満たすための学習目標を設定する際に，また，どんな学習活動や課題を提供するのかということを考える際に学習理論が活用される。開発フェーズでは，教育効果を上げモチベーションを維持させるために，教材のメディアの選択，色やイラストのタッチ，オブジェクト素材のレイアウト方法に，関連する学習理論を応用させる。実施フェーズでは，設計時の意図をくみ取り教授活動を遂行するための基礎として，学習理論を理解しておかなければならない。評価フェーズでは，学習者の成果を評価する際の視点として学習理論が機能する。また，コースの評価という観点からは，次の改善へつなげるための改良点を発見し提案するための基礎知識として学習理論が使われている。

　つまり，よい教育を提供するために，教育をシステマティックにとらえた場合，学習理論がバックボーンとして軸をなしている。なかでも，設計フェーズで**教授方略**を立てる際には，学習者の特性，学習環境，学習内容の領域などを考慮する

必要がある。教育目標へ到達させるために提供する学習活動や学習の展開を考える際には，学習理論をベースにする。学習者が，どんな環境でどんな学び方をするのか，どのように動機付けすればいいのかなどに関連した学習理論に基づく教育的示唆から，教育の手法や計画を立てていこう。

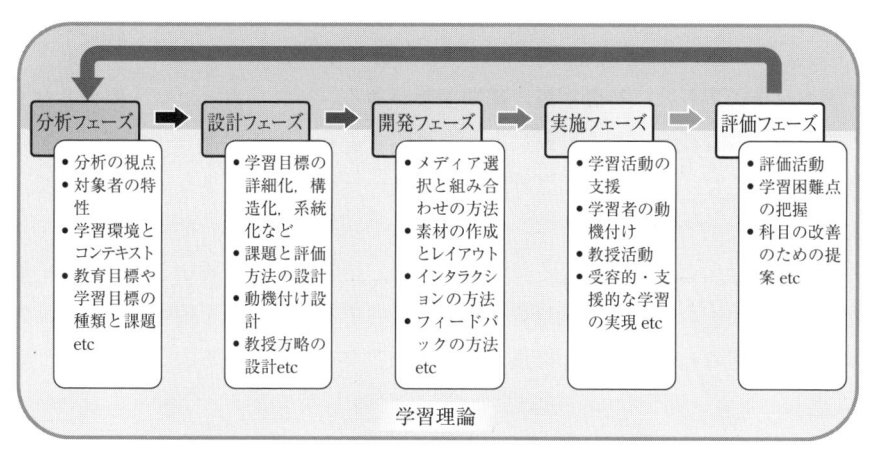

```
┌─────────────────────────────────────────────────────────────┐
│ ┌─────────┐  ┌─────────┐  ┌─────────┐  ┌─────────┐  ┌─────────┐ │
│ │分析フェーズ│→│設計フェーズ│→│開発フェーズ│→│実施フェーズ│→│評価フェーズ│ │
│ ├─────────┤  ├─────────┤  ├─────────┤  ├─────────┤  ├─────────┤ │
│ │•分析の視点│  │•学習目標の│  │•メディア選│  │•学習活動の│  │•評価活動  │ │
│ │•対象者の特│  │ 詳細化，構│  │ 択と組み合│  │ 支援      │  │•学習困難点│ │
│ │ 性        │  │ 造化，系統│  │ わせの方法│  │•学習者の動│  │ の把握    │ │
│ │•学習環境と│  │ 化など    │  │•素材の作成│  │ 機付け    │  │•科目の改善│ │
│ │ コンテキスト│  │•課題と評価│  │ とレイアウト│  │•教授活動  │  │ のための提│ │
│ │•教育目標や│  │ 方法の設計│  │•インタラクシ│  │•受容的・支│  │ 案 etc    │ │
│ │ 学習目標の│  │•動機付け設│  │ ョンの方法│  │ 援的な学習│  │           │ │
│ │ 種類と課題│  │ 計        │  │•フィードバ│  │ の実現 etc│  │           │ │
│ │ etc       │  │•教授方略の│  │ ックの方法│  │           │  │           │ │
│ │           │  │ 設計 etc  │  │ etc       │  │           │  │           │ │
│ └─────────┘  └─────────┘  └─────────┘  └─────────┘  └─────────┘ │
│                              学習理論                              │
└─────────────────────────────────────────────────────────────┘
```

図 8.1　インストラクショナルデザインと学習理論

8.2　学習理論の概略と教授方略

本節では，教授方略を立てる際の基礎知識として，学習理論を e ラーニングなどテクノロジーを教育へ応用する際に使われる**方向性教授モデル**と**構成主義的学習モデル**という 2 つのモデルに整理し，それぞれの特徴を簡潔に解説する。まず，方向性教授モデルは教授に方向づけがされているときに，構成主義的学習モデルは学習活動に参加することで学ばせるときに使われる。教授方略の計画を立てる際に，一般的に「習得」させたい知識やスキルは方向性教授モデルを使い，知識やスキルを学習者自身のものにするための活動へ「参加」させる構成主義的学習モデルを適用する。これらのモデルは相反するものではない。学習者が主体的に学び，教育の効果や効率を上げるために，両モデルのよい特徴を強化するように方略を立てることが大切である。

まずは，これらのモデルの背景にある学習理論のアプローチ法の概略を説明す

る。方向性教授モデル（Directed Instruction Model）は，行動主義と認知学習理論の中の情報処理モデルを基盤とした見解である。構成主義的学習モデル（Constructivist Learning Model）は，情報処理モデル以外の認知学習理論の思考を扱う分野を基盤としている。図8.2は，学習理論の様々なアプローチ法の関係を概略化したものである。

「人はどう学ぶのか」という問いに対し，様々な研究がなされてきた。大きなアプローチの流れに，**行動主義**と**認知主義**がある。行動主義とは，人間の心理を外から客観的に観察可能な行動によって説明しようとするアプローチである。学習経験を通して，行動が修正されたか，新しい行動をとれるようになったかで，人は学んだと判断しようとする。これに対して認知主義は，行動の変化として現れなくても学習は起こっているはずだと考え，情報科学や脳科学などの新しい研究分野の視点を取り入れ，観察可能な行動だけでなく，知識を獲得する過程，頭の中で何が起こっているのかに焦点をあてたアプローチである。

「認知」とは，高度な知的活動を包括的に表す言葉である。学習をより科学的にとらえようとする**認知科学**が始まり，記憶のメカニズムを表す**情報処理モデル**が紹介される。このモデルは，記憶のプロセスを感覚記憶，短期記憶，長期記憶に分け，それぞれで情報をエンコードしやり取りするさまを表現している。

認知研究が進むなかで，学習には知識やスキルをひとつひとつ構成していく必

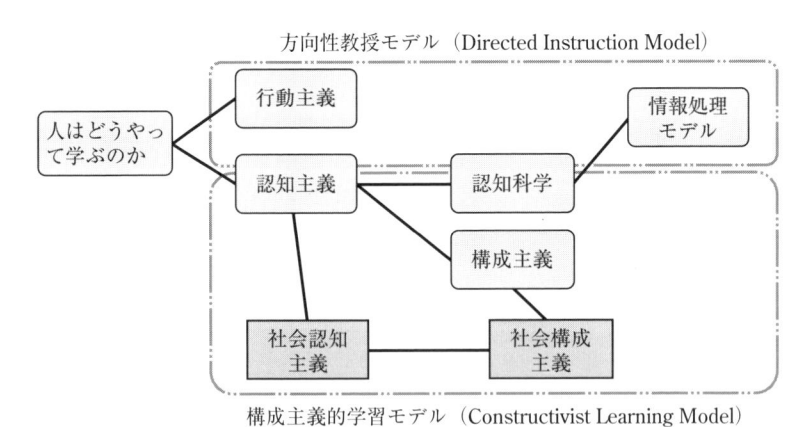

図8.2　学習理論のアプローチの関係概略と2つのモデル

要があるという立場をとった**構成主義**が登場する。構成主義では，自らが試行錯誤してひとつひとつ知識やスキルを積み上げていくという考え方をする。教師主導型から学習者主体の学習が強調されたことから，構成主義は一世を風靡するものになっていく。能動的な学習を促すために，学習を学習者と関連づけ，学習者にとって意味のあるものにしようとする有意味学習（Meaningful Learning）や現実社会と結びついた教材（Authentic Material）の活用が提案された。

そんななか，学習は，独立した個人の中だけで起こっているのではなく，集団・社会の中の営みによって形成されるという**社会認知主義**が登場した。その影響を受けて**社会構成主義**という考え方も生まれた。社会構成主義は，ヴィゴツキーによって提唱された最近接発達領域（ZPD：Zone of Proximal Development）という考え方を受け継いだブルーナやガーゲンなどの一派による主張だといわれている。ZPDは，自分1人では到達できないが，他の人からのサポート（足場掛け：スカフォールディング）のお陰で1段上へ到達できるというものである。また，個人の所属するグループ，「文脈，文化，人工物との関係」などに注目した**状況論**が登場する。これは，認知科学へ文化人類学的アプローチを取り入れた考え方とされている。

学習理論のアプローチ法とその関連概略を見てきた。このうち，客観的に学習をとらえようとする行動主義と情報処理モデルをベースにしたアプローチが方向性教授モデルであり，その他の認知主義に関連するアプローチをベースにしたモデルが構成主義的学習モデルである。以上，大まかな学習理論のアプローチの違いをまとめてきた。次節以降では，教授方略を考えるために学習理論の2つのモデルについて特徴を比較してみよう。

8.3 学習理論の2つのモデル：方向性教授モデルと構成主義的学習モデル

次に，学習理論の2つの見解について比較しながら理解していこう。大きく概念を表すキーワードとして，方向性教授では「習得」，構成主義では「参加」が挙げられる[1]。「学ぶこと」について，方向性教授モデルでは，伝達された知識と考え，構成主義的学習モデルでは，組み立てられた，または構成された知識

と考える。

　これらの違いは，哲学的背景を明らかにすることで納得できるだろう。方向性教授モデルでは，知識は人間の意識とは別に独立して存在していると考える。学習は，知識が伝達され，学習者の意識（記憶）に貯蔵されることを意味している。一方，構成主義的学習モデルでは，参加し経験することによって，知識は意識の中に構成されていくと考える。学習は，学習者の経験や今まで培ってきたもの，性格などに影響されながら自分自身の知識として構成されていくと考えている。

　「教えること」に関しても，見方が違う。方向性教授モデルでは，教師が方向性を定め，システマティックで構造的に実施するものであり，構成主義的学習モデルでは，学習者自身の知識を生成させるために，学習に意味を持たせるための活動に学生を参加させるものである。両モデルの学習・教授に関する主な特徴は，以下のとおりである [2]。

　　　方向性教授モデルの傾向
　　　- 下位（低度）スキルからはじめて上位（上層）スキルが身につくように，教えるシーケンシングに焦点をあてる
　　　- 学習目標を明確にし，対応した評価方法を用いる
　　　- グループよりも個人学習を重視する
　　　- 伝統的な教え方や評価方法を強化する
　　　→ **講義，スキルを習得するためのワークシートや学習活動，特定の正解のあるテスト**など

　　　構成主義的学習モデルの傾向
　　　- 問題を提起し，解決策の例にふれ，作品を制作したりプレゼンテーションをしたりしながらの学習に焦点をあてる
　　　- 問題解決能力や研究スキルのような幅広く使える能力の育成を全体の教育ゴールとする
　　　- 個人的な作業よりグループワークを重視する
　　　- 古典的な教授法や評価法の代替とした教え方や評価方法を用いる

→オープンエンド型の問題やシナリオ課題，リサーチ，作品の制作，学生のポートフォリオからの評価，パフォーマンスチェックリストの使用など

　学習理論においてどのアプローチが優れているとか，ここで紹介した2つのモデルのうち，どちらか一方が効果的だとか決めることは困難である．それぞれの特徴を活かすように教授方略を考えることが大切である．方向性教授モデルでは，教師（または，授業設計者）が教育の方向性を決めてしまうために，学習者主体の学びでなくなってしまうことや，学習者が習得した知識やスキルを他の場面に応用できなくなるなどの恐れがある．構成主義的学習モデルでは，学習に時間がかかって仕方ないという批判がある．そこで，これらのモデルの統合が提案されている．

　では，どう統合すればいいのか．構成主義的学習モデルには時間がかかるので，テニソンは，定められた学習時間のうち，約30％を方向性教授モデル，約70％を構成主義的学習モデルに分配するのが効果的だとしている［3］．方向性教授モデルでは，基礎知識の習得を行い，環境や状況などのコンテクストに合ったスキル，学び方の学習，創造的な工程などの基礎知識の応用力を学ばせるために構成主義的学習モデルを使用することが勧められる．

　2つのモデルの特徴の違いを上手に組み合わせるために，どちらのモデルを使い，どんな学習活動を行うのかを決めるには，どんな知識やスキルを学ぶことがゴールになっているかを考えなければならない．次に，学習目標と課題に対して具体的にどんな方略が効果的かを整理したい．

8.4 学習目標の分類と課題に対応した教授方略

　学習目標の分類と，それに対応した課題別の教授方略の違いを簡単に説明する．小さなゴールによって大きなゴールは構成されている．それぞれのゴールに対し，学習を促進させるような教授方略を選択する．ここでは，ガニエの学習成果の5分類（①言語情報（宣言的知識），②知的技能（手続き的知識），③認知的（学習スキル，学習）方略，④態度，⑤運動技能）に対し，教授方略とその効果につい

て紹介したい．それぞれの分類の説明と教授方略の例として，英語の授業でどんな教授方略が取れるかを説明する（表8.1）．

　教授方略を選択する際に，基礎知識となる①言語情報と②知的技能の習得には，方向性教授モデルの方法が有効である．また，③認知的方略や④態度を学ぶためには，構成主義的学習モデルの方法を用いるとよい．⑤運動技能については，基礎的なスキルを身につけるためには，方向性教授モデルでアプローチし，コンテクストに合わせて運動できるようにするためには，構成主義的学習モデルの方法を利用する．これにより，応用力，行動の最適化が身についてくるだろう．

　それぞれの学習成果と方略の例（表8.1）を，以下に簡単に説明する．

　①**言語情報**では，記憶を助けるような教授方略をとるようにしよう．英語の単語であれば，意味の似たものをカテゴリーに整理したり，今まで習った単語の品詞が違うものであれば既習語を思い出させてみたり，語の由来をラテン語などの語源を用いて説明したりすることも有効である．

　②**知的技能**では，学んだ事柄を他の状況へ応用できるようにするための方略を考えよう．例えば，覚えた英語の構文が出ている新聞のコラムを読ませてみたり，その構文が出てくるスピーチを聞かせて，意味を把握できたか確認したりするなどができるだろう．

　③**認知的方略**に関しては，「学習の仕方を学習」させるための方法を考えよう．例えば，英語の授業では，英単語を覚えるための効果的な方法をいろいろと経験させ，自分にはどんな方法が向いているか考えさせてみよう．

　④**態度**に関しては，関連する言語情報や知的技能の練習をし，モデルとなるケースを紹介してみよう．例えば，国際人としての前向きな態度を養成したい場合，国際問題について考えさせる学習活動をしたり，国際的に活躍する人々のスピーチやディスカッションを映像で見せたりするという教授方略をとることができる．

　⑤**運動技能**に関しては，身体を動かし正確にスムーズにできるまで繰り返し練習させよう．このときに，目的とする動作が複雑であれば，構成する動作を1つずつ練習させてみよう．例えば，正しい発音を身につけさせるために，繰り返し練習させる．うまくできない場合は，構成する音を1つずつ確実に発音できるように練習させてみる．

目標とする学習成果によって，使用するモデルや教授方略が変わることをここまで説明してきた。紹介した学習理論のアプローチ以外にも，学問領域や学派を超えてモチベーション研究やフィードバック研究，自律学習の研究なども進められている。また，対象者分析の項でも紹介したが，学習環境と実務のコンテクストを考えながら教授方略を考えたりする。そんなときには，プロジェクトベーストラーニング（PBL）やシナリオベーストラーニング（SBL）などのアプローチがとられる。

　これらは実務でのコンテクストを考えて，職場や実社会で知識やスキルが応用できるような学習内容や課題を提供するというものである。また，学習者の特性や学習スキルによって，提供する教育に対する学習の効果が違うという研究結果

表8.1　学習目標の分類と対応した教授方略例

分類	分類の説明	教授方略例（英語の授業での例）
①言語情報 （宣言的知識）	名前や記号，事実やルールなどを思い出すことができる	新しい単語を提示し，単語の意味や品詞，使い方を自分で説明できるようになるまで繰り返し練習させる。このときには，記憶しやすいように，単語を使われる場面ごとに分類したり，もともとのラテン語の意味を提示したりして，記憶を助けるような教授方略を考える。
②知的技能 （手続き的知識）	学んだルールなどを新しい状況へ応用できる	学んだ単語を使って，英作文をさせる。英作文のテーマから使われそうな英単語の意味や品詞，使い方などを思い出させてから，自分の意見を英語で表現するために使わせる。
③認知的方略 （学習スキル，学習方略）	効果的で効率的な学習方法を選択できる	英単語を覚える際に，音読，書く，単語のイメージを考える，連想するなど，多様な学習方略を経験させる。また，自分ではどんな方法で記憶しようとしていたのか，リフレクションさせる。
④態度	コンテクストに合わせ肯定的・否定的な感情から自分の行動を選択できる	国際人としての前向きな態度を日頃の授業から育成できるように心がける。学生ひとりひとりがグローバル市民として国際問題について考えるような認知的学習を取り入れる。また，英語圏の英語話者だけでなく，各国からの代表者が英語で国際問題に取り組んでいる姿などをビデオで見せるなどして，モデルを示したりする。
⑤運動技能	正確でスムーズに身体を動かせる	正しい発音ができるようになるために，繰り返し練習させる。アクセントに意識させる。難しい場合は，構成する音を1つずつ確実に発音できるように練習する。

も報告されている。教授法と学習者特性の違いを明らかにしようとする適性処遇交互作用（ATI：Aptitude Treatment Interaction）なども紹介されている。教授方略の選択肢には，様々な理論や手法，アプローチなどを知る必要がある。少し大変なようだが，教授方略の選択肢がたくさんあれば，その組み合わせからよりよい教育も可能になってくる。学習や教育に関する研究や実践からのノウハウを，直面する状況で最適なものを選択し使用していけるようにしよう。これは，折衷主義とも呼ばれる。IDを用いた授業設計では，無数に提案されている理論や手法から最適なものを選択して使用し，学習がより効果的に営まれるようなデザインを心がけよう。最後に，eラーニングやICT活用教育における教授方略を考えるうえで有用であろう提案を，自己調整学習とフィードバックというトピックでまとめたい。

8.5　eラーニングの教授方略を考えるうえで役に立つ理論と手法

　eラーニングなどで自己調整学習を行う際には，学習の計画を自分で立て，学習している際に自分の学習をモニタリングして自己内省し，学習計画や方法を調整しながら学習を進めるという自己調整学習サイクル（計画→遂行・意志的制御→自己内省）を繰り返す。このときに，自己調整学習を効果的に行える熟達者は，自分の学習について正しく把握できているという［4］。自己調整学習の熟達者と初心者の比較は表8.2のとおりである。認知的方略を身につけさせるために，できるだけ多くの学習方法にふれる機会をつくり，自分に合った学習方法を考えさせると同時に，学習の方略を上手に使っている例を挙げ，自分の学習の仕方と比較をさせてみるのもいいだろう。

　次に，簡単にフィードバックについて整理する。ガニエの9教授事象でも挙げられているように，学習においてフィードバックは重要な役割を担っている。教授方略を考えるうえでも，フィードバック計画をきちんと考えよう。では，フィードバックを効果的に提供するためにはどんなことを考慮したらいいのか。

　フィードバックとは，何かの情報やアクションに対し，評価やコメントをすることである。フィードバックは，行動主義の立場からは，ある刺激に対して望ま

表8.2 初歩と上達した学習者の自己調整の過程 [4] (p.7, 表1.2)

自己調整の段階	自己調整学習者の区分	
	初歩の自己調整者	上達した自己調整者
計画	一般的な遠い目標	特定の階層目標
	遂行の目標指向性	学習の目標志向性
	低い自己効力感	高い自己効力感
	興味がない	内発的な興味
遂行・意志的制御	定まらないプラン	遂行に集中
	セルフ・ハンディキャッピング方略	自己指導/イメージ
	結果の自己モニタリング	過程の自己モニタリング
自己内省	自己評価を避ける	自己評価を求める
	能力帰属	方略/練習帰属
	マイナスの自己反応	プラスの自己反応
	不適応	適応

しい行動を強化するために用いることができるし，認知主義，特に構成主義の立場からは，証拠などを挙げ説明しながら学習者の誤解（misinterpretation）や誤認（misconception）を正すために利用できる。フィードバックの効果は，ソーンダイク [5] の効果の法則（Law of Effect）で表されているように，人（や動物）の満足感や不快感と関係している。そこでフィードバックは，不快感を与えないように提示しよう。例えば，チャレンジ精神をあおるためにドリルやクイズの後で，ビープ音とともに「残念。まちがい」などと大きく書かれたものが提示されることがあるが，度が過ぎると繰り返し出てくる不快なフィードバックにより，年少の子供などが自信や学習意欲をなくしてしまう原因になる。学習を促進する有効的なフィードバックを提供するようにしよう。

eラーニングなどで自己調整学習を実施する際には，フィードバックについてきちんと設計することが特に大切である。カーター [6] は，コンピュータ上でのフィードバックのフレームワークの4分類（①機能（フィードバックの役割），②タイミング（即時 vs. 遅延），③スケジュール（教材のどの部分でフィードバックを提供するか），④タイプ（メッセージの性質））を提案している。

①機能では，何の目的でフィードバックを提供するのかを考える。学習者が問題を解いてその解答の正誤を知らせるだけの目的なのか，間違った誤解を正すためのフィードバックなのかを設定する。②タイミングでは，学習者からのインプットがあったときに，どの程度時間をあけてフィードバックを返すのかを計画する。一般的に，記憶の強化には即時フィードバックが役立ち，高度な認知活動の定着のためには，遅延フィードバックが有効とされる。③スケジュールでは，学習全体を通して，どこでフィードバックを提供するか計画を立てることである。④メッセージの性質を考える。①機能と関連するが，フィードバックの目的に合ったメッセージの出し方を考える。

　この節では，教授方略について概要を説明してきた。どんな学習内容や課題を，どんな学習者へ，どんな方法で提供するのか，様々な方法の中から適切な方略を選択していこう。そのためには，教え方と同時に学習者の学び方も考えながら選択していく必要がある。

◎参考文献
[1] Sfard, A. (1998) One-two metaphors for learning and the gangers of choosing just one, *Educational Researcher*, Vol.27, No.2, pp.4-13.
[2] Roblyer, M. D. (2003) *Integrating Educational Technology into Teaching*. Pearson Education, Inc.
[3] Tennyson, R. (1990) Integrated instructional design theory : Advancements from cognitive science and instructional technology, *Educational Technology*, Vol.31, No.9, pp.41-43.
[4] Schunk, D. H., Zimmerman, B. J. 編著，塚野州一編訳（2007）『自己調整学習の実践』北大路書房．
[5] Thorndike, E.L. (1911) *Animal Intelligence*. Macmillan.
[6] Carter, J. (1984) Instructional learner feedback : A literature review with implications for software development, *The Computing Teacher*, Oct.1984, pp.53-55.

第9章 ▶ ▶▶▶

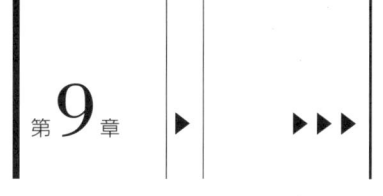

ID における評価

| 本章の学習目標 |

- e ラーニングコースを評価し，改善に必要な情報を提供できるようになる。

　インストラクショナルデザインの評価についてよく聞かれる誤解は，「評価フェーズは分析，設計，開発，実施と続いてきた ID プロセスの最終フェーズである」という認識である。コースの最後に行う評価とは，本章で述べる「総括的評価」のことであり，実際には，インストラクショナルデザインの評価活動はすべてのフェーズで行うものである。むしろ，よいコンテンツやよいコースを1度で実現するためには，コースが終わってから評価し始めるのでは間に合わないので，実際に学習コースが始まる前に行う評価，つまり「形成的評価」のほうが重要であるといえる。「通常，総括的評価は，デザイナではなく独立した評価担当者が関与するので，総括的評価は ID プロセス自体にとって不可欠なアプローチではない」と述べている研究者もいるほどである [1]。

　そこで本章では，まず形成的評価を取り上げ，その実施方法を説明する。次に，総括的評価の代表的な方法である「カークパトリックの4段階評価」[2] について説明し，そのなかでも特に評価が困難であるとされている第3段階と第4段階の評価方法を紹介する。最後に，投資効率の評価である ROI（Return On Investment）について実例とともに述べる。e ラーニングの導入目的には，通常「学習効果」と「学習効率」の側面があり，両面から評価すべきである。ROI は，e ラーニングを経営的な視点，つまり効率化から考えた場合，非常に重要である。

　また，評価結果を実際の改善につなげる方法にも言及する。評価活動は，ともすれば立派な評価報告書が完成して終わりとなってしまうことがあるが，これでは評価のための評価であり，本来の目的である改善のための評価とならない。評

価報告書自体をどのように書けば改善につながるのか，さらに e ラーニングコースを評価するとどのようなよいことがあるのかについても例を挙げる。

9.1 形成的評価

> 演習問題
>
> e ラーニングコースが始まる前に，最低限取り組んでおくべきコース評価をどのように行えばよいか，次のキーワードをすべて用いて答えなさい。
> キーワード：形成的評価，小集団評価，実地評価，実証実験，定量的データ

形成的評価とは，「パフォーマンスの改善方法に関する学習者へのフィードバックや，製品の改善方法に関するインストラクショナルデザイナへのフィードバックからなる」[3]。この定義は3つの特徴を示している。第1に，形成的評価の対象となるのは学習者と製品（コンテンツやコースそのもの）である。本章では，後者，つまりコンテンツやコースを対象とした形成的評価について説明する。

第2に，改善を目的としているので，遅くともコースが終了する前にほとんどの評価活動を行う。実際には，コースの実施に先立つ開発フェーズまでに改善活動をすることが多い。

最後に，学習効果やコンテンツの使いやすさなどを測定すること自体よりも，その結果をフィードバックすることのほうが重要である。フィードバックとは，結果を原因側に戻すことで原因側を調整することである。

しかしこれだけでは，具体的にいつどのようなフィードバックをする評価かわかりにくいので，次に形成的評価の方法を紹介する。形成的評価のやり方については，複数の方法論が提案されており，ディックほか [1] のように3段階で構わないと述べているものから，スミスとレーガン [4] のように6段階のプロセスを設定しているものまである。

いずれにしても，ほとんどの形成的評価手法に共通している評価方法は，**一対一評価**（One-to-One Evaluation），**小集団評価**（Small Group Evaluation），**実地評価**（Field Evaluation）あるいは**実地試行**（Field Tryout）である。そこで，

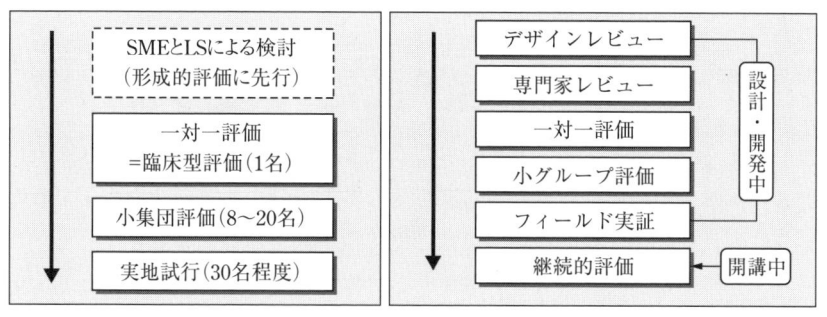

図 9.1　形成的評価のプロセス（左：文献 [1] より作成，右：文献 [4] より作成）

続いてこれら3種類の評価方法とそのポイントを順に説明する。

9.1.1　一対一評価

　一対一評価は，その名のとおり学習者1名とインストラクショナルデザイナが直接対話しながら行う評価である。しかし，一対一という名前がついているからといって，一対一評価に参加する学習者は1名だけではない。一対一評価では，通常2名から3名の学習者からデータを集める。また，それら2～3名の学習者は，成績（能力）別のグループから代表的な者を選ぶとよいとされている [1]。つまり，3名を選ぶのであれば，能力的に標準より上の学習者，標準的なレベルの学習者，標準より下の学習者を選出する。もちろん，インストラクショナルデザイナは，各学習者に個別に対応する。

　一対一評価では，大きく3つの基準によってコンテンツやコースを評価する。第1に，**明瞭性**の基準がある。これは，指示や伝えたい教育内容が学習者に対していかに誤解なく伝わるかという基準である。学習者から見れば，わかりやすさといえる。したがって，明瞭性には表現の難易度や情報の構造などが含まれる。

　第2の基準は，**学習者への影響**である。ここで「影響」とは，学習者の態度と目標到達度に分けられる。態度とは，学習者自身に関係があると考えてもらえるか，学習目標を達成できると思うか，得られる知識やスキルに満足してもらえるかという3点である。これらは，すでに第7章でも扱っている ARCS モデルの R, C, S に該当する。一方，目標達成度とは学習効果のことであるから，テス

トや実技によって測定する。

　第3の基準は，**実現性**である。これは，実際にeラーニングコースを実施するときにコースを適切に管理できるかという観点である。例えば，学習者にとって学習しやすく，目標とする学習成績も達成できそうなコースであっても，多くの学習者には購入不可能な特別な機器が必要である場合や，コースを修了するのにあまりにも長い時間がかかる場合には，実現性が低いことになる。

　一対一評価では，これら3つの基準から具体的なチェック項目を定めて，学習者に開発中のコンテンツやテストを受けてもらう。インストラクショナルデザイナは受講のようす，受講にかかった時間などを観察し，受講中の学習者と対話しながら，アンケートも用いて学習者の反応を見る。

　このような評価活動で重要なのは，学習者がリラックスして正直な姿を見せてくれることである。一対一評価では，学習者のミスや知識不足などがさらけ出されることも多い。しかし，形成的評価にとって，学習者の間違いは改善のための貴重なリソースである。インストラクショナルデザイナは，学習者に対して間違っても学習者の責任でないこと，コンテンツなどに不満があったらそれを率直に述べてほしいこと，取りつくろわないでほしいことなどを明確に伝えておくべきである。

9.1.2　小集団評価

　小集団評価でいう「小集団」とは，通常8名から20名程度である。小集団評価には，一対一評価による改善の成果を確認することと，学習者だけで受講できるかどうかを判断するという2つの目的がある。

　小集団評価の学習者は，本来eラーニングコースを受講する多様な学習者を代表する者が抽出されるべきであり，成績だけでなく，eラーニングへの慣れや年齢，性別などできるだけ様々な属性を持った者を数名ずつ選ぶべきである。別の言い方をすれば，eラーニングコースを受講する学習者が同じようなタイプの人ばかりであれば，小集団評価の学習者の選考にエネルギーを使う必要はない。

　小集団評価の方法は，一対一評価と異なっており，実際のコースに近い形で実施される。インストラクショナルデザイナやインストラクタは，学習者がシステ

ムを全く使えないといった特別なケースを除いて，学習活動に口を出さずに見守ることになる。また評価データも，ひとりひとりに対するインタビューなどではなく，もっぱらアンケートと成果報告書によって収集する。

　このうち成果報告書とは，アンケートでは集めきれない情報を得るために，学習者自身に書いてもらう詳しい受講報告である。もちろん，学習者に「受講の経緯や感想について報告書を書いてくれ」と依頼しても，まとまりのない内容になる可能性が高いので，成果報告書を求める場合には，記載する項目を指定しておく必要がある。小集団評価の目的から判断して，成果報告書の記述項目には，一対一評価で指摘された問題点とその対応，1人で受講する場合の操作や学習方法のわかりやすさを含めるべきである。

9.1.3　実地評価

　実地評価は，形成的評価の最終段階である。つまり，実際にeラーニングを実施する状況，文脈にできるだけ近い環境を設定してリハーサルを行い，評価することになる。実地評価の目的は，最終的に改訂したコンテンツの学びやすさや学習効果をチェックすることと，想定される学習環境で実施に耐えうるものであるかどうかを判断することである。

　実地評価に参加する学習者数は「30人ほど」[1]といわれるが，現実的にこれだけの人数を集めることが難しい場合，小集団評価と同様に，eラーニングコースを受講する多様な学習者を代表する者を選び，より少人数で実施することもできる。小集団評価と実地評価には，学習者の選択方法以外にもデータのまとめ方など多くの共通点があるが，相違点もある。まず実地評価では，学習者だけでなくインストラクタやメンタのようなeラーニング専門家も活動に参加する。また実地評価では，現実の環境におけるコースの実施可能性に重点がおかれるので，テストを省略することも多い。

　これら形成的評価の結果をフィードバックする際のポイントは，評価の結果だけでなく，そのような結果が導かれた**理由**と，その結果**何をどのように改善す**べきかを明示しておくことである。さらに，フィードバックのスピードも重要である。例えば評価の結果，教材の一部であるパワーポイントのスライドがわかりに

くいと判断されたとしても，それだけをフィードバックしたのでは，直接「どのように改善すればよいのか」は伝わらない．そのためには，なんとなく受講候補者を集めて e ラーニングコースを模擬受講してもらい感想を聞き取るだけでは不十分である．そこでここでは，実地評価として行うことが多い実証実験授業（あるいはパイロット研修）について紹介する．

9.1.4　実証実験授業の実施方法

　形成的評価の一環として実証実験授業を行う場合，より正確で大量のデータを集めようとして，被験者の選抜方法に過度に気を配り，多くの仕掛けを設け，大量のアンケート項目に回答してもらうといった，欲張りな実施計画を立てる傾向があるが，実証実験はすでに一対一評価や小集団評価を経た後であることを考慮して，残された問題に関するデータ収集に集中すべきである．

　eLPCO の e ラーニング専門家育成コースでは，新たなコースを開発する際，形成的評価として春季や夏季の長期休暇中に実証実験授業を行っていた．典型的な実証実験実施の手順は次のとおりである．

(1)　評価項目・データ収集方法・分析方法の決定：実証実験の約 4 週間前まで
　まず，何のために何を評価するかを決める．評価項目を決めるときには，インストラクショナルデザイナ，コンテンツスペシャリスト，インストラクタが協議して，相互にチェックすると項目に抜けがなくなる．次に，どのようにデータを集めるかを決める．後述するように，データの多くはわざわざアンケートなどを作成しなくても集めることができる場合が多いのが，e ラーニングの特徴である．
　さらに，評価データを集める対象には，学習者ばかりでなく，実証実験に参加するインストラクタやメンタも含めるようにする．また，集めたデータをどのように分析するかまで事前に決めておくと，データ収集からフィードバックまでの期間を短縮することができる．

(2)　実施要綱決定：実証実験の約 3 週間前まで
　実証実験授業の期間，規模，使用するコンテンツ，システム，具体的なアンケ

ート内容，実験協力者の募集方法，謝礼，メンタの活動指針など実施に必要なものや，必要なマネジメント方法について最終的に決定し，要綱としてまとめる。これらのなかには，使用するシステムのように，事前に自動的に決まっているものもあるかもしれないが，いずれにしても明示的な要綱として記述し，関係者の間で共有されておくことが重要である。

(3) 実験協力者の募集：実証実験の約3週間前から

実験協力者の募集自体は，たいてい単純な作業であるが，実験協力者には常に不確定な要素があることを忘れないようにしたい。例えば，実験協力者が急病を患ったり，事件や事故に巻き込まれたり，実験開始までに気が変わったりすることがある。あまり早い時期に協力者を募集してしまうと，そのような問題が発生するおそれは高まる。必要な人数を集めただけで安心せずに，実験開始時期をアナウンスするなどのフォローも忘れないようにしたい。

(4) インストラクタ，メンタの訓練：実証実験の約2週間前から

インストラクタやメンタが，実証実験で用いるシステムやコンテンツに十分慣れている場合には訓練の必要はないが，少なくとも活動指針に沿ったメンタリングのリハーサルには時間を割くべきである。

(5) 実証実験の実施：約2週間

実証実験の期間をどの程度にするのかは，コースの開講期間や一単元の標準的な学習時間に応じて調整する。eLPCOの実証実験は約2週間であった。これは，少なくとも2回分のeラーニング授業を経験してもらうためである。

(6) データの分析・フィードバック：実証実験終了後1週間以内

分析は実証実験の終了を待たずに，開始後すぐに始まり，実証実験終了後はできるだけ早くインストラクショナルデザイナやコンテンツスペシャリストに改善提案を示す。改善提案の要点は，優先順位をつけることと，実現可能性に配慮することである。たくさんの改善項目がずらりと列挙された報告書を見せられても，

インストラクショナルデザイナは途方にくれてしまう。eLPCOの実証実験では，何から手をつければよいかがわかる改善提案にすることを心がけていた。

実証実験をデザインする場合，3つのチェックポイントがある。第1に，どのような学習者を何人程度集めるか（**被験者の選抜条件**），第2に，どのコンテンツや課題に取り組んでもらうか（**実証の対象**），第3に，どのようなデータから評価するか（**測定・分析データ**）ということである。第1，第2のポイントはすでに説明したので，次に，データ収集に関して述べる。

9.1.5　データの取り方の基礎

本章では，eラーニングコースにおける評価について述べているので，ここでもeラーニングに関するデータの収集に関して述べる。eラーニングにおいて，評価に使われるデータは，大きく**メタデータ**，**学習ログ（学習履歴）**，**コミュニケーションデータ**，**調査データ**という4種類に分けられる。このうち，メタデータとは，「データについてのデータ」という意味であり，データ自身についての付加的なデータのことを指す。例えば，テキストデータがPCに保存されているとすると，そこにはそのテキストの内容以外のメタデータとして，テキストの著者の名前やテキストを書いた日時なども存在する。

これらのデータを処理の方法から見ると，大きく**定量的データ**と**定性的なデータ**に分けられる。定量的データとは数値で表されるデータであり，学習者の年齢やアンケートで5段階の選択肢から選択した数値，テストの得点などが含まれる。学習履歴やアンケートデータの多くは定量的データである。一方，定性的データとは質的データとも呼ばれ，数値化が難しく，内容を分類，分析する意味があるデータである。例えば，自由記述アンケートの回答文，メンタと学習者のコミュニケーション内容などが含まれる。

データの収集方法に注目すると，当初からコース提供者側がデータとして入力する，日常的な学習活動を通して蓄積されるシステムのログなどとして自動的に収集する，学習者がアンケートやテストに回答（解答）することによって集められる，という3つのチャンネルがある。

ここで気をつけなければならないのは，学習者にとってアンケートなどの調査

への協力は，本来避けたいことであり，よほど強力なインセンティブでもない限り，全く協力しなかったり適当に対応したりする者も一定割合存在するということである。言い換えれば，評価を担当する者が，最後は何でもアンケートで回答してもらえばよいと考えても，回答に30分もかかるようなアンケートの回収率・回答率は一般に低くなるうえ，いやいや答えた回答の信頼性が低いのは当然である。むしろ，アンケートに頼らなくても，学習履歴の分析で教材の難易度を推測したり，メンタとのコミュニケーション内容から学習者の満足度を測定したりする方法があるし，このようなデータが自動的に収集されるのがICTを用いるeラーニングの優れている点である。

表9.1 LMSに蓄積されるデータ例

データ種別		データ名	内容
メタデータ	学習者属性	学部，学年，IDなど	メタデータ
	科目情報	シラバスデータ コンテンツデータ	
	学習支援計画	メンタリングガイドライン	
学習ログ (学習履歴)	アクセス履歴	LMSアクセス履歴，コンテンツアクセス履歴	学習ログ (学習履歴)
	テスト成績	小テストデータ 成績データ	
	課題	提出済み課題データ	
コミュニケーションログ	質問への応答	Q&Aデータ FAQデータ	コミュニケーションログ
	学習支援者からのお知らせ	一斉通知データ 特定学習者への通知データ	
	掲示板	BBSデータ	
調査データ	アンケート	アンケート回答	調査データ

アンケートに限らず，あらゆる評価データ収集の基礎は，**必要なデータを適切な対象者（物）から適切な時期に集めることである**。このなかで最も難しいのは，自分が担当している評価活動に本当に必要なデータは何かということであろう。何度か経験を積んだ評価者であれば，必要なデータ（裏を返せば不要なデータ）

9.1 形成的評価

の特定に迷うこともないはずであるが，最初は不安を感じてデータを多めに集めようとして失敗することがある．本章で紹介してきたように，インストラクショナルデザインでは評価のプロセスが体系化されているので，自分がおかれている評価のフェーズやステップを明瞭に認識し，その段階で必要なデータに焦点を当てて収集するようにしよう．

> 演習問題解答例
>
> 　コース開始前に，コンテンツやインストラクションの改善を目的として行う評価を形成的評価と呼ぶ．形成的評価にはいくつかのステップがあるが，少なくとも一対一評価，小集団評価，実地評価の3種類の評価を行うべきである．実地評価として実証実験授業を行う場合，被験者の選抜条件，実証の対象，測定・分析データに注意して実験計画を立てる．eラーニングコースでは，多種多様なデータを評価に用いることができる．例えば，学習履歴データやアンケートのデータの多くは定量的データであり，数値として統計処理が可能である．

9.2 総括的評価

9.2.1 カークパトリックの4段階評価

　総括的評価で最も多く用いられている枠組みは，カークパトリックが提唱した4段階評価である．通称「カークパトリックの4段階評価」と呼ばれるこの評価方法では，表9.2に示したように4種類の指標を用いて，異なる時期に異なるデータによる評価活動を行うことになっている．カークパトリックの4段階評価は，最初に発表されてから50年あまり経過しているにもかかわらず，現在でも評価の枠組みとして非常にポピュラーである．実際，この評価は教育や研修の成果に関して網羅的であり，大学のような教育機関が提供するeラーニングコースの評価にこそ適していない側面があるものの，企業内教育・研修の評価に必要なほとんどの分野をカバーしている．

　表から予測できるように，基本的にアンケートやテストで測定できる満足度や成績と違って，第3，第4レベルの評価は，データを収集すること自体とても難しい．実際ある研修が終わってから数ヶ月が過ぎて，人材育成担当部署から「あ

表9.2 カークパトリックの4段階評価 [2]

レベル	評価の時期	評価内容	評価データ収集の方法
1 反応	受講直後（受講中）	満足度	受講直後のアンケート，インタビュー，フィードバックシステム
2 学習	受講直後（受講中）	学習達成度	テスト，実技，シミュレーション
3 行動	受講後2ヶ月以降	行動の変化	職務の観察，OJTの記録，受講者や上司へのインタビュー
4 成果	受講後数ヶ月以降	成果	売り上げ，コスト，生産量，品質などの指標

の研修の成果はあなたの同僚に現れていますか」などという問い合わせがきても多くの人は何と答えればよいのかわからないであろう。業績や研修に関する評価が積極的に行われている米国においてさえ，第3レベルの評価を実施しているのは20%以下，第4レベルでは約10%にすぎない [5]。

しかし，企業内の研修が「もの知り」な人を量産するために実施されているのではなく，実際に仕事で使えるスキルを身につけたり，業務効率をアップしたりするために行われているということを考えると，カークパトリックの4段階評価では，本来第3レベル以降の評価こそ重要であるはずである。第3レベルの壁を超えるためには，次のような指標を手がかりにしてデータを集めておくことが有益であろう。

(1) 学習者の自己効力感

自己効力感とは「ある具体的な状況において適切な行動を成し遂げられるという予期，および確信度のこと」[6] であり，eラーニングにおける学習内容について適用すると，そのコースで学習した知識やスキルを実地で活用することができるという確信度ということになる。したがって，コース終了後のアンケートで，学習者に学習内容に関する自己効力感を質問しておくことは，第3段階以降の評価に寄与するデータとなる可能性がある。

つまり，ある学習者がたとえよい成績であっても，学習した内容を職場などで活かすことはできないと思っていれば，第3段階以降評価の対象になるパフォー

マンスには反映されないであろうし、逆に自己効力感が高ければ、学習内容が行動として現れる可能性が高いと考えられるのである。

(2) キーとなる行動の特定

第3段階以降の評価で重要なのは、行動の変化とその成果であるが、それでは、ある研修や教育コースを受講すると、業務においてどのような行動の変化が現れると期待されているのだろうか。それが事前に特定できれば、学習者の同僚や上司は、何に気をつけて受講後の学習者の行動を見ていけばよいかがわかる。学んだスキルを職場環境や生活環境の中で発揮することを「転移」と呼ぶが、どのような形で転移するのかは、学習者が所属する組織などの状況に関する情報も必要である。総括的評価を担当する者は、学習者が所属する組織からも情報を集めて学習内容と照合し、評価のキーとなる行動を予測しておくと、第3段階以降の評価に役立てることができる。

9.2.2 ROI 分析の実施方法

ROI はカークパトリックの第4段階を補うものであり、ROI の計算式は次に示したとおりとてもシンプルである。計算式の分子は、授業や研修が効果を及ぼす収入から授業や研修を行うためのコストを引いたものであるから、ROI がマイナスであるということは、研修が赤字であることを意味している。また、ROI が100%以上ということは、収入がコストの2倍以上あるという意味である。一方で、評価担当者がこの計算をしようとすると、ROI がそれほど簡単に歳出できないという現実に気づくはずである。

$$\frac{収入 - 研修・授業のコスト}{研修・授業のコスト} \times 100$$

製造業において、ROI の計算では一般にコスト算出のほうが難しい。というのも、企業にとってある製品の売上高ははっきりと把握できるが、製品開発にかかったコストについては、他の製品と合わせて基本的な機能に関する開発を行っていたり、マーケティングをしていたりすることが多いうえ、先行する自社製品

の開発費をどのように考慮するのかなどの問題があり，特定の製品の特定のバージョン開発のコストを明確にすることは困難である場合が多いのである。

一方これとは反対に，eラーニングのような教育サービスの場合，B to Cの場合を除いて，収入の計算が難しい。カークパトリックの第4段階評価が実施されている場合は，学習者の行動変化がどのような経済的利益をもたらしたかが明らかになる場合もあるが，多くの研修や授業では受講する価値を金銭で表すこと自体が少ないからである。しかし，eLPCOにとってもROIは重要な観点であったので，次に紹介する2通りの方法でROIを算出し，両者を比較して予算の計画に役立てたことがある。

(1) ボトムアップによる最大コスト算出

eラーニングコースを受講した学習者に対して，アンケートで「この研修はどの程度の価格で受講するのが適切だと思いますか」と質問し，その合計金額を計算した。無料の研修や1単位当たりの金額が計算できない大学の授業であっても，とにかくこの質問をポストアンケートに含めて調査した。

この方式の問題点は，0円や100万円のような一般的には考えられないような値をあげる回答者がいることである。そこで，このような外れ値（異常値）を除外するため，上位5％，下位5％の回答は対象外にして残るデータで平均値（調節平均）を算出し，学習者数との積を求め，これを下回るコストを設定した。

(2) トップダウンによる最低収入算出

そのコースを開発・実施するためのコスト（イニシャルコスト，ランニングコスト，ビジネスコスト）を集計し，学習者数で割って損益分岐点（ROI＝0％となるポイント）を算出，最低限の収入を予測した。この方式の問題点は，大学のコースでは必修科目以外学習者数が予測できないことである。そこで，物理的条件（メンタの数，対面授業の際の教室の規模など）から最適学習者数を予測した。

9.2.3 評価報告とフィードバック

ここまで，形成的評価，総括的評価の方法を見てきたが，eラーニングの成功

を表す指標にはどのようなものがあるだろうか。評価報告書の評価項目として整理し，フィードバックのポイントとともに考えてみたい。

多くの先行研究や実践事例を調べていくと，代表的なeラーニングの成功指標＝評価指標は，おおむね表9.3の5つに集約できる。

表9.3　eラーニングの代表的成功指標

指　標	調査方法	算出方法
修了率	実数カウント	修了者数÷受講者数×100
成績（学習効果）	テスト，パフォーマンス	テスト採点，パフォーマンス測定
満足度	アンケート	アンケート結果集計
自己効力感		
ROI	コスト，収入算出	（収入－コスト）÷コスト×100

これら5つの指標のうち，修了率，成績，ROIは本来客観的指標であり，満足度と自己効力感は学習者の主観に基づく指標である。また，それぞれの調査方法には，いくつかの問題がある。例えばeLPCOでも，修了率において分子となる修了者数をどのように定義するのか（最終コンテンツまで終了した者か，テストに合格した者かなど），成績の元になるテストの信頼性・妥当性をどのように保証するのかなどは最後まで課題のひとつであった。

しかし，いずれにしてもこれら5つの指標のどれか1つだけ高ければよいというeラーニングコースは少ないと考えられるので，多くの場合これらの指標はすべて評価報告書の項目として使用できる。

また，評価報告は，次回の分析・設計につながるフィードバックである以上，「診断書」のレベルにとどまっていてはならず，「処方箋」でなければならない。したがって，これらの5つの評価項目の数値を向上させるには，どのような対応が求められるかを明記する。処方箋としての評価報告に記述する改善方法の枠組みとして，鈴木[7]において紹介されている「4つの改善」が役立つ。具体的には以下のとおりである。

- 追加：どこかに何かを加える（不足しているものがあるとき）
- 削減：どこかの何かを削る（多すぎるものがあるとき）
- 移動：どこかの何かを他へ移動する（順番がまずいとき）

- 変更：どこかの何かを変更する（もっとよい内容を思いついたとき）

　この4つの改善方法と，改善の対象（テスト，教材，システム，メンタリングなど）を組み合わせた報告書であれば，具体的な改善につながりやすい。

　最後に，コースやコンテンツの改善はなぜ必要であり，評価活動を続けることのメリットは何なのかを考察しておきたい。評価活動に対する批判のひとつはホートン［5］が挙げているように「評価自体に時間やお金がかかりすぎる」ということである。この指摘は，評価を後ろ向きにとらえればもっともな側面を持っており，インストラクショナルデザイナであれば「評価にかけている時間を，新しいコンテンツの開発に振り向けたい」と考えるのも当然かもしれない。

　しかし，ADDIEモデルもPDCAサイクルも，評価から次の分析や設計が始まるのはなぜであろうか。一度の開発で完全なコースやコンテンツができると考えるのは傲慢であるばかりでなく，現実にも即していないのではないだろうか。

　また，eラーニングの特徴のひとつは学習者側に主導権があることであり，コースに合わせて学習者を動かそうとする方向よりも，学習者に合わせてコースをカスタマイズする方向を目指す学習形態である。インストラクタやインストラクショナルデザイナが，学習者をコントロールしようとすればするほど「いつでも，どこでも，何度でも」学習できるeラーニングのよさは打ち消されていくことになる。たとえ，ある学習者がeラーニングコースを修了したとしても，嫌悪感を持ってつまらなく学習していれば，eラーニング嫌いを生み出していくことになる可能性がある。反対に，常に様々な角度から学習者のデータを分析し，コースを改善していることがわかれば，モチベーションにも満足度にもよい影響があるはずである。

　さらに，教育や研修の質保証という観点からも，組織的，体系的な評価活動を行っていることは，重要であろう。

　評価は設計や開発に比べると地道な活動の積み重ねである。しかし，一方で学習者中心に設計され，これまでとは違った多面的な改善ができるeラーニングにおいては，欠かすことのできない活動でもある。よりよいeラーニングの実現のために，評価活動を決しておろそかにしないよう心がけたい。

◎**参考文献**

[1] Dick, W., Carey, L., Carey, J. O. 著,角行之監訳(2004)『はじめてのインストラクショナルデザイン 米国流標準指導法 Dick & Carey モデル』ピアソン・エデュケーション.
[2] Kirkpatrick, D. L. (1998) *Evaluating Training Programs : The Four Levels* (Second Edition). Berrett-Koehler.
[3] Gagne, R. M., Wager, W. W., Golas, K. C., Keller, J. M. 著,鈴木克明・岩崎信監訳(2007)『インストラクショナルデザインの原理』北大路書房.
[4] Smith, P. L. and Ragan, T. J. (1999) *Instructional Design* (Second Edition). John Wiley and Sons, Inc..
[5] Horton, W. (2001) *Evaluating e-Learning*. American Society for Training & Development.
[6] Bandura, A. (1982) Self-efficacy Mechanism in Human Agency, *American Psychologist*, Vol.37, pp.122-147.
[7] 鈴木克明(2002)『教材設計マニュアル 独学を支援するために』北大路書房.

資料

企画提案書

提案コース名		
キャッチコピー		
企画者氏名		
ニーズ	今の姿	
	あるべき姿	
	ギャップ	
対象者	人物像	
	前提知識	
	モチベーション	
	学習のスタイル	
課題	※ギャップを弁別する	
	教育によって達成できる課題	
	それ以外の手段によって達成できる課題	
学習目標	※教育によって達成できる課題について以下を策定する	
	目標行動	
	実施条件	
	合格基準	
機能	コミュニケーション支援機能	
	受講支援機能	
	テスト機能	
	教材配信機能	
	レポート管理機能	
	学習履歴管理機能	
	開発環境	

動作環境	OS	
	ブラウザ	
	CPU	
	メモリ	
	ソフトウェア	
	回線速度	
	その他	
実務環境	自然環境	
	業務を支援する情報, 資料, 機器, 用具など	
	作業場のレイアウトなどに関して	
実施環境	収容能力・レイアウト	
	光源, 音響設備	
	電源設備	
	ネットワーク設備	
	講師用機器・学習者用機器	
	施　設	
	実務環境との差異	

設計仕様書

（本文中に提示されているため割愛）

一対一評価計画書

評価者氏名	
評価対象授業・教材名	
実施日程	
実施場所	
利用システム	

実験協力者	母集団	
	上　位	
	標　準	
	下　位	
評価手順		
備　考		
評価項目		
明瞭性		
学習者への影響		
実現性		
その他		

小集団評価計画書

評価者氏名		
評価対象授業・教材名		
実施日程		
実施場所		
利用システム		
実験協力者	母集団	
	属性A	
	属性B	
	以下，属性に応じて追加する	
評価手順		
備　考		
評価項目		
改善成果		
自己学習の可能性		
実験協力者の実施報告		

実地評価計画書

評価者氏名		
スタッフ氏名・担当業務		
評価対象授業・教材名		
実施日程		
実施場所		
利用システム		
実験協力者	母集団	
	人　数	
	属　性	
実験協力者の募集方法		
謝　礼		
評価項目		
データ収集方法		
分析方法		
アンケート		
メンタの活動指針		
備　考		
評価項目		
学習の効果		
学びやすさ		
本番での実施可能性		
報告内容の根拠		
改善案		

第III部
eラーニングにおける著作権と個人情報保護

　eラーニングはネットワークを介して教材が配信される。教材は，他の人が書いた書籍や論文の一部を引用するケースが少なくない。また，他の人が撮影，作成した写真やイラストが含まれる。学習管理システムでは，学習者のプロフィールや成績など個人情報を管理することになる。そのため，著作権や個人情報保護に関する法律を学ぶ必要がある。

　第III部では，この2点にフォーカスしている。第10章eラーニングと著作権では，著作権法に関する概要から教材コンテンツ作成の際に考慮しなければならない点に至るまで，事例を用いてわかりやすく紹介している。第11章では，個人情報を扱うことが多いeラーニングにおいて，知っておかなければならない個人情報保護法の概要からeラーニングコースを運用していく過程において考慮しなければならないプロバイダ責任制限法までを取り上げ，主要な条文をわかりやすく紹介している。

　eラーニングに関する書籍では，従来あまり取り上げられてこなかった箇所に踏み込んだ内容であり，特にeラーニングを提供する方にとっては参考になる点が多いはずである。

＊本書で取り扱った著作権法，個人情報保護法およびプロバイダ責任制限法については，平成22年1月1日時点の条文において解説している。

第10章 eラーニングと著作権

> **本章の学習目標**
> - eラーニングを開発・運用するうえで，特に関連する著作権の各権利の概要について説明できるようになる。
> - 著作物利用のための権利処理について，自分の所属する組織に適合した対応方法を導き出すことができる。

10.1 著作権法

10.1.1 eラーニングと著作権の関係

　eラーニングコンテンツを開発しコースを運営するうえで，著作権法へ配慮することは必要不可欠だといえる。例えば，教材コンテンツを開発するにあたって，他の人が書いた論文の一部を引用する場合に，その引用元の出所を明らかにする必要がある。また，他の人が撮影した写真や動画をコンテンツに掲載する場合などは，権利者の許諾を得ることや，その写真や動画の著作者の出所の表示，および著作者の名前の表示方法に関する適切な措置を行わなければならない。

　さらに，eラーニングコースを運営する場合には，コース管理者は学習者の提出したレポートや掲示板での書込みにおいて，著作権侵害行為を起こさせないように課題の出題内容・方法を設定することや，権利侵害を起こさないように注意の呼びかけをしなければならないであろう。したがって，コースの開発から学習者がコースを修了までのプロセスにおいて，コース運営者側および学習者の両者が法令を遵守できるような管理システムおよび意識付けを行うことが重要となるであろう。

10.1.2　eラーニングの開発・運用における著作権との関わり

もし，あなたがeラーニングのコースを企画するとしよう。そこで使用する教材コンテンツを開発する場合や，もしくは既存する教材コンテンツの使用における許可を得て学習コースで使用する場合は，著作権の処理を行わなければならない。

この著作権処理の方法は，あなたの業務主体の立場によって異なる。あなたが営利を目的としない教育機関に所属しているのか，もしくは営利を目的とした教育機関に所属しているのか，さらに自社および他社向けの社員研修を開発しようとしているのかによって，著作権処理の方策が違う。

本章では実際の業務を想定して，eラーニングの教材コンテンツを開発・運用する専従者を3つのタイプに分類した。というのも，eラーニングを提供する組織体の違いによって，著作権処理の対応が変わってくるからである。

①	非営利の教育機関でeラーニングを開発・運用する者 例：国公立私立大学，高・中・小学校，専修学校，教員研修センターなど	鈴木さん
②	営利教育機関でeラーニングを開発・運用する者 例：進学予備校，資格学校，進学塾	後藤さん
③	企業においてeラーニングを開発・運用する者 例：一般企業，企業向け教育コンテンツ開発業者	田中さん

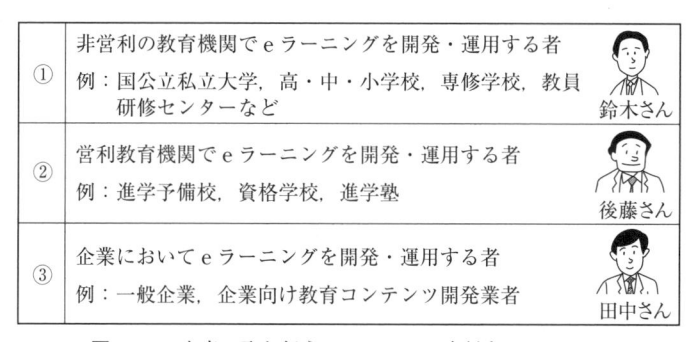

図10.1　本章で取り扱うeラーニング専従者の3タイプ

ここで，図10.1の三者のケースにあてはまる登場人物を紹介しよう。勤務する私立大学の通信教育部にeラーニングシステムを導入しようとしている鈴木さんは，①の非営利の教育機関でeラーニングを開発・運用する者に該当する。

勤務する進学予備校の事業を全国展開するためにeラーニングシステムを導入しようとしている後藤さんは，②の営利の教育機関でeラーニングを開発・運用する者に該当する。

商社の人事部に勤務する田中さんは，入社内定者の入社前教育を効率よく行うためにeラーニングシステムを導入しようとしている。したがって田中さんは，

③の企業においてeラーニングを開発・運用する者に該当する。

次項から，鈴木さん，後藤さん，田中さんが著作物を扱う際にどのようなことに留意し，権利処理を行っていけばよいかについて解説していく。

10.1.3 著作権の目的

著作権法とは，創作活動によってつくり出された作品である著作物の取扱いについて定めた法律である。これは，他の特許法，商標法，実用新案法，種苗法，意匠法などとともに，知的財産権法という枠で理解されている。

それでは，著作権法が制定された目的について考えるために，著作権法第1条を見てみることにしよう。著作権法第1条は「文化的所産の公正な利用に留意しつつ，著作者等の権利の保護を図り，もつて文化の発展に寄与すること」を著作権法の目的であると定めている。このことは，一方では著作者や著作権者に対する権利の保護を行うことを目的としながらも，もう一方では著作物の利用による文化の発展を目的としている。したがって，著作者および著作権者への適切な著作物の対応を行うことを前提として，文化の発展のためのさらなる著作物の利用は，社会にとって望ましいことであるといえる。

10.1.4 著作権の発生

著作権は著作物を創作したときに，その権利が発生する。例えば，文化庁に著作権を登録してはじめて権利が発生するのではなく，その著作物が世の中に生み出されたそのときに著作権が発生する[1]。このことを無方式主義（著作権法第17条2項）といい，著作物の要件を満たすものであれば創作された時点で権利が発生するのである[2]。

例えば，偶然の一致で全く同じ英語のリーディングのテキストが大学に勤務する鈴木さんと，進学予備校に勤務する後藤さんによって創作されたとしよう。この場合，お互いがお互いをまねてつくったわけではないので，著作権の権利は両氏に同等に付与されることになる。したがって，仮に鈴木さんが後藤さんが権利侵害をしたとして，後藤さんを相手取っての損害賠償請求や差止請求をしたとしても，それが認められることはないであろう（図10.2）。

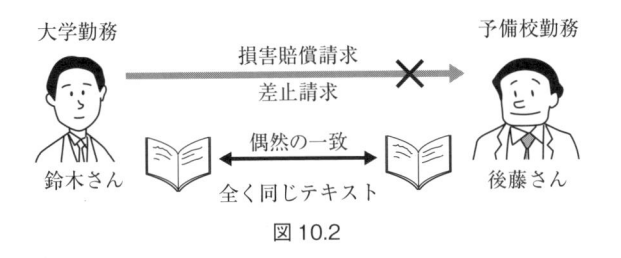

大学勤務　損害賠償請求　　予備校勤務
　　　　　　差止請求
鈴木さん　偶然の一致　後藤さん
　　　　全く同じテキスト
図 10.2

10.1.5　著作権の保護期間

　著作権が保護される期間は，個人名義のものと団体名義のものとでその適用期間に違いがある。個人名義の著作権の保護期間はその著作者の生存期間に加えて，死亡年の翌年1月1日から50年間であり，団体名義の著作権の場合は著作物の公表後70年[3]である。

　例えば，商社に勤務する田中さんが，所属する部署でeラーニングの教材コンテンツを制作した場合（著作財産権を会社が保有する場合）は，**職務著作**[4]になるので保護期間は70年となる。しかし，田中さんが単独で教材コンテンツを作成した場合（著作財産権を田中さんが保有する場合）は，田中さんの死後50年の間は著作権が保護されることになる。

10.1.6　保護期間が満了した著作物

　著作物の**保護期間**が満了した場合，その作品はどのような取り扱いになるのであろうか。著作物の保護期間が切れると，その作品は，誰もが自由に使用できる状態（パブリックドメイン）となる。著作権の保護期間中の作品は，第三者に対してその作品の複製，翻案，翻訳，上演，演奏および公衆送信させないことや，使用を申し出た第三者に対し使用を許可することができる。また，不当に作品を使われた場合には，その行為の差し止めや損害賠償請求を行うことができる。

　しかし，著作権の保護期間が切れた作品は第三者が自由に複製，翻案，翻訳，上演，公衆送信することができる[5]。先にも述べたが，著作権法の目的は著作物の利用と権利者の保護の調和をとり，文化の発展に寄与することである。作品が

つくられてある一定の期間が過ぎた作品は，誰もが自由に利用できることは社会にとって有益なことだといえよう。

例えば，田中さんが勤務する商社でeラーニングの教材コンテンツを作成したとしよう。そのコンテンツが公表後70年を経過した場合，鈴木さんと後藤さんは，その教材コンテンツを許諾を得ることなく利用することができる。

10.1.7　権利の束としての著作権

著作権法における著作権は，図10.3に表されるように様々な権利によって構成されている（第17条，第89条）。このことから，著作権は**権利の束**と呼ばれている。このように著作権は，様々な権利が束のように構成されているが，図10.3を見てわかるように，これらの権利は**著作者人格権**と**著作財産権**とに大別される。著作者人格権とは著作者の人格的な権利のことであり，著作財産権とは著作物から発生する財産的権利のことである。

この著作者人格権と著作財産権の法的な位置づけを理解せずに，eラーニングを企画・運用することはできないといえよう。例えば，既存の教科書をeラーニ

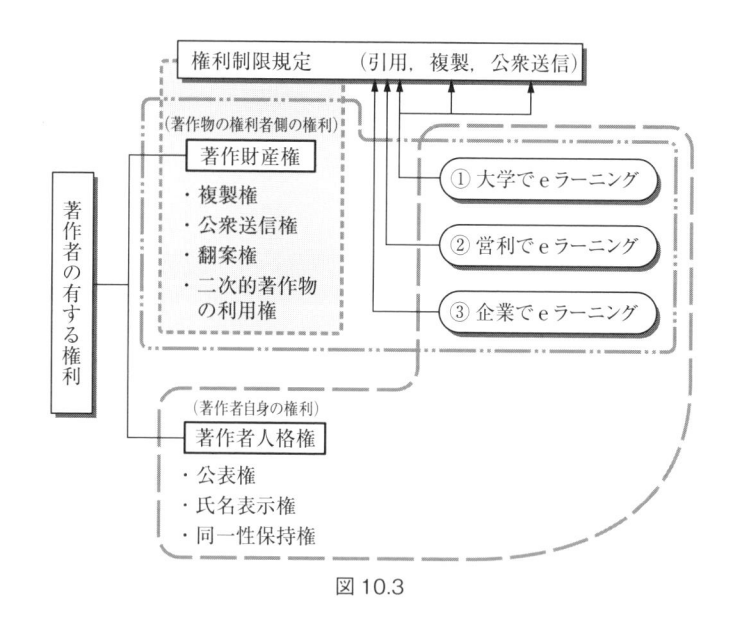

図10.3

ングの教材コンテンツにつくり変える場合や，既存の著作物の一部を複製して教材コンテンツに使用する場合などは適切な権利処理を行わなければならない。また，先に挙げたように非営利の教育機関，営利の教育機関や企業での著作物の利用において著作権の一部が制限される規定もあり，それらの概要をしっかりと理解しておくことが必要といえる。図 10.3 は著作権の各権利と利用主体との関係を表している。

10.2 著作者人格権

10.2.1 e ラーニング教材コンテンツ開発・運営における著作者人格権への配慮

著作者人格権は，著作者の人格的利益を保護するために定められた権利である。この著作者人格権は，譲渡不可能なことから**一身専属上の権利**と呼ばれており，著作物を創作した著作者から切り離すことができない権利であることを意味している。

例えば，夏目漱石が書いた『坊っちゃん』の著作者人格権を芥川龍之介に譲渡することができるであろうか。『坊っちゃん』は夏目漱石が書いたものであり，夏目漱石と彼が書いた『坊っちゃん』との間は切り離すことのできない関係にある。

一方，著作財産権は譲渡が可能である。例えば，田中さんの会社が，コンテンツクリエーターの岡本次郎さんが制作した教材コンテンツを e ラーニングで配信

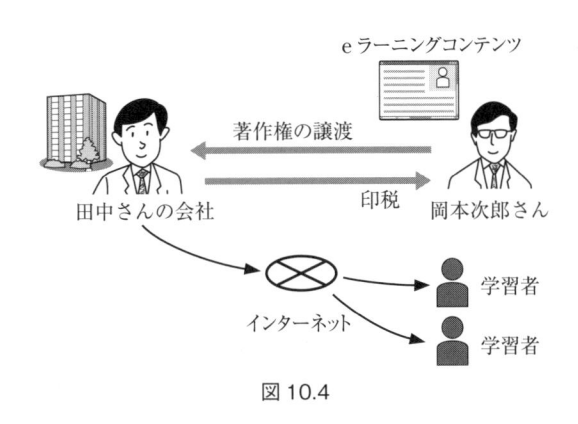

図 10.4

したいと考えていたとしよう。この場合、田中さんの会社は岡本次郎さんと契約を交わし、教材コンテンツに関する著作財産権の譲渡を受け、教材コンテンツをDVDに複製したり、ウェブトレーニングとしてインターネットで配信することができるのである。著作物をビジネスとして広く流通させるためには、著作者個人の力では限界がある。流通に関しては、コンテンツの流通を主たる業務としている専業者（例えば、出版社、レコード会社、放送局など）に任せたほうがより効率的であろう。ビジネスの面からいって、著作財産権が譲渡できることは社会にとって合理的なことであるといえる（図10.4）。

10.2.2 eラーニングと著作者人格権

この著作者人格権は「公表権」、「氏名表示権」、「同一性保持権」から構成されている。「公表権」（第18条）は、広く世間に公表されていない著作物について、著作者自身が著作物を"公表するか公表しないか"を決めることができる権利のことである（第18条）。言い換えれば、著作者に無断で公表することを禁ずる権利である。したがって、eラーニングコース運営者は、公表されていない著作物を含む教材コンテンツの配信の可否について必ずコンテンツの著作者に確認をし、了承を得る必要がある。

「氏名表示権」（第19条）は著作物の公表に際して"著作者名を表示するのか"、また名前を表示するとしたら"実名で表示するのか、それともペンネームなどの変名で表示するのか"ということを著作者自らが決定することができる権利のことである（第19条）。

例えば、田中さんの会社が、岡本次郎さんが制作したeラーニングの教材コンテンツを利用して学習コースを運営しているとしよう。その場合、教材コンテンツの利用に際し、そのコンテンツの著作者である岡本次郎さんに対して名前の表示方法を確認することが望まれる。というのも、氏名の表示方法は、原著作物に表示されている名に従い表示することが原則であるが、著作者に確認したほうが安全であるといえる。また、その開発するコンテンツが教科書をコンテンツ化するような二次的著作物である場合においても同様である[6]。

パワーポイントに写真を掲載する場合は、写真を撮影したカメラマンの許諾を

図 10.5　教材コンテンツでの氏名表示例

得ることと，著作者が希望する氏名での表示を行わなければならない。図 10.5 の場合は著作者であるカメラマンから許諾を得て，彼のペンネームを明記している。

「同一性保持権」（第 20 条）は，著作物が著作者の許諾を得ずに"変更・切除・その他の改変"ができないとする権利のことである（第 20 条 1 項）。この権利は著作者の人格的利益を保護するものであり，「著作物及びその題号の同一性を保持する権利」であり，「その意に反して」行う改変を禁止する権利である。したがって，e ラーニングコンテンツ開発者は，教材コンテンツの開発に際し，現著作物を改変したり一部を切除したい場合は，必ず著作者の確認を得る必要がある。

例えば，先の例で田中さんの会社が，岡本次郎さんが制作した教材コンテンツの著作財産権を譲り受けたとしよう。翻案権は著作財産権であり譲渡することが可能なので，翻案権は田中さんの会社に帰属することになる。しかし，同一性保持権は岡本次郎さんの一身専属の権利であるので，田中さんの会社は岡本次郎さんの許諾なしにコンテンツの改変を行うことはできない。

では，別の状況を考えてみよう。田中さんの会社と岡本次郎さんとの関係は同

図 10.6

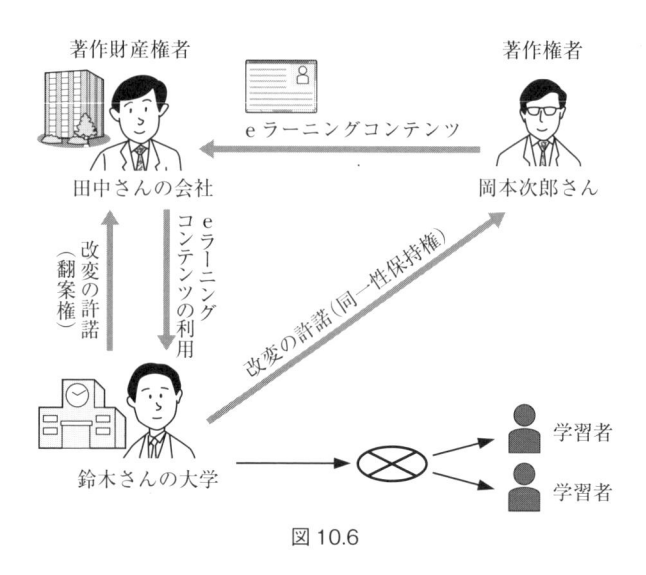

じで，ここに鈴木さんが勤務する私立大学において，田中さんの会社の所有する岡本次郎さんが制作した教材コンテンツを，鈴木さんが大学の授業で使いたいと申し出てきたとしよう。しかし，鈴木さんの大学はカリキュラムの関係で教材コンテンツの一部の改変をしたいといってきた場合には，著作権の処理はどのようにすればよいのであろうか。

この場合，著作財産権である翻案権は田中さんの会社にあるが，著作人格権である同一性保持権は岡本次郎さんに帰属している。したがって，鈴木さんの大学は，教材コンテンツを改変して使用したい場合には，翻案権に対して田中さんの会社に許諾を得なければならない。また，同一性保持権に対しては岡本次郎さんから許諾を得る必要がある（図10.6）。

10.2.3　教材コンテンツ制作における同一性保持権

では，実際に教材コンテンツをつくる場合を想定して，次のような例を考えてみよう。図10.7のようなパワーポイントスライドをつくったとしよう。この場合，どのような著作権侵害が生じているのだろうか。問題は写真の上に矢印が2本引いてあることである。パワーポイントでの説明のために矢印を書き込んだのであ

図 10.7

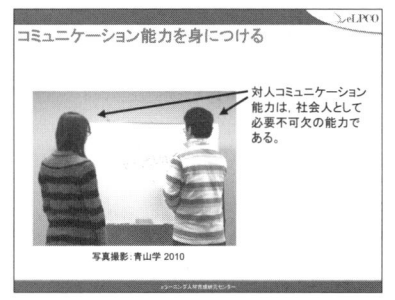

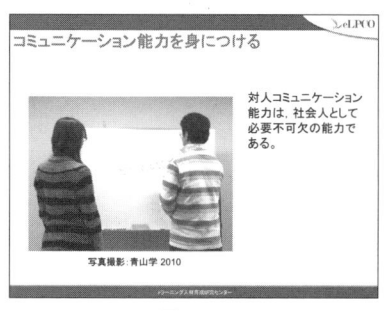

図 10.8

図 10.9

るが，ここで使用されている写真は著作物であるので，写真の同一性を侵害していることになってしまう恐れが生ずる。もし，写真を使用するのであれば，同一性保持権侵害を避けるために図10.8のようなスライドにすべきである。

では，次の例はどうであろうか。先の写真をスキャナーでPCに取り込んだときに，スキャナーの光度の問題で実際の写真よりも少々黒っぽくなってしまったとしよう（図10.9）。この場合も原作の状態とは事を異にする。しかし，意図的に色を黒っぽくしたわけではなく，取り込んだ機器の性能上の問題となる。このような場合は，目的・様態上やむを得ない場合（第20条2項）となり，同一性保持権侵害にはあたらないといえる。もちろん，トラブルが生ずることを事前に防ぐためにも，写真の著作者等[7]に仕上がりが少々黒ずんでしまうことの了解を得ておいたほうが万全といえる。eラーニングではないが，書籍の場合などはもともとカラー写真であったものを印刷上の問題から白黒にする場合が多々ある。この場合も同様に，同一性保持権侵害にはあたらないといえる。

10.3 eラーニング教材コンテンツ開発・運営における著作財産権への配慮

10.3.1 著作財産権

著作財産権とは，著作物から発生する財産としての権利のことであり，その著作物を排他的に利用する権利のことである。この著作財産権は「複製権」，「上演権」，「演奏権」，「上映権」，「公衆送信権」，「公の伝達権」，「口述権」，「展示権」，「譲渡権」，「貸与権」，「頒布権」，「翻訳権」，「翻案権」，「二次的著作物の利用に関する原著者の権利」から構成されている（図10.10）。本章では，特にeラーニングを開発・運用する際に重要となる複製権，公衆送信権，翻案権について述べていくこととする。

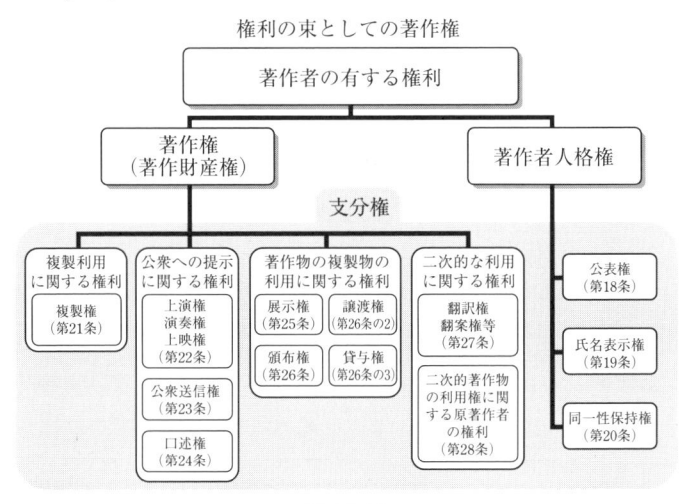

権利の束としての著作権

```
                    著作者の有する権利
                    ┌──────┴──────┐
              著作権              著作者人格権
          (著作財産権)
              │                       │
           支分権
```

複製利用に関する権利	公衆への提示に関する権利	著作物の複製物の利用に関する権利	二次的な利用に関する権利	
複製権（第21条）	上演権 演奏権 上映権（第22条）	展示権（第25条） / 譲渡権（第26条の2）	翻訳権 翻案権等（第27条）	公表権（第18条）
	公衆送信権（第23条）	頒布権（第26条） / 貸与権（第26条の3）	二次的著作物の利用権に関する原著者の権利（第28条）	氏名表示権（第19条）
	口述権（第24条）			同一性保持権（第20条）

図10.10

10.3.2 eラーニングと複製権

複製権は，他の者によって無断で著作物の複製をされることを禁じる権利である（第21条）。この複製は，手書きであろうとテキストデータであろうと，写真に撮影されたものであろうとその内容が複製されていれば権利の侵害となり，紙へのコピー，録音・録画，DVDへのコピーやPCのハードディスクへの保存など，形のあるものに複製する行為そのものが権利の対象となる。

これまで，キャッシュに関しては，著作権法上明確な規定がなかった。これでは，デジタルコンテンツの円滑な利用が促進されないことから，2010年1月1日施行の改正著作権法では，キャッシュなどのサーバ等への一時的な複製に関しては，著作権法上許されることとなった。

10.3.3　eラーニングと公衆送信権

eラーニングの教材には，オンデマンド型の教材が多く利用されている。この形式は，教材コンテンツを公衆送信することにより授業を行うことになるので，公衆送信に関する許諾を権利者から得なければならない。

公衆送信権とは，著作物を公衆送信することを独占し，使用の許可を得ていない第三者の公衆送信行為を禁止する権利のことである。著作権法第2条1項7号の2では公衆送信を定義しており，「公衆によって直接受信されることを目的として無線通信又は有線電気通信の送信」を行うこととしている。ここでいう「公衆」とは「不特定の人」または「特定多数の人」を意味する（第2条5項）。

例えば，eラーニングの受講対象が1人である場合，その個人が特定の人であれば公衆送信にはあたらないが，1人ずつが順番に授業を受講するような場合は，複数の人がコースを受講することになり，公衆送信の適用を受けることになる。逆に，メールのような特定の個人に向けて行う送信は公衆送信には該当しない。

また，不特定の人に対してではなく，特定の会員登録した人に向けたeラーニングコースであったとしても，受講者は「特定多数の人」に該当するため公衆送信の適用を受けることになる。

では，eラーニングの教材コンテンツを配信する場合を考えてみよう。公衆送信権の権利侵害を起こさないように，コンテンツを閲覧する際はIDとパスワードを入力して特定した受講者にだけ閲覧権限を与えたとしよう。この場合は，著作物に対する権利の乱用を防げるので権利侵害にはあたらないと考えられる。しかし，IDやパスワードで受講者を限定している場合でも公衆送信権侵害にあたる可能性がある。したがって，著作物を公衆送信したい場合は，権利者の許諾を得ることが最重要となるのである。

10.3.4　eラーニングと送信可能化権

送信可能化権とは，インターネット上で著作物を自動的に公衆に送信できる状態にすることをいう（第2条1項9号の5）。これは，第三者の著作物を権利者の許諾を得ることなく自動公衆送信が可能な状態にしている時点で，権利侵害が生ずることを意味している。

eラーニングの教材コンテンツを例にして考えてみよう（図10.11）。Aさんが権利者の許諾を得ずに教材コンテンツをサーバーにアップロードしたとしよう。この場合，実際にBさんがサーバーからコンテンツをダウンロードもしくはストリーミングでコンテンツを視聴しない限り，自動公衆送信権の権利侵害は生じない。しかし，著作権法では著作物を送信可能化な状態にした時点（第三者が著作物にアクセスできる状態にした時点）で権利侵害が発生するように規定している（第23条）。したがって，権利者は送信可能化されている状態をもって，差止請求をすることが可能となる。

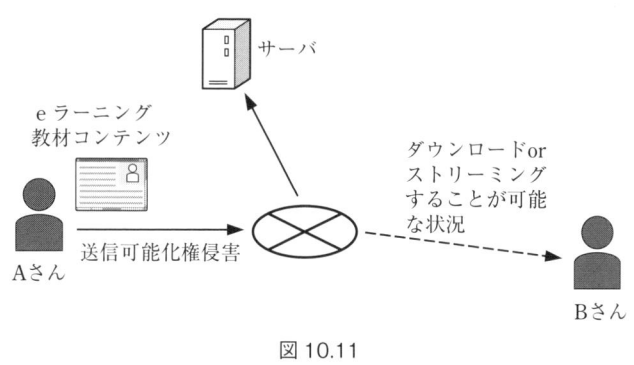

図10.11

10.3.5　eラーニングと翻案権

翻案権は，第三者が著作権者に無断で編曲，変形，脚色，映画化などをすることを禁止することである（第27条）。判例では「既存の著作物に依拠し，かつ，その表現上の本質的な特徴の同一性を維持しつつ，具体的な表現形式を変更して新たな著作物を創造する権利」[8]としており，「表現上の本質的な特徴の同一性」を維持しつつ，著作物の基本的な内容を変えずに，「別の著作物」をつくることができる権利ともいえる。

例えば，後藤さんが勤務する進学予備校で英語のリーディングの教科書をeラーニングの教材コンテンツにつくり変える場合を想定しよう。教材コンテンツ制作にあたり，教科書の著作権者である株式会社英語出版社に，教科書を教材コンテンツ化する旨の許諾を得て教材コンテンツを作成した。しかし，教材コンテンツの学習時間を短くするために，1章から10章構成の教科書を，3章から10章に短縮して教材コンテンツをつくってしまった場合は翻案権の侵害になってしまう（図10.12）。

　また，教科書を教材コンテンツにする際に，元になる教科書とは違う解釈の和訳をして教材コンテンツを作成した場合も，著作権者である株式会社英語出版社の翻案権を侵害することになってしまう。

　この例でわかるように，このような変更は教科書と教材コンテンツの間での「同一性」が維持されているかが問題となる。後藤さんは，教材コンテンツ作成上どうしても教科書の内容を変更しなければならない場合は，必ず教科書の著作権者である株式会社英語出版社の許諾を得なければならない。

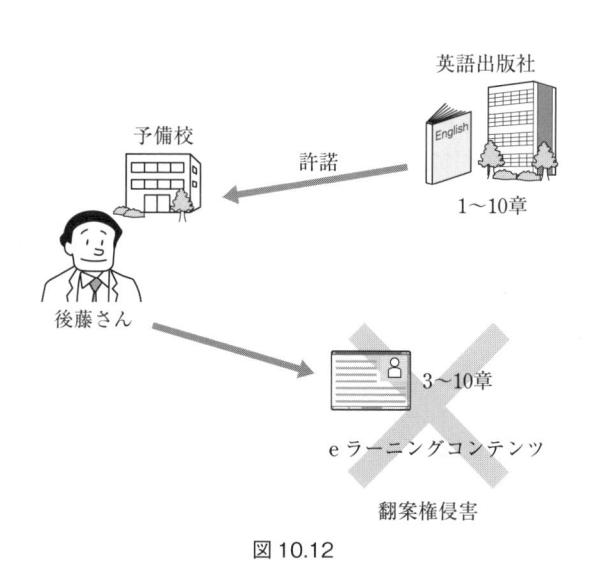

図10.12

10.4 権利制限規定による著作物の利用

10.4.1 権利制限規定

　先で述べてきたように，著作物を利用する際には様々な権利の問題をクリアしなければならない。特に重要なことは，権利者から利用における許諾を得ることが必要なことである。しかし，著作権法はある一定の利用範囲において，権利者の許諾を得ることなく，著作物を使用することができる。これは，著作権の権利範囲を制限するものであることから**権利制限規定**という。この権利制限規定は，著作権法の第30条から第50条において定められている。

　なぜ著作権法は，著作権者の権利を一定の条件のもとで制限し，著作物を利用する者が著作物を利用しやすいように規定しているのであろうか。それは，著作権法第1条でも述べられているように，著作権の目的は著作者の権利の保護と並んで，「文化の発展に寄与」することを目的としているからである。

　例えば考えてもらいたい。著作物の保護を厳格に行おうとすることが必ずしも著作者の利益につながるとはいえないのではないだろうか。著作物の利用および流通を厳格にしすぎるとその著作物を利用することに多大な手続きが必要となり，結果的に著作物の利用が進まず，著作者にとっての利益が減少するおそれがある。逆に，著作物の利用の制限を一定の範囲で緩めることによって，著作物の利用・流通は活発に行われ，結果的に著作者に対しても利益がもたらされるのではないだろうか。また，社会全体で考えると著作物の利用が促進されることは国民の文化活動を支援することにつながり，著作権法が目指すところの文化の発展に資するといえるであろう。

　本章では，eラーニングコンテンツ開発に関して特に重要となる権利制限規定として，学校などの「引用（第32条）」,「学校その他の教育機関における複製等（第35条）」と「試験問題としての複製等（第36条）」について見ていくことにする。

10.4.2 引用

　著作権法第32条1項では，公表された著作物を引用することを認めている[9]。

その際引用は,「公正な慣行に合致するものであり,かつ,報道,批判,研究その他の引用の目的上正当な範囲内」で行われなければならない[10]。引用に際しての注意点は以下になる。

- 引用する必要性および必然性があること。
- 「主」(自らが書いた部分),「従」(他の著作物から引用した部分)とし,その主従関係が成立していること。
- 引用部分と原著の部分と明確に区別すること(例えば,引用部分を括弧書きで区切る)。
- 出所の明示を行うこと(第48条)。

引用は,公表された著作物をその著作権者の許諾を得ずに利用することができる。逆に,著作権者が引用されたことを不服として,その利用の指し止めおよび損害賠償請求を行ったとしても,その訴えが認められることはないであろう。

図10.13のパワーポイントでは教材の解説上必要となる文献を引用して作成したものである。主従の関係を適切に処理しなければならない。

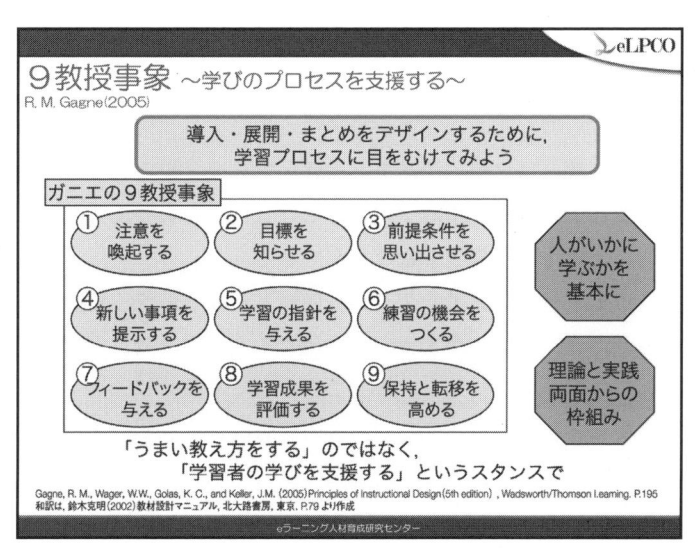

図 10.13

10.4 権利制限規定による著作物の利用

10.4.3 学校などの教育機関における複製

著作権法は，学校その他の教育機関において，特定の範囲内で著作物の複製を認めている。特定の範囲とは下記に挙げる利用範囲である。

(1) 営利を目的としない教育機関による授業であること（第35条1項）

ここでいう教育機関とは，国公私立の小・中・高校・大学や高等専門学校に限らず，公民館や社会教育施設および教員研修施設等の機関も含まれる。したがって，鈴木さんの勤務する大学は第35条1項の適用を受けることになる。

では，株式会社立の大学・大学院はどのような取り扱いになるのであろうか。株式会社は営利活動を目的とする法人であるので，株式会社立の大学も営利目的の大学といえるのだろうか。株式会社立といってもあくまで設立にあたっての出資元が株式会社であるだけであって，営利目的で教育を行っているのではない。したがって，第35条1項の適用を受ける。

一方，予備校や資格試験予備校はどのような取り扱いになるのだろうか。予備校は営利を目的とした教育を行っている。したがって，後藤さんの勤務する進学予備校は第35条1項の適用外となり，予備校の授業では権利制限規定の適用は認められないこととなる。

(2) 授業を担当する者もしくは授業を受講する者による複製であること

授業を担当する教員は，その授業を行ううえで必要となる著作物を適切な範囲内で複製することができる。また，授業を受ける学習者も授業を受けるにあたって必要な範囲内で著作物を複製することができる。

では，教員がティーチングアシスタントにコピーを依頼する場合はどうであろうか。この場合，著作物を利用するのは教員であり，教員の意思により著作物がティーチングアシスタントによって複製されるので，法的にはあくまで教員が法律上の主体となる。したがって，この場合の複製は，権利制限規定の適用を受けることになる。

(3) 当該授業の使用であること

当該授業において著作物を適切な範囲で複製することができる。ここでいう当該授業とは，営利を目的としない教育機関が行う授業であるので，小学校や中学校で行われる課外授業および大学でのゼミなども「授業」に含まれる。

(4) 授業で必要と認められる範囲内での複製であること
　著作物は適切な限度内において複製することができる。適切な限度とは授業で必要となる範囲である。当然ながら，書籍1冊丸ごと複製したり，1冊とはいわずとも必要とされる部分が掲載されている章まるごと複製することは許されない。
　では，部数についてはどうだろうか。当然ながら，学習者が30名のクラスの授業において100部も複製することはできない。多めに複製する場合も著しく著作者の権利を不当に害することとなるからである。

(5) 公表されている著作物であること
　権利制限規定の適用を受けるのは，すでに公表された著作物であることが必要となるので，未公開の著作物は権利制限規定の適用の範囲に入らない。

(6) 著作者の利益を不当に害さないこと
　複製を行う場合は，著作物の種類・用途・複製の部数・態様に照らし，著作物の利益を不当に害してはならない。例えば，以下の例が挙げられる。
①著作物の種類と用途に関して
- 生徒・学生が購入する予定となっていた教科書や参考書をコピーして配布する。
- 本来の授業目的を超えての利用（放送ライブラリー）保存や，授業時間を超えた提示等）。

②複製の部数と態様に関して
- 著作物を複数のクラスで使用することで，結果的に大部数の複製になってしまう場合。
- 書籍をまるごと複製・製本して長期保存できる態様にする。
- 授業のたびに，同一の新聞記事などを継続的に複製する。

慣行のある場合は，著作物を複製する際には，複製物に元となった著作物の出所を明示する必要がある。逆にいえば，慣行があるなしを問わず，出所は明示しておいたほうがよいといえる。また，授業を受ける者が複製する場合は，授業の受ける者が出所の明示をする。

10.4.4 学校その他の教育機関における公衆送信

著作権法第35条2項では，学校などの教育機関は授業において使用する著作物を遠隔地の学生に対して公衆送信することを認めている。これは，授業を行っている教室以外の場所で学習する生徒・学生に対し，授業で提供・提示する著作物を公衆送信し配布することができることを意味している。

だが，この第35条2項により認められる条件はいくつかあり，それらの条件を満たしていない限り，著作物の複製物を公衆送信することは認められない。第35条2項の適用条件は下記になる。

(1) 営利を目的としない教育機関による遠隔授業であること

鈴木さんが勤務する私立大学が公衆送信を行う場合は第35条2項の適用の対象となるが，後藤さんが勤務する進学予備校は適用の対象にはならない。また，非営利である規定は主会場も副会場も同等である。例えば，鈴木さんの大学の授業（主会場）を後藤さんの予備校（副会場）が営利目的で授業を提供する場合は第35条2項の適用を受けない。しかし，鈴木さんの大学が遠隔授業の中継地として，後藤さんの勤務する予備校の施設を借りて授業をする場合は，授業主体が鈴木さんの大学となるので第35条2項の適用を受けることになる（図10.14）。

(2) 主会場にて直接授業を受ける者がいること

主会場では，授業を行う教員と授業を受ける生徒・学生がいなければならない。したがって，主会場がなく授業形態をとっていない場合は適用されない。例えば，鈴木さんの大学に勤務する高橋教授が自分の研究室（主会場）から遠隔地の生徒学生へ送信する場合は，第35条2項の適用を受けることができない。適用を受けるためには，高橋教授は主会場である大学で学生向けに授業を行っていなけれ

図 10.14

図 10.15

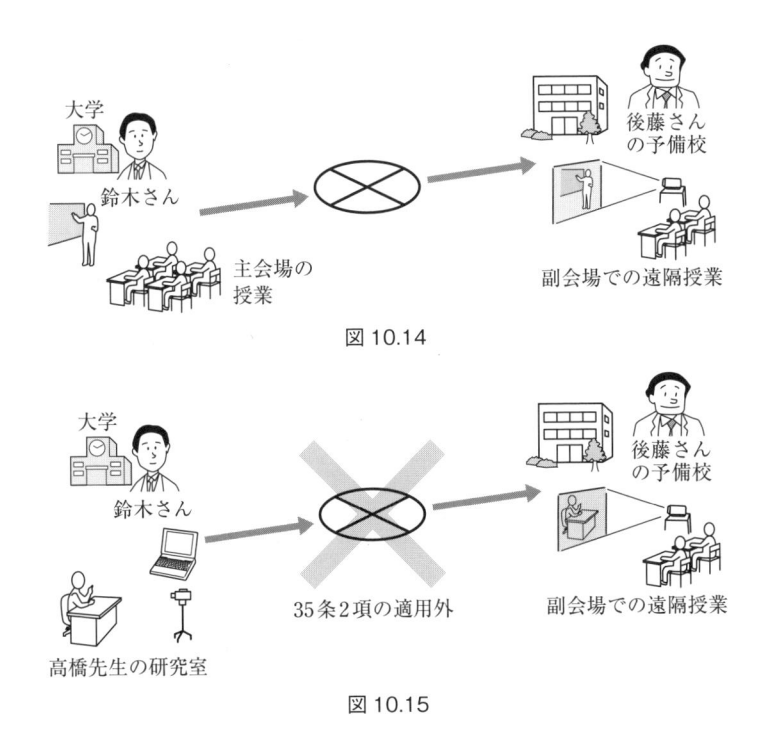

ばならないのである（図 10.15）。

(3) 配信先では授業を受けるもののみが視聴すること

テレビの放送のように，授業を受ける者以外の不特定多数の者が視聴できる形態は第 35 条 2 項の適用を受けることができない。

(4) リアルタイム送信による授業形態であること

これは授業をリアルタイムで受ける者がいなければならない。したがって，以下の場合は適用の除外となる。

①録画してある講義 VTR を配信する授業
② VOD 形式で配信する授業
③授業終了後も著作物を送信可能化（ダウンロードできるように）している

(5) 授業の主会場から送信されていること

主会場から配布される著作物の複製物が対象であって，仮に副会場から配布される場合は適用の対象とはならない。例えば，高橋教授がゼミ形式の授業を行う際に，高橋教授の授業が行われている主会場からゼミ生に対し複製物を提供することはできるが，遠隔地で授業を受けるゼミ生から主会場である高橋教授の授業会場へ複製物を送ることは適用外となる。

(6) 公表されている著作物であること

すでに公表された著作物であることが第35条2項の適用の範囲となる。

(7) 著作権者の利益を不当に害さないこと

著作物の種類・用途・公衆送信の態様に照らして，著作者の利益を不当に害するおそれのある態様は以下になる。
①授業を受ける者以外の者が閲覧できるように公衆送信する
②大教室での授業に相当するような人数への送信
③公衆送信された著作物の二次利用
なお，慣行があるときには「出所の明示」を行う。

10.4.5　ウェブベースでeラーニングを行う際の著作物の複製の問題

先の説明から，ウェブベースでeラーニングを行う際に著作権法第35条2項を考慮に入れて著作物を取り扱う必要がある。第1にVODのような非同期分散型の授業形態では著作物を複製して授業を行うことができないことである。第2にリアルタイムの遠隔授業を行う場合は，前述した各要件を満たしていなければ，著作物を複製して使用することができない。第3に仮に非同期分散型の授業形態であっても著作者および著作権者の許諾を得れば前述した条件を満たさなくても著作物を複製して利用することができる。

10.4.6　試験問題の複製

営利を目的としない教育機関が行う集合型の試験およびインターネットを介し

たオンライン試験においては，試験問題作成のために著作物を複製することができる（第36条）。というのも試験問題は，事前に著作者に許諾を得ることが難しいため，「試験又は検定の目的上必要と認められる限度において」複製することが認められている。しかし，試験における複製においても下記に挙げるように適切な使用を行わなければならない。

- 公表されている著作物であること
- 必要な限度内の複製や送信であること
- 営利目的の場合は著作権者に保証金を支払う
- 著作権者の利益を不当に害さないこと
- 出所の明示を行うこと

この試験問題に関しても，通常の教室で行われる試験およびインターネットに公衆送信する形式での試験に適用される。しかし先の例で述べたように，eラーニングの試験を非同期分散型で行う場合に関しては，著作物を複製して公衆送信することは第36条の適用外となる。

10.5 著作物の利用に関して

著作権法の保護の対象の著作物を複製したり翻案したりする際は，許諾を得る必要がある。もちろん，著作財産権を譲渡してもらえば許諾を得る必要はない。しかしながら，現実の実務においての著作物の利用にあたっては，許諾を得て利用するか，権利制限規定による利用を行うかの選択になるであろう。

10.5.1 著作物利用におけるチェックポイント

では，実際に使用しようとしている著作物をどのように処理すればよいのであろうか。ここでは実際に著作物を利用する際を想定して，いくつかのチェックポイントを挙げてみた。

(1) 著作物であるかのチェックを行う

著作物とは「思想又は感情を創作的に表現したものであって，文芸，学術，美

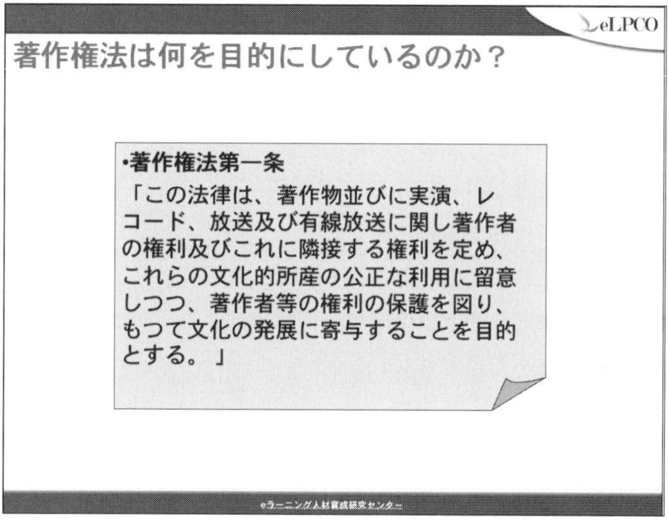
eLPCO
著作権法は何を目的にしているのか？
•著作権法第一条
「この法律は、著作物並びに実演、レコード、放送及び有線放送に関し著作者の権利及びこれに隣接する権利を定め、これらの文化的所産の公正な利用に留意しつつ、著作者等の権利の保護を図り、もつて文化の発展に寄与することを目的とする。」
eラーニング人材育成研究センター

図 10.16　教材コンテンツへの条文の掲載例

術又は音楽の範囲に属するもの」（第 2 条 1 項 1 号）である。単なるアイデアやデータは著作物ではない。また，法律の条文も著作物ではないので，許諾を得ることなく利用することができる。

図 10.16 のパワーポイントでは著作権法の条文を掲載している。条文には著作法の権利が発生しない。したがって，許諾を得ずに掲載することが可能となる。

⑵ 著作権の保護期間のチェックを行う

著作物といえども保護期間が切れていれば，著作者等の許諾を得ることなくその作品を自由に利用することができる。

図 10.17 のパワーポイントは，著作権の保護期間が切れた夏目漱石の「坊っちゃん」の一節を掲載しているものである。

⑶ 権利制限規定の適用を受けるかのチェックを行う

あなたの所属機関が非営利の教育機関であったり，図書館であったり，福祉施設であったりした場合や，著作物の利用を引用の範囲にとどめる場合などは権利

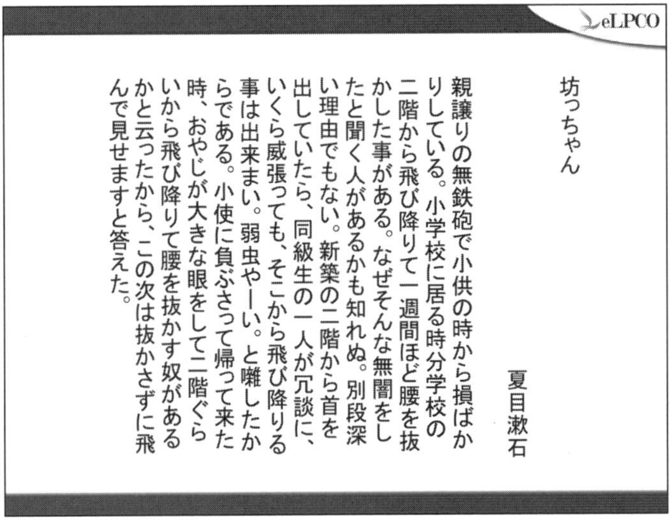

> 坊っちゃん
>
> 夏目漱石
>
> 親譲りの無鉄砲で小供の時から損ばかりしている。小学校に居る時分学校の二階から飛び降りて一週間ほど腰を抜かした事がある。なぜそんな無闇をしたと聞く人があるかも知れぬ。別段深い理由でもない。新築の二階から首を出していたら、同級生の一人が冗談に、いくら威張っても、そこから飛び降りる事は出来まい。弱虫やーい。と囃したからである。小使に負ぶさって帰って来た時、おやじが大きな眼をして二階ぐらいから飛び降りて腰を抜かす奴があるかと云ったから、この次は抜かさずに飛んで見せますと答えた。

図 10.17　著作権が切れた作品の使用例

制限規定の適用を受ける。また，業務ではないが個人的に著作物を楽しむための複製であれば，私的使用のための複製にあたり，権利制限規定が適用され権利者の許諾を得る必要はない。

(1)〜(3) に該当しない場合は，著作物の利用に際し著作者等の許諾を得る必要がある。しかしながら，許諾を得るために「相当な努力」を払って著作権者を探したが著作権者が誰かわからない，著作権者がどこにいるかわからない，著作権の相続者がどこにいるのか，誰なのかわからない場合もあるであろう。そのような場合は，文化庁長官の裁定を受け相当額の保証金を供託することにより，文化庁長官が著作権者に代わって許諾を与えることができる（第 67 条）。

また，裁定申請中の著作物の利用に関しても，文化庁長官に申請している内容での著作物の利用の範囲であれば，裁定の結果を待つことなく著作物の利用ができる（第 67 条の 2）。

10.5.2　事業者主体の違いによる著作物の利用

　前述の議論を基に，著作物の利用における許諾の必要性を表10.1にまとめた。一般著作物の引用に関しては，非営利の教育機関，営利の教育機関，企業内教育に関わらず，許諾を得る必要はないと言える。しかし，一般著作物の複製に関しては，非営利の教育機関のみ条件づきで複製することができるが，その他の機関においては複製は許されない。もし，複製したいのであれば，権利者の許諾が必要となる。一方，政府系機関の報告書や法律の複製は許諾を得ることを必要としない。

表10.1　eラーニングの事業者主体の違いによる著作物の利用表

	一般著作物の引用	一般著作物の複製	政府系機関の報告書・法律の複製
非営利の教育機関	○	○ （諸条件あり）	○
営利の教育機関	○	×	○
企業内教育	○	×	○

○：許諾を得る必要なし　　×：許諾を得なければならない

Column	インターネット環境に対応するための著作法の改正

　eラーニングを運用するうえで重要となる改正著作権法が，2010年1月1日より施行された。この著作権法の改正は以下に挙げる現代的な社会的要請に応じたものである。①著作権上の問題により，諸外国に比べインターネットを利用したコンテンツ・ビジネスが遅れをとっていたこと，②旧著作権法上生じていた障害者の情報格差の問題への対応が必要であったこと，③違法な配信元から複製された著作物の増加への対応が必要であったこと，である。

　①では，著作物の利活用を促進させるために，インターネット上の情報検索のためのキャッシュなどの一時複製（第47条の6），過去の放送番組などを二次利用する場合に著作者の所在が不明である場合の利用（第67条，第67条の2，第103条），国立国会図書館における蔵書資料の電子化（第31条2項）において，著作者の許諾を得ることなくその行為ができるようになった。

　また②では，視覚障害者向けの録音図書作成，聴覚障害者のための映画や放送番組への字幕や手話の付与等を行う場合に著作者の許諾をえることなくその行為が行えるようになった（第

37条3項，第37条の2）。

　さらに③では，海賊版がインターネット販売される場合に，海賊版と知ったうえで購入の申し出をした場合は権利侵害になること（第113条1項2号）。さらに，私的複製は著作権法上許されているが，そうであっても，その複製元のサイトが違法な状態で送信可能化していた場合において，そのコンテンツが違法なものと知りつつダウンロードした場合は，権利侵害行為となることが新設された（第30条1項3号）。

　例えば，企業でeラーニングを運用している田中さんの会社において，講座の担当講師が，人気小説家の作品（著作権保護期間中）を学習資料としてLMSにアップしてしまったとしよう。この場合，受講者はこの小説の著作権が消滅していないことを知りつつダウンロードしてしまった場合は，受講生が権利侵害を犯してしまうことになる。学習資料として小説をLMSにアップしてしまった講座担当講師が権利者から訴えられる可能性があるばかりではなく，講座を受講する受講生にまで影響がでる恐れが生じてしまう。よって講座を運営管理する田中さんは，常に著作権侵害への配慮を怠らないことが必要となる。

10.6　大学・企業におけるeラーニング実践例

10.6.1　eLPCOの著作権に対する実践例

(1)「AGU_ eLPCO著作権ガイドラインβ版」策定の経緯

　eLPCOでは青山学院大学の学内組織である青山学院知的資産連携機構（I-MAG：Intellectual Assets Management of Aoyama Gakuin）と連携して，教材コンテンツの権利処理モデルを開発し，それを元に権利処理のガイドライン（AGU_ eLPCO著作権ガイドラインβ版）を策定し，契約書の締結を行っている。従来型の教材開発では，完成した教材コンテンツを知財担当部署に確認をとる形式が多いが，eLPCOでは知財処理をプロジェクトマネジメントの工程の中に組み込み，教材コンテンツ開発段階において逐次処理していくという教材コンテンツ開発の合理性を追求している。

　本学の著作権に関するポリシーとしては，授業は担当教員の著作物としている。しかし，教材コンテンツの開発にあたっては，インストラクショナルデザイナ，コンテンツスペシャリストなどの専門家が複数名携わる。さらに著作物である教材コンテンツの管理・運営はeLPCOが行うことになる。このように教材コンテ

ンツの開発・運用には複数の関係者が関わることになることを考慮しなければならないので,「AGU_ eLPCO 著作権ガイドライン β 版」の作成にあたっては以下の条件を満たすようにした。それは，①処理の画一化，②現代的教育ニーズ取組支援プログラム（現代 GP）で申請した条件（インターネットを介してオンデマンド配信する）を満たすこと，③教材コンテンツの開発・管理・運用を効率的に行えることである。

(2)「AGU_ eLPCO 著作権ガイドライン β 版」による権利処理の流れ

図 10.18 は，科目担当教員と著作権処理が必要となるソースと，その著作物の利用に対する eLPCO の支援体制を図式化したものである。これにより，著作物の利用において誰と契約を締結するかおよびどのような契約書が必要となるかについて可視化・体系化することができた。

eLPCO では，基本的に科目としての教材コンテンツの著作者を科目担当教員（SME）としており，教材コンテンツの改修，教材の配信，研究や広報活動のための利用などの諸権利について許諾を得ている。一方，教員以外の教材コンテンツ開発に携わった各専門家は eLPCO と雇用関係にあり，eLPCO の発意に基づ

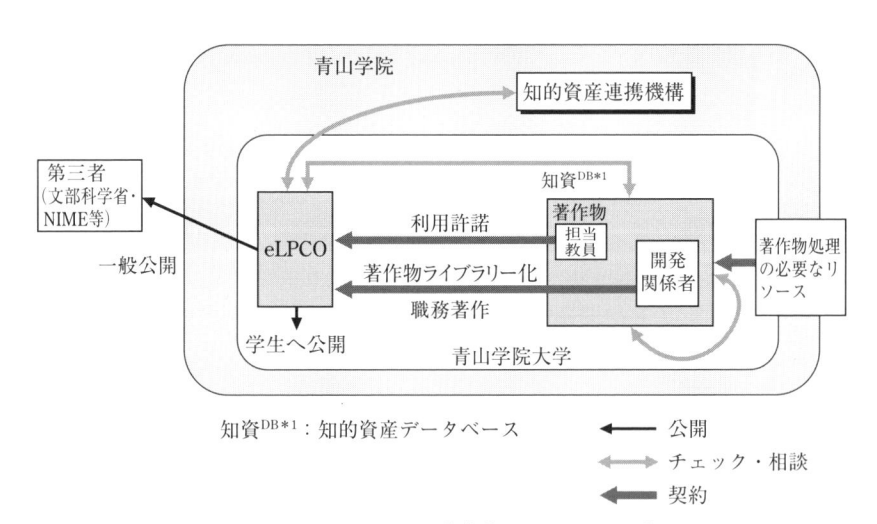

図 10.18　AGU_ eLPCO 著作権ガイドライン β 版

く教材コンテンツの開発であることから職務著作としている。このような処理により，教材コンテンツの改修や利用に関する処理をスムーズに行うことが可能となった。

(3) 知的資産のシステム管理

「AGU_ eLPCO 著作権ガイドライン β 版」では，知的財産データベースに科目情報として，各教材コンテンツのオブジェクトごとに LOM（Learning Object Metadata）を登録することができる。著作権に関する事項を入力し，管理することができる。これにより，教材コンテンツを開発している過程において，eLPCO 知的財産担当者が I-MAG や外部の支援団体と確認を取り合い，著作物の権利処理を行い，適切な権利処理をシステム的に行っている。

10.6.2 明治大学の著作権に対する実践例

明治大学ユビキタス教育では，2006 年後期授業から図書館司書・司書教諭関連の 12 科目を e ラーニング化し，単位認定している。さらに 2009 年度からは，例年夏期に一般向けに開講していた司書講習コースも e ラーニングで行うことになった。この司書関連の科目の e ラーニングコース開発・運用の担当者である宮原俊之氏に，e ラーニングの教材コンテンツ開発における著作権処理への取組みについて聞いてみた。

宮原氏

Q：教材コンテンツ開発時に発生する著作権利の問題はどのように処理されていますか？
宮原：明治大学では問題となる部分はすべて許諾を得るようにしております。これは，許諾を得なくてもよいもの以外の"グレー"のものはすべて許諾を得るようにしています。ですから，公衆送信における引用に関しても，絶対的な確信がないのですべて許諾をとっております。

「すべて許諾を得る」という方針は，先ほども申しましたように，複製に限ら

ず引用に関してでもです。さらに，ウェブサイトのアドレスを掲載する際についても許諾を得ています。

Q：教材コンテンツ作成にあたり，実際の許諾処理の過程はどのようになっているでしょうか？

宮原：まず授業を担当する教員から，教材コンテンツのパワーポイントに掲載する予定の他者が作成した著作物の著作者名，著作物名称，出版社，出典ページなどの情報を「著作物一覧表」（図 10.19）にリストアップしていただきます。その表にリストアップする際に，教員自らが許諾を得るか得ないかの判断を下すのではなく，著作性があると考えられる物はすべて記載していただきます。

教員から記載していただいた情報を元に，担当者がひとつひとつ許諾を取っていきます。この許諾を得る作業は，複製に限らず引用についても行います。もちろん，洋書からの引用の場合は海外の権利者に許諾をとります。さらに万全を期すために，ウェブサイトの URL に関しても許諾を得るようにしています。

明治大学 MEIJI UNIVERSITY

他者著作物申請一覧

科目コード		科目名	児童サービス論	担当教員	阪田蓉子	年月日	

講義	該当資料		掲載方法	出典種別	他者著作物情報						許諾申請	許諾申請	備考
回	スライド	見出し		書籍・WEB	著作者（訳者・執筆者）	著作物名称（およびURL）	版	年	出版社	出典頁	要・不要	可・否	（連絡先等関連情報）
10		1-1.児童サービスの企画・運営(1)	典拠	書籍	辰巳義幸編著	児童サービス論（新現代図書館学講座12）		1998	東京書籍				
10	19	3-1.広報活動（PR）(2)	画像とリンク	web	調布市立図書館	調布市立図書館ホームページより「調布市立図書館 子ども室サービス案内」 https://www.lib.city.chofu.tokyo.jp/kodomoservice.html							
10	35-39	ひとくちコーナー（歴史）～(5)	典拠	書籍	辰巳義幸編著	児童サービス論（新現代図書館学講座12）		1998	東京書籍				
10	39	ひとくちコーナー（歴史）(5)	引用	書籍	日本図書館協会編	『中小都市における公共図書館の運営――中小公共図書館運営基準委員会報告』		1963	日本図書館協会	p.121			
11		2-3.レファレンスサービス(10)	画像とリンク	web	市川市教育センター	市川市教育センターホームページ http://www.ichikawa-school.ed.jp/			市川市教育センター				市川市教育センター ×××氏
11		ひとくちコーナー(2)～(5)	典拠	書籍	辰巳義幸編著	児童サービス論（新現代図書館学講座12）		1998	東京書籍	P.20-23			
11		参考文献	画像	書籍	辰巳義幸編著	児童サービス論		1998	東京書籍				
11		参考文献	画像	書籍	中多泰子編	改訂 児童サービス論		2004	樹村房				

※原文のまま掲載する場合は「引用」，翻訳するなど改変を加える場合は「典拠」と記入します
※ブラウザの画面をキャプチャして，リンクする場合は「画像とリンク」と記入します
※ブラウザの画面をキャプチャして掲載する場合は「画像」と記入します
※テキストにリンクする場合は「リンク」と記入します
※この項目はリエゾンが確認して記入します

出典：
図 10.19　明治大学ユビキタス教育の「著作物一覧表」

Q：見せていただいた「著作物一覧表」には，各回ごとにかなりの量の著作物が記載されていますが，許諾を得る作業は大変煩雑なのではないでしょうか？
宮原：はい，ひとつひとつ許諾を得るということは，我々の労力も必要となりますが，権利を管理する管理団体にとっても事務処理が煩雑になります。その場合，権利を管理する管理団体と年間の利用契約を結ぶことにより，毎回の許諾作業をまとめて行うことも行っております。

　明治大学ユビキタス教育が行っている取組みにより，著作物を利用する大学および教員が安心して著作物を利用することができるといえる。権利問題を未然に防ぐという点でぜひ参考にしていただきたい事例といえる。

10.6.3　サイバー大学における著作権の対応事例

　わが国初の完全インターネット大学であるサイバー大学では，2009年10月までに311科目もの授業をeラーニングによって開講している。授業コンテンツの数でも群を抜いており，業務を円滑に行うためにも著作権への対応は必要不可欠といえる。著作権への対応状況についてサイバー大学コンテンツ制作センター制作部会長の遠藤孝治氏，アシスタント・インストラクショナルデザイナの小池高史氏に話を聞いた。

左：遠藤氏，右：小池氏

Q：サイバー大学における著作権対応の組織構成はどのようになっていますか？
遠藤氏：サイバー大学は，コンテンツ制作センター内に著作権担当者を配置し，教員およびアシスタント・インストラクショナルデザイナ，コンテンツスペシャリストが協働で授業コンテンツを制作するうえで判断に苦慮する問題について，相談窓口を設けています。制作センターの著作権担当者は，サイバー大学の主要株主であるソフトバンク株式会社の法務部などから適宜アドバイスを受けることができる体制を整えており，その判断の質を担保しています。

Q：教員に対しての著作権処理に関するサポートはどのように行っておられますか？

小池氏：サイバー大学は教員に対して，専門家の意見に基づいて作成された「著作権ガイドライン」という小冊子を配布しています。さらに，授業コンテンツを収録する前に「パワーポイント作成ガイド」を配布し，より実務レベルの著作権処理方法について情報提供を行っています。特に，引用に関するガイドラインは，様々なケースにおける対応方針を「著作権事例集」としてまとめ，その知識を習得したアシスタントインストラクショナルデザイナが教員に助言をしています。

また，授業コンテンツ制作時の著作権問題もさることながら，授業運営時の著作権問題もあります。例えば，学生が提出したレポートにおいて権利侵害を起こしてしまうケースも想定されます。そのような問題が起きないように，教員との協力体制の下，適切な著作権処理を心がけています。

サイバー大学コンテンツ制作センターでは，すべての授業をeラーニングで実践していることから，著作権処理が多量に発生する。その業務を遂行するために，教員の授業コンテンツ制作時と運用時における支援体制を整備している。さらに，外部の専門家から適切なアドバイスを受けることにより，通常の業務を下支えする体制を敷いている。日本初の完全インターネット大学としてのサイバー大学の取組みは，先駆者としてひとつのモデルになっているといえるであろう。

◎注
1) 著作者であることを，広知するために，著作物を文化庁に登録することもできる。しかし，その登録をもって著作権が発生するわけではない。
2) 一方，特許法は**先願主義**と**方式主義**をとっている。先願主義とは先に特許出願したときに権利が付与されることを意味する。方式主義とは審査・登録の手続きを経なければ権利付与されないことを意味している。
3) 団体名義の著作権は平成15年の著作権法改正（平成16年1月1日施行）により保護期間が70年になった。それまでの保護期間は50年であった。
4) 職務著作とは，「法人その他使用者の発意に基づきその法人等の業務に従事する者が職務上作成する著作物」のことであり，法人等の名義で公表する著作物においては，「別段の定めがない限り」著作者はその法人等となる（第15条）。

5) 著作権が切れた作品の利用例として挙げられるのが「青空文庫」の例であろう。青空文庫では著作権の保護期間が切れた小説をウェブに掲載し，閲覧者が無料で作品を読むことができるようにし，そこでの広告収入を得ている。http://www.aozora.gr.jp/
6) この二次的著作物とは「著作物を翻訳し，編曲し，若しくは変形し，又は脚色し，映画化し，その他翻案することにより創作した著作物」（第2条1項11号）のことをいう。したがって，翻訳したり翻案（改変）した著作物のことを二次的著作物という。例えば，eラーニングの教材コンテンツ用にコンテンツの設計段階から開発した著作物は，二次的著作物ではない。一方，教科書をコンテンツ化した場合は二次的著作物に該当する。この場合，原作は教科書であり，教材コンテンツは二次的著作物となる。著作権法第28条では，「二次的著作物の利用に関して，当該二次的著作物の著作者が有するものと同一の種類の権利を専有する」ことを明示している。したがって二次的著作物の場合は，二次的著作物の氏名表示権への対応のみならず，原作者の氏名表示権に対しての適切な対応を行わなければならない。
7) ここでいう著作権者とは，著作人格権をもつ著作者と著作財産権をもつ著作権者の両方を意味している。
8) 最高裁判例 平成13年6月28日「江差追分」事件
9) もちろん著作権が存在しない情報や表現については，引用の要件を守る必要もなく自由利用することができる。
10) 最高裁判例 昭和55年3月28日「パロディモンタージュ写真」事件（第一次上告審）

◎**参考文献**
[1] 青山善充・菅野和夫編（2008）『判例六法』有斐閣．
[2] 小泉直樹・高林竜・井上由里子・佐藤恵太・駒田泰士・島並良編著（2006）『ケースブック知的財産権法』弘文堂．
[3] 合田美子・竹田由美子（2006）「大学におけるeラーニング著作権処理ガイドライン作成中間報告」『日本知財学会年次学術研究発表会講演要項集』第4巻，pp.524-517．
[4] 作花文雄著（2008）『著作権法 制度と政策 第3版』発明協会．
[5] 作花文雄著（2008）『著作権法 基礎と応用』発明協会．
[6] 著作権法第35条ガイドライン協議会（2004）「学校その他の教育機関における著作物の複製に関する著作権法第35条ガイドライン」http://www.pressnet.or.jp/info/seimei/35-guideline.pdf（2010年2月28日確認）．
[7] 独立行政法人メディア教育開発センター編（2007）「著作権法の基礎知識—ICT活用教育関係者が知っておきたい著作権—」http://deneb.code.u-air.ac.jp/PDF/ci-base.pdf（2010年2月28日確認）．
[8] 文化庁長官官房著作権課編（2008）「著作権テキスト 〜初めて学ぶ人のために〜」文化庁 http://www.bunka.go.jp/chosakuken/pdf/chosaku_text.pdf（2010年2月28日確認）．
[9] 文化庁（2009）「平成21年通常国会著作権法改正等について」http://www.bunka.go.jp/chosakuken/21_houkaisei.html（2010年2月28日確認）．

第11章 eラーニングと個人情報保護法

> **本章の学習目標**
> - eラーニングを運用するうえで重要となる個人情報保護法における配慮すべき点を列挙できる。
> - eラーニングを運用するうえで必要となるプロバイダ責任制限法への対応事項について説明できる。

11.1 個人情報保護法

11.1.1 個人情報保護法の概要

受講生の氏名・メールアドレス・住所・成績・学習履歴といった個人情報を扱うことの多いeラーニングにおいては，個人情報保護法についてもきちんと理解したうえで業務を行う必要がある。

そもそも，個人情報保護法とはどのような法律なのだろうか。

個人情報保護法とは，正式名「個人情報の保護に関する法律」のことをいう。そして，法律の目的は次のように定められている。

> 第1条　目的
> この法律は，高度情報通信社会の進展に伴い個人情報の利用が著しく拡大していることにかんがみ，個人情報の適正な取扱いに関し，基本理念及び政府による基本方針の作成その他の個人情報の保護に関する施策の基本となる事項を定め，国及び地方公共団体の責務等を明らかにするとともに，個人情報を取り扱う事業者の遵守すべき義務等を定めることにより，個人情報の有用性に配慮しつつ，個人の権利利益を保護することを目的とする。

つまり個人情報保護法とは，個人の権利と利益の保護を目的に，個人情報を取得して取り扱う事業者の義務と対応を定めた法律である。

個人情報保護法は，以下の4つのポイントがある。

①**個人情報取扱事業者**に，**個人情報の安全な管理のために必要な措置を取ること**を義務づけるということ。

②**個人情報取扱事業者**が本人の同意を得ずに**個人情報を第三者に提供することを原則的に禁止する**ということ。

③**個人情報取扱事業者**が本人の求めに応じて，**保有する個人情報を開示，訂正，利用停止する**ことを義務づけるということ。

④違反した場合の罰則は，6ヶ月以下の懲役または30万円以下の罰金の支払いを義務づけるということ。そして，その場合は両罰規定として，違反した個人だけではなく，その個人が属している企業も処罰の対象となる。

本章では，eラーニングに関係する個人情報保護法の問題について，以下の4点を中心に学んでいく。

- 個人情報とは何か
- 個人情報法の対象となるのは誰か
- 個人情報取扱事業者の義務とは何か
- 個人情報とプライバシー情報の違いは何か

11.1.2 個人情報とは何か

では，個人情報保護法で保護の対象となる個人情報とはどのようなものであろうか。

> 第2条1項
> この法律において「個人情報」とは，生存する個人に関する情報であって，当該情報に含まれる氏名，生年月日その他の記述等により特定の個人を識別することができるもの（他の情報と容易に照合することができ，それにより特定の個人を識別することができることとなるものを含む。）をいう。

個人情報には，**生存する個人の氏名，生年月日その他の記述等によって特定の個人を識別することができるもの**に加えて，他の情報と**容易に照合することができることにより，特定の個人を識別することができる情報**も含まれる。したがって，受講者の情報で氏名がなくても，学籍番号やメールアドレスなども個人情報となるということである。

また生存する個人とあるが，すでに亡くなられた方の情報であれば個人情報として全く保護しなくてもよいということではない。故人の情報は，住所等遺族の個人情報と関係することが大いにある。その場合には，生存する個人の情報となる点について，注意することが必要である。

さらに，外国に移住している外国人の個人情報についても，個人情報保護法の対象となる。したがって，外国から外国籍の受講生がeラーニングで学習を行っている場合には，それらの受講生の情報も同様に個人情報保護法の保護対象となる。

具体的には，経済産業省が策定した「個人情報の保護に関する法律についての経済産業分野を対象とするガイドライン」[1]において，以下のような事例が個人情報に該当すると例示されている。

個人情報に該当する事例

事例1) 本人の氏名

事例2) 生年月日，連絡先（住所・居所・電話番号），会社における職位又は所属に関する情報について，それらと本人の氏名を組み合わせた情報

事例3) 防犯カメラに記録された情報等本人が判別できる映像情報

事例4) 特定の個人を識別できるメールアドレス情報（keizai_ichiro@meti.go.jp 等のようにメールアドレスだけの情報の場合であっても，日本の政府機関である経済産業省に所属するケイザイイチローのメールアドレスであることがわかるような場合等）

事例5) 特定個人を識別できる情報が記述されていなくても，周知の情報を補って認識することにより特定の個人を識別できる情報

事例6）雇用管理情報（会社が社員を評価した情報を含む。）
事例7）個人情報を取得後に当該情報に付加された個人に関する情報（取得時に生存する特定の個人を識別することができなかったとしても，取得後，新たな情報が付加され，又は照合された結果，生存する特定の個人を識別できた場合は，その時点で個人情報となる。）
事例8）官報，電話帳，職員録等に公表されている情報

また，個人情報保護法では，個人情報に関連して「個人情報データベース」についても定義されている。

第2条2項
この法律において「個人情報データベース等」とは，個人情報を含む情報の集合物であって，次に掲げるものをいう。
　一　特定の個人情報を電子計算機を用いて検索することができるように体系的に構成したもの
　二　前号に掲げるもののほか，特定の個人情報を容易に検索することができるように体系的に構成したものとして政令で定めるもの

つまり，個人情報データベースとは，個人情報を含むコンピュータ等で容易に検索できるデータベース，目次や索引等によって体系的に整理された紙のデータベースのことをいう。

コンピュータに記録された電子的記録に限定されず，紙媒体であってもデータベースとなることに注意しなければならないであろう。

具体的には，前述の経産省のガイドラインにて，以下のような事例がデータベースに該当するとして例示されている。

個人情報データベース等に該当する事例
事例1）電子メールソフトに保管されているメールアドレス帳
事例2）ユーザIDとユーザが利用した取引についてのログ情報が保

　　　　管されている電子ファイル
　　事例3）従業者が，名刺の情報を業務用パソコン（所有者を問わない。）
　　　　の表計算ソフト等を用いて入力・整理し，他の従業者等によって
　　　　も検索できる状態にしている場合
　　事例4）人材派遣会社が登録カードを，氏名の五十音順に整理し，五十音
　　　　順のインデックスを付してファイルしている場合
　　事例5）氏名，住所，企業別に分類整理されている市販の人名録

　このようなケースは，それらが個人の情報の検索が容易にできて，他者によっても容易に検索可能な状態におかれているかという基準を満たしているため，個人情報データベースに該当することになる。
　したがって，受講生の受講申込書をまとめたファイルを他人が自由に検索できる状況においていても，他人には容易にわからない独自の分類方法により分類した状態である場合には，それは個人情報データベースとはいえない。また，アンケートが，氏名，住所等で分類整理されていない状態である場合なども，個人情報データベースには該当しない。

11.1.3　個人情報保護法の対象となるのは誰か
　個人情報保護法の保護対象である個人情報および個人情報データベースについては学んだが，個人情報保護法を守らなければならないのは誰なのであろうか。
　個人情報保護法では，個人情報取扱事業者に個人情報保護法上の義務を貸している。

第2条3項
この法律において「個人情報取扱事業者」とは，個人情報データベース等を事業の用に供している者をいう。ただし，次に掲げる者を除く。
　一　国の機関
　二　地方公共団体
　三　独立行政法人等（独立行政法人等の保有する個人情報の保護に関する

> 法律（平成十五年法律第五十九号）第二条第一項に規定する独立行政法人等をいう。以下同じ。）
> 　四　地方独立行政法人（地方独立行政法人法（平成十五年法律第百十八号）第二条第一項に規定する地方独立行政法人をいう。以下同じ。）
> 　五　その取り扱う個人情報の量及び利用方法からみて個人の権利利益を害するおそれが少ないものとして政令で定める者

個人情報取扱事業者とは，**個人情報データベース等を事業で用いている者**のことである。個人情報データベース等を事業で用いている場合には，**個人も含まれる**ことになる。

また，事業で用いるということについては，同ガイドラインにおいて「一定の目的を持って反復継続して遂行される同種の行為であって，かつ一般社会通念上事業と認められるものをいい，営利事業のみを対象とするものではない。」とあるように，営利目的の事業でなくても個人情報取扱事業者に該当する可能性がある点には注意が必要である。

個人情報取扱事業者については，国の機関，地方自治体，独立行政法人に加え，個人情報の量および利用方法から見て，個人の権利利益を害する恐れが少ないものとして政令で定めるもの，要するに扱う個人情報が少ない場合には，個人情報取扱事業者には該当しないとされている。

> 個人情報の保護に関する法律施行令政令第2条
> 法第2条第3項第5号の政令で定める者は，その事業の用に供する個人情報データベース等を構成する個人情報によって識別される特定の個人の数（当該個人情報データベース等の全部又は一部が他人の作成に係る個人情報データベース等であって次の各号のいずれかに該当するものを編集し，又は加工することなくその事業の用に供するときは，当該個人情報データベース等の全部又は一部を構成する個人情報によって識別される特定の個人の数を除く。）の合計が過去6ヶ月以内のいずれの日においても5000を超えない者とする。
> 　一　個人情報として次に掲げるもののみが含まれるもの

> イ　氏名
> ロ　住所又は居所（地図上又は電子計算機の映像画面上において住所又は居所の所在の場所を示す表示を含む。）
> ハ　電話番号
> ニ　不特定かつ多数の者に販売することを目的として発行され，かつ，不特定かつ多数の者により随時に購入することができるもの又はできたもの

具体的には，過去6ヶ月間継続して，同一個人の重複分は除いて5,000人以下のデータしか有していないのならば，個人情報取扱事業者には概要しないということになる。

また，個人情報データベース等が以下のすべてに該当する場合にも，「特定の個人の数」には参入しないことになる。

- 個人情報データベース等の全部または一部が他人の作成によるもの。
- その個人情報データベース等を構成する個人情報として氏名，住所（居所を含み，地図上またはコンピュータの映像面上において住所または居所の所在場所を示す表示を含む）または電話番号のみを含んでいる。
- その個人情報データベース等について，新たに個人情報を加え識別される特定の個人を増やしたり，他の個人情報を付加したりして，個人情報データベース等そのものを変更するようなことをせずに，その事業の用に供している。

ただし実際には，「特定の個人の数」の算入については，従業員なども含まれるため，ほとんどの企業が5,000人以上の個人情報データベースを扱っており，個人情報取扱事業者となる。

また，コンピュータ上と紙媒体の両方で異なる個人情報データベースを管理している場合には，両方の個人情報の総和によって判断する（同一個人の重複分は除く）。

11.1.4　個人情報取扱事業者の義務とは何か

個人情報取扱事業者には，以下5つの義務が課せられている。

(1) 利用目的の特定・制限（第15条，第16条）
(2) 適正な取得（第17条）
(3) 取得に際しての利用目的の通知（第18条）
(4) 安全管理措置（第20条）
(5) 第三者提供の制限（第23条）

(1) 利用目的の特定・制限（第15条，第16条）

　これは個人情報を，利用目的を超えて取り扱うことは原則的に禁止されているということを意味している。したがって，利用目的をできるだけ特定し，その範囲内で利用する必要がある。

　ただし，具体的な利用目的を全部記載することは困難なので，そこまでする必要はないが，あいまいな表現であってはならない。

　例えば，eラーニングの受講生から個人情報を取得する際には，その利用目的を明示する必要がある。「当社の事業活動」，「サービスの向上」といった表現は，特定したことにはならない。よって「eラーニング関連資料の発送」，「新規サービス情報のお知らせ」，「関連するアフターサービス」というように，具体的に明示する必要がある。このように利用目的を特定した場合には，それ以外の用途での利用は認められない。例えば，eラーニングのために収集した個人情報を利用して，自社製品の販売促進のためにカタログと商品購入申込書を送る場合は，利用目的外となる。したがって，あらかじめ本人の同意を得なければならない。同意を得るために個人情報を利用する行為については，当初の利用目的として特定した項目に入っていない場合でも，目的外利用には該当しない。

　さらに，個人情報取扱事業者が，合併，分社化，営業譲渡等を通じて他の個人情報取扱事業者から個人情報を取得した場合に，個人情報に関して承継前の利用目的の達成に必要な範囲内で個人情報を取り扱う場合は，目的外利用にはならないため，こちらも改めて本人の同意を得る必要はない。

　なお，あらかじめ個人情報を第三者に提供することを想定している場合には，利用目的においてその旨特定しておく必要がある。

(2) 適正な取得（第17条）

　適正な取得というのは，違法な方法で個人情報を入手してはいけないということである。当然のことだが，偽りや不正によって個人情報を取得することは認められない。

　親の同意がなく，十分な判断能力を有していない子供から家族の個人情報を取得する場合も違法な取得に該当することになるので，eラーニングの場合には受講生の個人情報を取得する際に注意が必要な場合がある。

(3) 利用目的の通知（第18条）

　個人情報取扱事業者は，個人情報の取得の際に，利用目的を明示する義務がある。また通知・公表の方法も，本人に内容が認識される合理的かつ適切な方法による必要がある。口頭で通知することによって，誤認が生じることを避けるために，文書を渡してサインをしてもらうなどの処置をとることが必要になる。

　ネットで個人情報を取得する際にも，本人が送信ボタン等をクリックする前にその利用目的が配置されていること，利用目的が記載されたページに1クリック程度の操作でたどりつけるように配置されていることなどが必要となる。

　個人情報の利用目的の一番下までスクロールしないと，同意が押せないようなシステムを見たことがあるであろう。これが必ず要求されているわけではないが，合理的かつ適切な方法として，このような手段をとっているという例もある。

　ずっと奥の階層にいかなければ利用目的が記載されていないといった構成では，利用目的を通知したことにはならないので注意が必要であろう。

(4) 安全管理措置（第20条）

　個人情報取扱事業者は，個人情報の安全な管理のために必要かつ適切な措置を取る必要がある。

　安全管理措置は，**組織的**，**人的**，**物理的**および**技術的**に講じなければならない。これらについても，経済産業省のガイドラインとして具体的に規定されている。

組織的安全管理措置
①個人データの安全管理措置を講じるための組織体制の整備
②個人データの安全管理措置を定める規程等の整備と規程等に従った運用
③個人データの取扱状況を一覧できる手段の整備
④個人データの安全管理措置の評価，見直し及び改善
⑤事故又は違反への対処

　これらは，個人情報取扱事業者としての企業が従業者に対して，どのような措置を講じているか，という観点から求められている安全管理措置である。組織的安全管理措置として，具体的には安全管理について従業者の責任と権限を明確に定め，安全管理に対する規程や手順書を整備運用し，その実施状況を確認することが求められている。安全管理に対する規則には，（ⅰ）取得・入力，（ⅱ）移送・送信，（ⅲ）利用・加工，（ⅳ）保管・バックアップ，（ⅴ）消去・廃棄という，個人データ[2]の取り扱いの流れに従い，そのそれぞれにつき記載することが望ましいとされている。

人的安全管理措置
①雇用及び契約時における非開示契約の締結
②従業者に対する教育・訓練の実施

　人的な安全管理措置としては，従業者に対する業務上秘密と指定された個人データの非開示契約の締結や教育・訓練などを行うことをいう。雇用契約または委託契約等における非開示条項については，契約終了後も一定期間有効であるようにすることが望ましいとされている。

物理的安全管理措置
①入退館（室）管理の実施
②盗難等に対する対策
③機器・装置等の物理的な保護

物理的安全管理措置とは，入退館（室）の管理，個人データの盗難の防止等の措置等，個人データが保存されている機器等が適切に管理されることを求めているといえる。

技術的安全管理措置
①個人データへのアクセスにおける識別と認証
②個人データへのアクセス制御
③個人データへのアクセス権限の管理
④個人データのアクセスの記録
⑤個人データを取り扱う情報システムに対する不正ソフトウェア対策
⑥個人データの移送・通信時の対策
⑦個人データを取り扱う情報システムの動作確認時の対策
⑧個人データを取り扱う情報システムの監視

技術的安全管理措置とは，個人データおよびそれを取り扱う情報システムへのアクセス制御，不正ソフトウェア対策，情報システムの監視等，個人データに対する技術的な安全管理措置のことをいう。つまり，個人データそのものに対する適切な管理方法が求められているといえる。

(5) 第三者提供の制限（第23条）
　個人情報取扱事業者は，あらかじめ本人の同意を得なければ，個人データを第三者に提供することはできないとされている。
　例えば，プレゼントへの応募などをする際に配送業者に個人情報を提供することがある，といった注意書きがあったうえで，登録フォームに記載するような場合を目にしていることがあるかもしれないが，これは第三者への提供が制限されていることによるものである。
　また，第三者に個人情報を提供した個人情報取扱事業者は，個人情報の安全管理がはかられるよう，委託を受けた者に対する必要かつ適切な監督を行わなければならないとされている（第22条）。

11.1.5 個人情報の開示請求

個人情報取扱事業者は，本人から情報の開示を求められたときは，遅滞なく開示しなければならないという義務がある（第25条）。

eラーニングを業務として行ううえで，成績をつけたり，単位を与えたり，または資格を与えるようなことがあるであろう。その際に，受講生から自分の成績に関しての開示の請求がくることがあるかもしれない。この場合，成績は個人情報となるが，成績をつけるための採点基準や配点はeラーニング事業者もしくは教員が作成したものであり，個人情報ではない。したがって，成績については個人情報の開示請求の対象となるが，成績をつけるための採点基準や配点は対象とはならないことに注意しなければならない。

また開示請求に加えて，本人から個人情報の訂正，追加，削除を求められた場合にも個人情報取扱事業者は，利用目的の達成に必要な範囲内において，遅滞なく必要な調査を行い，個人データの内容の訂正等を行う義務がある（第26条）。

11.1.6 個人情報とプライバシー情報

これまで個人情報について学んできたが，プライバシー情報というものも耳にしたことがあると思う。**個人情報**と**プライバシー情報**とは，違うものなのだろうか。

「プライバシー情報とは，個人の私生活上の事実であって，社会一般に知られていないもの，一般の人なら公開を望まない内容の情報のこと」。

したがって，個人情報とプライバシー情報は別の概念である。例えば，名前は個人情報だがプライバシー情報ではない。また，個人情報と違って，プライバシーを直接保護する法律はなく，判例上認められた権利であることにも注意しなければならない。

個人情報保護法は，管理されている個人データを保護するため個人情報取扱事業者が対象であるのに対して，プライバシーは誰もが侵害者となりうるという違いがある。

ただし，個人情報とプライバシーは大部分において保護の対象が重なり合っているため，eラーニングの業務においては個人情報かプライバシー情報かに関わ

らず，学習者自身に関する情報であれば，事前に利用方法を特定したものを明示したうえで，同意のうえ取得する必要がある。

　具体的には，個人情報を取得，利用する主体の名称と情報の利用目的について具体的に明示すること，第三者に個人情報を提供する可能性がある場合には，その提供先も明示することが義務づけられるということになる。さらに，個人情報の利用に関する表示を認識しやすいところに掲載する。同意や許諾の取り方については，インターネットを利用する場合には，明確に同意を得たうえで契約できるようなウェブサイトを構築するといった注意を怠らないことが求められる。

11.1.7　eラーニング実施における個人情報保護法への実際的配慮

　eラーニングを行う際には，コース開講前，開講中，終了後の3つの段階で個人情報を取り扱うことになる。「開講前」に考慮しなければならない点としては，コース受講の申し込みの際の個人情報の収集が挙げられる。個人情報を収集する際には，利用目的を特定し，それらを本人の認識できるように通知し，同意を得たうえで情報を取得する必要がある。また，第三者に提供する場合には，事前にそれらを告知しておかなければならない。

　「開講中」に考慮しなければならない点としては，学習支援としての受講生が提出した課題や質問，掲示板の管理である。受講生からの質問が他の受講生にも役に立つ場合など，学習支援の課程で参照したいと考える場面が出てくるかもしれない。その場合は，質問者の氏名を出さないことはもちろん，質問者の個人情報が特定されないように編集をするなどして利用することが必要となる。また，そのような利用が想定される場合には，あらかじめ個人情報取得の際に，それらの利用目的を特定しておくことが必要である。さらに，受講生からの質問やアンケートの自由記述には著作権が発生するので，あらかじめ質問やアンケートを利用する可能性がある旨伝えたうえで，利用の際にそのつど許諾を得なくても，利用および編集ができる旨許諾を得ておく必要がある。

　「終了後」に注意しなければならない点は，成績等の個人情報の開示とそれらを用いた分析や評価についてである。成績は個人情報に該当する。合格か不合格だけではなく，得点を知りたいといったような要望があった場合には，個人情報

を開示する必要がある。ただし採点基準については，個人情報には該当しないため開示する必要はない。また，受講生の成績や質問やアンケート，また学習記録のような個人情報を用いて，コースを分析したり評価したりする場合，開講中と同様に個人情報および著作物の利用の問題が生じることになるので，その点に留意することが必要である。

なお，個人情報の管理については，開講前，開講中，終了後の全体を通して，人的・組織的・物理的・技術的な安全管理措置が求められる。

11.2 大学におけるeラーニング実践例

11.2.1 ビジネス・ブレークスルー大学院大学の事例

ビジネス・ブレークスルー大学院大学（以下：BBT大学院）は構造改革特区により設立された株式会社立専門職大学院大学であり，講義・学習は，ブロードバンド放送（VOD方式）およびCS放送と，インターネットを通じて約5,000時間以上の授業の配信が行われている。講義のシラバス，教材のダウンロード，オンラインテスト，小論文の提出，視聴認証（出欠確認）などは，独自開発したLMSを介して行われている。今回は代表取締役副社長の伊藤泰史氏とシステム開発マネージャーの加地正典氏に，BBT大学院大学における個人情報保護に対する取組みについてお話をうかがった。

左：加地氏，右：伊藤氏

Q：個人情報の取り扱いについてどのような取組みを行っていますか？
伊藤氏：法令遵守の観点から，個人情報保護法の規定に則り，適切に処理しています。とはいえ，ビジネス系のプロフェッショナルスクールという性質上，様々なフィールドで業務に従事している学生が，経済動向・新規市場やIPOについてオンラインのみならずオフラインの場で議論することは，非常に有益なことで

あるといえます。したがって，本大学院では学生同士が活発に交流できるための環境整備に力を入れております。

加地氏：それを可能とするために，学生自身が自分の情報（名前，勤務先，電話番号，メールアドレスなど）をどこまで公開するかを自分で決めることができるようにしております。このことにより，積極的に他の学生との交流を望んでいる学生の要望を満たすことができているといえます。さらに，安全を担保するために学生の全員と機密保持契約を行い，個人情報保護の対策を徹底しております。

11.3　eラーニングとプロバイダ責任制限法

11.3.1　プロバイダ責任制限法とは

eラーニングでは，受講生用の掲示板やSNSの管理など，プロバイダ責任制限法と関連する業務が発生することがあり，プロバイダ責任制限法についてもきちんと理解したうえで業務を行う必要がある。

そもそもプロバイダ責任制限法とは，どういった法律なのだろうか。

プロバイダ責任制限法は，正式名「**特定電気通信役務提供者の損害賠償責任の制限及び発信者情報の開示に関する法律**」という法律の略称であり，「プロバイダ責任法」とも呼ばれることがある。法律の名前は非常に長いプロバイダ責任制限法であるが，実は条文は4条しかないとてもシンプルな法律である。

そして，この法律の目的については，第1条において規定されている。

第1条
この法律は，**特定電気通信**による情報の流通によって権利の侵害があった場合について，**特定電気通信役務提供者**の損害賠償責任の制限及び発信者情報の開示を請求する権利につき定めるものとする。

要するに，プロバイダ責任制限法は，プロバイダの責任の制限と被害者が有する発信者情報の開示請求について規定する法律である。

11.3.2 プロバイダ責任制限法成立の背景

なぜ，プロバイダ責任制限法が規定されるようになったのだろうか。プロバイダ責任制限法の成立の背景を確認してみよう。

インターネット上で名誉毀損，著作権侵害，プライバシーの侵害があった場合，情報の削除をするためには侵害行為を行っている侵害者に直接連絡を取る必要がある。

ただし，インターネットを通じた名誉毀損，著作権侵害，プライバシーの侵害に関しては，侵害行為者と直接連絡を取るのは難しかったり，侵害者が削除の要請に応えるとは限らないという事情がある。

具体的には，実際に目の前でもしくは知人を介して，自分のプライベートな情報を誰かが曝露している場合には，直接そのような行為をやめるように相手に伝えることができる。

インターネット出現前の世界では，一般の人のプライベートな内容が，世間に広まることは非常にまれだったが，インターネットが広まった後は，掲示板などで名誉毀損やプラベートな情報が流通してしまうことが多発している。

このような場合は，身近に情報の発信者がいないので，それらの行為をやめさせることが非常に困難である。

インターネットは，発信者が有名人か否か，社会的影響力があるかないかに限らず，誰でも世界に向けて情報を発信することを可能としたが，同時に，流通されたくない情報も，一瞬にして世界中に公開されてしまうというデメリットもある。それらの問題を解決するために，プロバイダ責任制限法がある。そのため，プロバイダ責任制限法は，侵害行為者と連絡を取ることが難しい場合，また侵害者がなかなか情報を削除しない場合に可能な行為を規定し，さらにそれらの行為の責任を免れる場合について規定している。

では，プロバイダ責任制限法を適用すると，このような場合に何ができるのだろうか。

プロバイダ責任制限法は，プロバイダに対してウェブへの書込みの削除や，発信者の情報開示を求めることができるよう規定している。

侵害行為者に直接連絡を取ることができなくても，プロバイダが情報を削除で

きるようにすることで，情報の流通を食い止めることができる。

また，発信者情報の開示を受けることで，侵害行為者に情報の削除や損害賠償などを直接求めることができるようになる。

そもそも，なぜプロバイダ責任制限法が必要なのだろうか。他人の著作物を勝手にインターネットで発表したり，他人の名誉を毀損するようなことやプライベートな情報を公開したりした場合に，プロバイダがそれらの情報を削除することは，みんなのために良いことなのではないかと思うかもしれない。

しかし，インターネット上で情報を公開することは，表現の自由や著作権，そして個人情報保護とも深く関わっているため，プロバイダが勝手にそれらの情報を削除することが，同時に情報発信者の権利を侵害してしまう可能性がある。

したがって，プロバイダ責任制限法では，プロバイダが情報の削除を行ったり，発信者情報を開示したりすることを認めることを明示しているのである。

11.3.3　プロバイダ責任制限法の対象

プロバイダ責任制限法の目的や趣旨を理解したうえで，次にプロバイダ責任制限法の対象について解説していくこととする。

法律では，カタカナや英語を使わないという習慣があったため，通常使用している言葉を非常に難しい日本語で表現している。具体的にはどういう意味なのか，確認していく必要がある。

プロバイダ責任制限法の目的で確認したとおり，プロバイダ責任制限法は**特定電気通信**による権利の侵害に対して，**特定電気通信役務提供者**の損害賠償責任の**制限**と**発信者情報の開示**を請求する権利につき定めたものである。

まず，特定電気通信とは何なのだろうか。

> 第2条1項　特定電気通信
> 不特定の者によって受信されることを目的とする電気通信（電気通信事業法（昭和五十九年法律第八十六号）第二条第一号に規定する電気通信をいう。以下この号において同じ。）の送信（公衆によって直接受信されることを目的とする電気通信の送信を除く。）をいう。

特定電気通信つまり，不特定の者によって受信されることを目的とする電気通信の送信のことをいう。

具体的にはウェブページ，BBSのような電子掲示板や，wiki，SNS，コメント欄のあるブログなどがこれに該当する。

また放送については，他の法律で規制されることからプロバイダ責任制限法の対象外である。

そして同じ通信でも電子メールは，特定の相手を対象とするため同様に対象外となる。

誰でも受信できる通信であることが特定電気通信のポイントである。

次に，特定電気通信役務提供者とは何なのだろうか。

第2条3項　特定電気通信役務提供者
特定電気通信設備を用いて他人の通信を媒介し，その他特定電気通信設備を他人の通信の用に供する者をいう。

要するに，特定電気通信役務提供者とは，インターネットサービスプロバイダ（ISP）やBBSの管理者などを指す。ただし注意すべきなのは，個人であっても特定電気通信役務提供者になるという点である。したがって，個人であっても掲示板を管理したり，コメント欄のあるブログを管理したりしている場合には，特定電気通信役務提供者に該当することになる。

eラーニングにおいても，受講生のために掲示板やSNSを設置することがあるため，特定電気通信役務提供者に該当する場合がある。

特定電気通信役務提供者と情報の提供者とは必ずしも同一とは限らない。情報の提供者，つまり掲示板などに情報を投稿する人については，法律がどのように規定しているのであろうか。

第2条4項　発信者
特定電気通信役務提供者の用いる特定電気通信設備の記録媒体（当該記録媒体に記録された情報が不特定の者に送信されるものに限る。）に情報を記録

し，又は当該特定電気通信設備の送信装置（当該送信装置に入力された情報が不特定の者に送信されるものに限る。）に情報を入力した者をいう。

　発信者とは，要するに個人のウェブサイトを作成したり，掲示板に情報を投稿した人のことを指す。個人でウェブサイトを作成している場合は「発信者」であって，プロバイダ責任制限法の特定電気通信役務提供者ではない。ただし，個人のウェブサイト上で電子掲示板も設置した場合には，第三者による書込みの管理を行うことになるため，電子掲示板に関してプロバイダ責任制限法の特定電気通信役務提供者となるという点に注意してもらいたい。
　では，開示請求の対象となる発信者情報とは具体的には何を指すのであろうか。総務省の「特定電気通信役務提供者の損害賠償責任の制限及び発信者情報の開示に関する法律第四条第一項の発信者情報を定める省令（平成14年総務省令第57号）」によると，発信者を特定するために参考となる以下の5つの情報のこととされている。
　これらは，プライバシーや通信の秘密とも関わるので，情報の取り扱いには注意が必要である。

　　一　発信者その他侵害情報の送信に係る者の氏名又は名称
　　二　発信者その他侵害情報の送信に係る者の住所
　　三　発信者の電子メールアドレス（電子メールの利用者を識別するための文字，番号，記号その他の符号をいう。）
　　四　侵害情報に係るIPアドレス（インターネットに接続された個々の電気通信設備（電気通信事業法（昭和五十九年法律第八十六号）第二条第二号に規定する電気通信設備をいう。以下同じ。）を識別するために割り当てられる番号をいう。）
　　五　前号のIPアドレスを割り当てられた電気通信設備から開示関係役務提供者の用いる特定電気通信設備に侵害情報が送信された年月日及び時刻

11.3.4　適用場面

では，この法律がどういう場合に適用されるのかについて考えよう。

プロバイダ責任制限法は，「**情報の流通**」によって，「**権利の侵害が発生**」したときに**適用**される。そして，一定の条件のもとでプロバイダが責任を免れることができる。

もし，すべての「情報の流通」によって，「権利の侵害が発生」したときに，プロバイダ等が責任を負うことになったら，事業として成り立たなくるであろう。したがって，プロバイダ責任制限法が適用され，プロバイダ等の責任が制限される，つまりプロバイダ等が責任をとらなくてもよい場面として**3つの場合**が規定されている。

(1) 権利侵害をされた者に対して損害賠償をしなくてよい場合

第3条1項
特定電気通信による情報の流通により他人の権利が侵害されたときは，当該特定電気通信の用に供される特定電気通信設備を用いる特定電気通信役務提供者（以下この項において「関係役務提供者」という。）は，これによって生じた損害については，権利を侵害した情報の不特定の者に対する送信を防止する措置を講ずることが技術的に可能な場合であって，次の各号のいずれかに該当するときでなければ，賠償の責めに任じない。ただし，当該関係役務提供者が当該権利を侵害した情報の発信者である場合は，この限りでない。
　一　当該関係役務提供者が当該特定電気通信による情報の流通によって他人の権利が侵害されていることを知っていたとき。
　二　当該関係役務提供者が，当該特定電気通信による情報の流通を知っていた場合であって，当該特定電気通信による情報の流通によって他人の権利が侵害されていることを知ることができたと認めるに足りる相当の理由があるとき。

プロバイダ等自身が情報発信者ではなく，情報の送信を防止する措置を講ずる

ことが技術的に可能である場合として以下が挙げられる。
　a 権利を侵害する情報が流通していたと知っていた
　b 情報が流通していたことを知っており，他人の権利が侵害されたと認めるに足りる相当の理由があった

これらの条件のいずれかに該当しなければ，プロバイダ等は，権利侵害をされた人に対して損害賠償をしなくてもよいことになる。

(2) 送信防止の場合に，発信者に発生した損害賠償をしなくても良い場合

> 第3条2項
> 　特定電気通信役務提供者は，特定電気通信による情報の送信を防止する措置を講じた場合において，当該措置により送信を防止された情報の発信者に生じた損害については，当該措置が当該情報の不特定の者に対する送信を防止するために必要な限度において行われたものである場合であって，次の各号のいずれかに該当するときは，賠償の責めに任じない。
> 　一　当該特定電気通信役務提供者が当該特定電気通信による情報の流通によって他人の権利が不当に侵害されていると信じるに足りる相当の理由があったとき。
> 　二　特定電気通信による情報の流通によって自己の権利を侵害されたとする者から，当該権利を侵害したとする情報（以下「侵害情報」という。），侵害されたとする権利及び権利が侵害されたとする理由（以下この号において「侵害情報等」という。）を示して当該特定電気通信役務提供者に対し侵害情報の送信を防止する措置（以下この号において「送信防止措置」という。）を講ずるよう申出があった場合に，当該特定電気通信役務提供者が，当該侵害情報の発信者に対し当該侵害情報等を示して当該送信防止措置を講ずることに同意するかどうかを照会した場合において，当該発信者が当該照会を受けた日から7日を経過しても当該発信者から当該送信防止措置を講ずることに同意しない旨の申出がなかったとき。

a 情報の送信を停止する措置が必要限度内であること。
そして
　b その情報によって他人の権利が侵害されたと認めるに足りる相当の理由があること。
もしくは
　c 権利を侵害されたとする者からその理由を示して送信を停止するよう要求があり，情報発信者に送信停止の同意を求めた場合において7日以内に返答がなかったこと。

　a に加えて b もしくは c のいずれかの条件を満たせば，プロバイダ等は情報の送信を停止したことにより発信者に発生した損害を賠償しなくてもよいことになる。

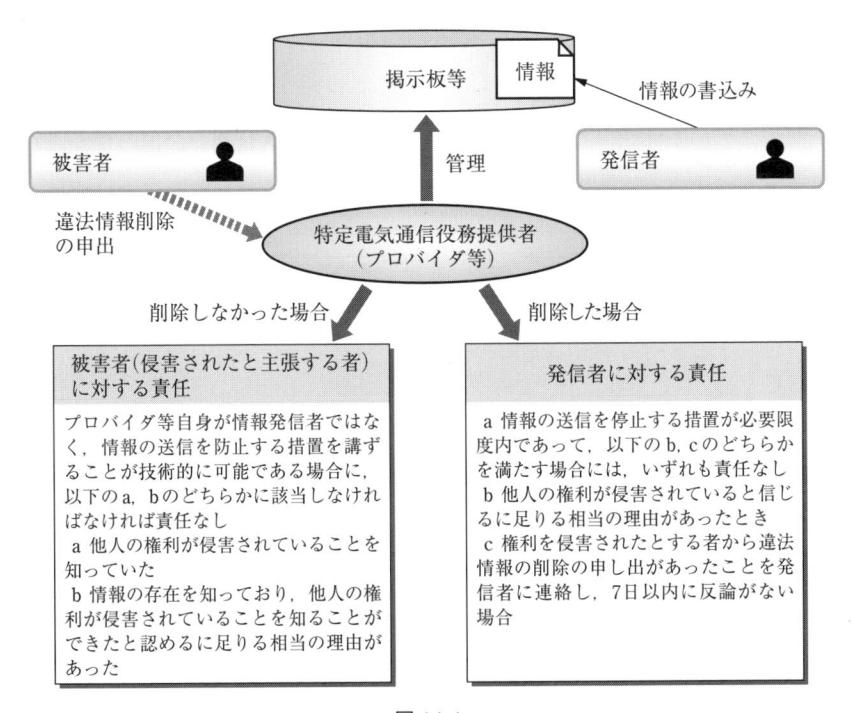

図11.1

(3) 発信者情報を公開しなかったことにより，開示請求者に発生した損害を賠償しなくてよい場合

> 第4条4項
> 開示関係役務提供者は，第1項の規定による開示の請求に応じないことにより当該開示の請求をした者に生じた損害については，故意又は重大な過失がある場合でなければ，賠償の責めに任じない。ただし，当該開示関係役務提供者が当該開示の請求に係る侵害情報の発信者である場合は，この限りでない。

- プロバイダ等自身が情報の発信者でないこと。
- 故意または重大な過失がなかったこと。故意または重大な過失とは，権利侵害が発生することを認識していてそれを容認していること，またはそれにちかいほどに注意が欠如している状態であること。

上記の2つの条件を満たせば，プロバイダ等は発信者情報を公開しなかったことにより開示請求者に発生した損害を賠償しなくてもよいこととなる。

11.3.5 発信者情報の開示

次に，プロバイダ責任制限法の目的でも確認した**発信者情報の開示を請求する権利**について考えてみよう。

> 第4条
> 特定電気通信による情報の流通によって自己の権利を侵害されたとする者は，次の各号のいずれにも該当するときに限り，当該特定電気通信の用に供される特定電気通信設備を用いる特定電気通信役務提供者（以下「開示関係役務提供者」という。）に対し，当該開示関係役務提供者が保有する当該権利の侵害に係る発信者情報（氏名，住所その他の侵害情報の発信者の特定に資する情報であって総務省令で定めるものをいう。以下同じ。）の開示を請求することができる。

> 一　侵害情報の流通によって当該開示の請求をする者の権利が侵害されたことが明らかであるとき。
> 二　当該発信者情報が当該開示の請求をする者の損害賠償請求権の行使のために必要である場合その他発信者情報の開示を受けるべき正当な理由があるとき。

要するに，権利侵害を受けた人は，次の2つの場合にはプロバイダ等に対して発信者情報の開示を求めることができる。

- 侵害情報の流通によって権利が侵害されたことが明らかであること
- 発信者情報が開示請求者の損害賠償請求のために必要であるか，その他正当な理由があること

つまり，名誉回復のための措置を請求する場合や，著作権法上の差止請求をする場合，発信者に対する削除要求を行うような場合には，発信者情報の開示を請求できる。

侵害者が誰なのかわからないと，損害賠償や差し止めを請求することがでない。したがって，それらの情報を公開するようにプロバイダ等に請求することができるのである。

ただし一般的には，ネットカフェから掲示板に書き込んでいるような場合など，必ずしも発信者が特定できるわけではないという点にも注意が必要であろう。

eラーニングにおいて，掲示板やSNSなどを運営する場合には，正規のアカウントからログインした後に，当該アカウントによる書込みのみを許可するといった運用をすることによって，発信者が特定できないというようなことが生じないような対応をすることが望ましい。

11.3.6　プロバイダ等の意見聴取義務

発信者情報を開示するといっても，どのような場合でもそれが認められるわけではない。というのも，権利を侵害されたと考える側からしたら権利侵害であっても，発信者の側からしたらそれは正当な主張であるという場合が，少なくないからである。特に，名誉毀損などの場合にこれらの問題が起こることになる。

したがって，プロバイダ等はきちんと発信者に確認をしてから発信者情報を開示する必要がある。それをプロバイダ等の義務としての**意見聴取義務**という。

> 第4条2項
> 開示関係役務提供者は，前項の規定による開示の請求を受けたときは，当該開示の請求に係る侵害情報の発信者と連絡することができない場合その他特別な事情がある場合を除き，開示するかどうかについて当該発信者の意見を聴かなければならない。

具体的には，プロバイダ等は，情報の発信者と連絡をすることができない場合を除いては，発信者の意見を聞く必要がある。そのうえで，発信者情報を開示することが求められている。

11.3.7　eラーニングに関係して考慮すべきこと

eラーニングにおいては，講義コンテンツの中で著作権侵害が行われたり，SNSや掲示板で名誉毀損やプライバシーの侵害が起こったりする可能性がある。当然，著作権侵害のないコンテンツを作成する必要があるが，講義の担当教員／インストラクターが意図せず著作権侵害をしてしまう，ということが起こりえないとはいえない。

万が一，それらのことが起こってしまった場合には，プロバイダ責任制限法対応事業者協議会[3]が策定した，著作権関係ガイドライン[4]，名誉毀損・プライバシー関係ガイドライン[5]，商標権関係ガイドライン[6]を参照して，著作権侵害に該当するのか，名誉毀損・プライバシーの侵害に該当するのかを確認してほしい。

11.3.8　eラーニング実施におけるプロバイダ責任制限法への実際的配慮

eラーニングを行う場合には，学習支援の一環として掲示板やSNSを設置することが考えられる。その際にeラーニング事業者は，プロバイダ責任制限法の対象となる。

例えば，受講生が掲示板に氏名や住所，メールアドレス等個人情報を書き込ん

だり，第三者の名誉毀損するような書込みを行ったりした場合に，ｅラーニング事業者はどのような対応が求められるのかを知っておく必要がある．特に，掲示板への投稿において，個人情報の記載が違法であることは間違いないが，名誉毀損の場合には，侵害者にしてみると第三者に対する批判であって，自らの正当な主張であると考えている場合が少なくない．情報の削除は表現の自由や著作権にも関係するので，その点に注意をすることが必要である．

具体的にはｅラーニング事業者は，掲示板に個人情報が書き込まれた場合に，発信者の投稿した情報を削除することができる．情報を削除する際には，その措置が必要限度内であれば，投稿者に対して損害賠償をする必要がない．また，第三者の名誉毀損するような書込みを削除する際には，情報が他人の権利を侵害したと認めるに足りる相当の理由があること，もしくは投稿者に削除の同意を求めた場合に7日以内に返答がなかった場合には，その措置が必要限度内であれば，情報を削除しても投稿者に対して損害賠償をする必要がない．

さらにｅラーニング事業者は，侵害されたと主張する者から情報を投稿した発信者の情報の開示を請求されたときには，投稿内容によって侵害が発生したことが明らかである場合，損害賠償のために必要であるなど正当な理由がある場合には，発信者情報を開示しなければならない．またｅラーニング事業者は，発信者の情報を公開する前に，情報の発信者に対して意見を聴取する義務がある．

◎注
1)「個人情報の保護に関する法律についての経済産業分野を対象とするガイドライン」http://www.meti.go.jp/policy/it_policy/press/0005321/
2)「個人データ」とは，個人情報取扱事業者が管理する「個人情報データベース等」を構成する個人情報のことをいう（法第2条4項）．
3) プロバイダ責任制限法対応事業者協議会，プロバイダ責任制限法関連情報Webサイト
http://www.isplaw.jp/
4)「著作権関係ガイドライン」
http://www.telesa.or.jp/consortium/provider/pdf/provider_031111_1.pdf
5)「名誉毀損・プライバシー関係ガイドライン」
http://www.telesa.or.jp/consortium/provider/pdf/provider_041006_2.pdf
6)「商標権関係ガイドライン」
http://www.telesa.or.jp/consortium/provider/pdf/trademark_guideline_050721.pdf
（上記URLは2010年3月8日確認）

第IV部

ICTと
ラーニングシステム

　eラーニングはその定義のとおり，ICT(Information and Communication Technology，情報通信技術)と密接な関係にある。第IV部ではeラーニングを実施するうえで最低限必要となるICTの知識を獲得することを目指す。

　第12章ではインフラストラクチャーとなるコンピュータネットワークの概要と，現在最も一般的なコンピュータネットワークとなったインターネットの歴史を見ていく。第13章ではインターネットを支える通信プロトコルを概観する。第14章ではネットワークを構成する機器や装置の動作を学ぶ。

　第15章では，それらの技術を応用したラーニングシステムの定義と機能，具体的な製品名を見ていく。第16章ではラーニングシステム上で動作するコンテンツの規格とその作成法について学ぶ。

　そして第17章では，一般的なセキュリティと情報セキュリティの概要と対策について学ぶ。

第12章 ▶ ▶▶▶
コンピュータネットワーク

本章の学習目標
- コンピュータネットワークの基本的な概念を説明できるようになる。
- インターネットの概要を説明できるようになる。

12.1 コンピュータネットワークの定義

　コンピュータネットワークとは，複数台のコンピュータが何らかの通信回線によって接続されて情報をやりとりできるもの，またはその回線自身を指す言葉である。コンピュータネットワークとして最も巨大なものは全世界をつなぐインターネット（The Internet）である。また，小規模な例としては家庭内や企業内を接続するコンピュータネットワークもある。

　コンピュータをネットワークに接続する利点は，回線を通じて資源（情報，ハードウェアなど）を共有できることにある。例えば，ある企業内ですべてのコンピュータで書類を印刷したい場合，通常は各コンピュータにプリンタを接続する必要がある。これに対しネットワークを構築した場合，あるコンピュータにプリンタを接続すれば，他のコンピュータはそのコンピュータを通じてプリンタを共有することができるためプリンタは1台ですむ。また，ある情報を共有したい場合には，すべてのコンピュータに情報をコピーするのではなく，ネットワーク上に共有することで一元管理することができる。

12.2 コンピュータネットワークのモデル

　コンピュータをネットワークで接続した場合に，それぞれのコンピュータの役

割によってネットワークの呼び名が異なる．以降では，3つの場合に分けてそれぞれの構成を解説する．

(1) P2P（Peer to Peer）モデル

P2Pモデルとは，2台のコンピュータがそれぞれ対等な立場で接続されたネットワークを表したものである．P2Pでは，コンピュータに序列はなくそれぞれが情報を送り合うことができる．この後に述べるクライアント-サーバモデルと比較すると単純な反面，各コンピュータが同等の性能を有する必要があるため，あまり使われていない．しかし，近年のネットワーク接続速度やコンピュータの性能向上によりP2Pネットワークも実用的に使われるようになってきている．

(2) クライアント-サーバモデル

クライアント-サーバモデルとは，サーバと呼ばれる少数のコンピュータがサービスを提供し，多数のクライアントはそのサービスを利用するという関係になっている．サーバは常時クライアントからの要求を待機し，クライアントからサービスの要求があったときにサービスを提供する．通常，サーバは高性能なコンピュータを用い，多数のクライアントからの要求に応答できるようにする．

インターネット上で行われる通信の多くはこのモデルで動いている．このモデルでは明確にコンピュータの役割が分かれているので，それぞれのコンピュータは個別の機能をもてばよい．もし，サーバが機能を停止した場合にはすべてのコンピュータが通信できなくなる．

(3) ハイブリッドモデル

ハイブリッドモデルとは，P2Pモデルとクライアント-サーバモデルを組み合わせたモデルである．多くの場合，クライアント-サーバモデルの通信で接続先を決定し，その後P2Pモデルの通信で接続先のコンピュータと直接情報をやりとりする．P2Pモデルとクライアント-サーバモデルの利点を兼ね備えているものの，サーバが使用不能になった場合は，全体が使用できないという点はクライアント-サーバモデルと共通である．

12.3　コンピュータネットワークの規模による分類

コンピュータネットワークは，そのネットワークに接続されるコンピュータの数や範囲によって以下の2つに大別できる．

(1)　LAN（Local Area Network）

LANは，家庭内や企業内など比較的狭い地域を結ぶ小規模なネットワークであり，そのネットワークを設置したユーザが独自に管理・運用を行うプライベートなネットワークである．現在ではほとんどの場合，イーサネット（Ethernet，14.2節参照）と呼ばれる技術が用いられている．

(2)　WAN（Wide Area Network）

WANは，その名のとおり広い地域を結ぶ大規模なネットワークである．LANが複数接続されたネットワークもWANと呼ばれる．代表例は，ネットワークのネットワークであるインターネットである．LAN同士の接続には，専用線や通信事業者（キャリア）が提供する回線を用いる．

12.4　ネットワークの階層

ネットワークはその役割と機能から階層構造に分解される．最も基本的な階層のモデルとして，OSI参照モデル（Open Systems Interconnection Reference Model）がある[1]．OSI参照モデルは，ISO（International Organization for Standardization）によって制定されたモデルである．OSI参照モデルは，異機種間のデータ通信を実現するためのネットワーク構造の設計指針OSIに基づいて，通信機能を以下の7階層に分割する．各層で規定している内容を併記している．

　第7層　アプリケーション層：具体的な通信サービスを提供
　第6層　プレゼンテーション層：データの表現方法
　第5層　セッション層：通信プログラム間の通信の開始から終了までの手順
　第4層　トランスポート層：ネットワークの端から端までの通信管理

第3層　ネットワーク層：ネットワークにおける通信経路の選択
第2層　データリンク層：直接的（隣接的）に接続されている通信機器間の信号の受け渡し
第1層　物理層：物理的な接続

OSI参照モデルは，最も基本的なネットワークの階層であるものの，インターネットで標準的に用いられているTCP/IPの階層（13.1節参照）とは異なっているため，実用上はあまり用いられない。

12.5 インターネット

インターネットは，ネットワークのネットワークとして今や世界をつなぐ通信基盤となっている。しかし，その出自は冷戦のさなかに米国で開発された軍事用のネットワークであり，米国内のみで使用されるネットワークであった。この節では，インターネットの歴史とその特徴について説明する。

12.5.1　インターネットの歴史

インターネットは，1969年に米国の4大学を接続するネットワークであるARPANETから始まった。いくつかの拠点が機能を停止しても全体として機能を維持するというコンセプトで設計されている。

ARPANETは，当初複数の方式を併用される形で接続されていたが，1983年に国防総省の意向でTCP/IP（13.1節参照）を標準として採用した。これにより，事実上インターネットでの通信方式がTCP/IPに統一された。1984年には，日本のネットワークがハワイのALOHANETを通じてARPANETに参加している。

1986年には，全米科学財団（NSF）のNSFNetが学術研究用ネットワークとしてつくられ，インターネットの基盤はARPANETからNSFNetに移行する。この後，ARPANETはセキュリティ上の理由からインターネットとは切り離され，軍事専用ネットワークとして独自の発展を進めることとなる。NSFNetは，ここから世界中の研究機関や大学を接続するネットワークとして発展していく。

そして，1991年にインターネットの歴史に決定的な出来事が起きる。CERN

(European Organization for Nuclear Research，欧州原子核研究機構）の科学者ティム・バーナーズ・リー（Sir Timothy John Berners-Lee）によってWWW（World Wide Web）が開発され，インターネット上でサービスを開始する。さらに，1993年にCERNがWWWの技術を無償で開放したため，インターネットはますます拡大していくこととなった。

1995年にNSFNetの管理が民間に委託されたことにより，インターネットへの接続を行う業者（インターネットサービスプロバイダ：Internet Service Provider）が登場した。これによって，学術研究機関以外の民間企業や個人もインターネットに接続することができるようになり，インターネットは爆発的に普及していく。

この後，インターネットは学術研究の場からビジネスの場へと大きく転換していく。インターネットをビジネスの主な場として設立された多くの企業が，この時期に誕生・成長している。検索サービスのYahoo!（1994年）・Google（1998年），ネット通販のAmazon（1994年），オークションのeBay（1995年）などである。これらの企業と時期を同じくして，世界中の投資を集めて多くの企業が設立された時期がある。それが1998年から2000年にかけて起きた，インターネットバブル（ドットコムバブル・ITバブルとも呼ばれる）である。しかし，2001年に連邦準備制度理事会（FRB：The Federal Reserve Board）の利上げをきっかけにバブルは崩壊し，多くの企業が倒産する事態となった。

インターネットバブル崩壊以降，WWWの使い方が変化し，これまでのメディアのような情報の送り手と受け手が固定された関係ではなく，送り手と受け手が流動化し，誰もがWWWを通じて情報発信できるようになったとされる。この変化後の状態をWeb 2.0，変化前をWeb 1.0と呼ぶ。提唱者はアメリカの出版社O'Reilly社の社長ティム・オライリー（Tim O'Reilly）であり，2004年11月のカンファレンス以降この言葉は急速に広まった。Web 2.0においては，情報そのものや技術よりも利用者へのサービスが重視され，利用者の増加がサービスの質の向上にもつながる傾向にある。代表的なサービスとして検索エンジン，SNS，Wikiなどが挙げられる。しかし，もともとマーケティング先行のバズワードであり，本稿執筆時点でこの言葉もすでに意味を失っている。

12.5.2 インターネットの特徴

インターネットの特徴は中央集権的なシステムが存在せず，自律分散的に通信が行われることである．インターネットに接続されたコンピュータは，ネットワークがどのような状態かを把握せず，各コンピュータが必要に応じてデータを送り合うようになっている．

このことにより，インターネットはその一部が破壊されても通信が可能であり，耐障害性に優れている．あるコンピュータが別のコンピュータとインターネットを通じて通信する際には，通常は伝送時間が最短となる経路が使用される．もし，経路上の一部が使用不能になった場合，インターネットでは使用不能になった経路を迂回して，別の経路を通じて通信が可能である．これは歴史の項でも述べたように，インターネットは当初よりネットワークのノードのいくつかが破壊されても機能するネットワークとして設計されていることによる．

12.5.3 インターネットにおけるサービス

インターネットにおけるサービスは，インターネット自体が提供するエンド-トゥ-エンドの通信を基盤として，多くの種類のサービスが提供されている．

それぞれのサービスは固有の規約（プロトコル）をもつ場合もあるし，その組み合わせによって実現されている場合もある．現在では主にウェブ（HTTP）上で実現されるケースが多い．

12.5.4 イントラネット

イントラネットとは，インターネットの技術を用いたLANである．

インターネットの標準的な技術を用いることで，安定的かつ低コストなネットワークを構築することができる．

◎参考文献
[1] ISO/IEC standard 7498-1:1994. http://standards.iso.org/ittf/PubliclyAvailableStandards/s020269_ISO_IEC_7498-1_1994(E).zip (2010年3月8日確認)

第13章 通信プロトコル

> **本章の学習目標**
> - TCP/IP の概要を説明できるようになる。
> - IP の成り立ちと技術の概要を説明できるようになる。
> - TCP の成り立ちと技術の概要を説明できるようになる。
> - 主要なサービスの概要を説明できるようになる。

通信プロトコルとは，通信の際のやりとりの仕方を定めた規則・規約である。

一般の郵便では，決められた大きさの紙や封筒に，決められた重量の内容物を梱包して，決められた窓口から送付するということが行われている。電子媒体を用いた通信でも同様に信号の形式などが決められており，通信を行う際はそれを守らなくてはならない。

13.1 TCP/IP

TCP/IP とは TeleCommunication Protocol, Internet Protocol の略称であり，様々なプロトコルの集合（プロトコルスイート）を指す [1][2]。名称に含まれる TCP と IP だけでなく，その他のプロトコルも含まれており，現在のインターネットで最も広く用いられているプロトコルである。TCP/IP では，OSI とは異なりネットワークを4層の階層構造ととらえている。この4階層とは下位から順にデータリンク層・ネットワーク層・トランスポート層・アプリケーション層である。

IP は，インターネットで最も重要なプロトコルである。各コンピュータ（正確にはネットワークインタフェース）にユニークなアドレスを割り当て，データ

をパケット（小包）と呼ばれる単位に分割して送受信を行う。

　TCPは，通信の制御を行うためのプロトコルであり，誤り訂正や再送を行うことでコンピュータ間でデータが到達していることを保証する信頼性の高いプロトコルとなっている。提供するサービス（メール，WWW など）ごとにポートと呼ばれる番号が決められており，サービスを利用するコンピュータはそれぞれ指定されたポートを使って通信を行う。TCP/IP および OSI の区分の両方でトランスポート層に属する。TCP/IP を建築物のアナロジーでたとえると，IP アドレスは住所に相当し，ポートは部屋番号に相当する。

　次節以降では各プロトコルの詳細について述べる。

13.2 IP

　IP（Internet Protocol）は，各コンピュータに IP アドレスと呼ばれるアドレスを割り振り，このアドレスを用いて 1 対 1 の通信を行うプロトコルである [3]。IP では，すべてのデータをパケットと呼ばれる単位に分割して送信し，受信したコンピュータで結合してデータを取り出す。同じ IP アドレスのコンピュータが複数あると，どのコンピュータにデータを送信すればよいか決めることができず，通信が不可能になってしまうため IP アドレスはユニークでなければならない。IP アドレスの割り当ては NIC（Network Information Center）と呼ばれる組織が行っている。日本においては JPNIC が行っている [4]。

　現行の IP バージョン 4 において IP アドレスは，32 ビットの 2 進数で表される。2^{32}=4,294,967,296（=42億9,496万7,296）通りのアドレスが使用できるため，約 43 億台のコンピュータが同時にネットワークに接続できる計算になる。IP アドレスは 32 ビットの 2 進数であるが，そのままではわかりにくいので 8 ビットごとに 4 つのフィールドに区切り，それぞれのフィールドを 10 進数で表記する。すなわち，10 進数の数字 4 つを組として表される（図 13.1）。

　IP アドレスは，ネットワーク部とホスト部という 2 つに分かれる。ネットワーク部はその名のとおりネットワークを識別するものであり，後述するネットワークのクラスによって長さが異なる。ホスト部はそのネットワークに接続された

図 13.1 IP アドレスの表記法

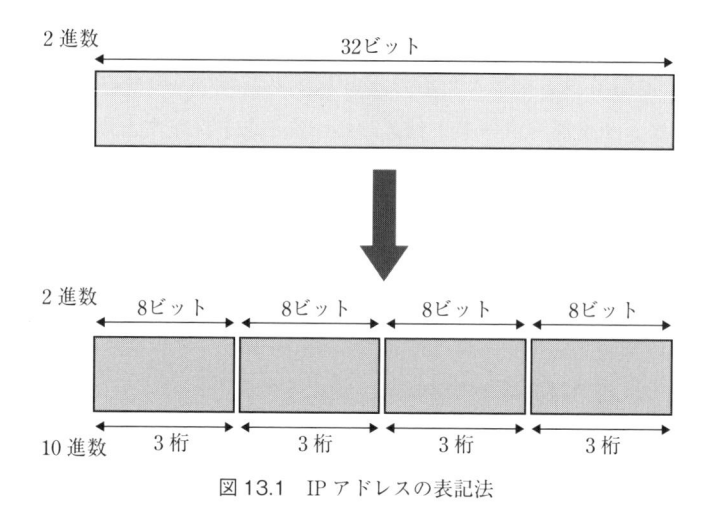

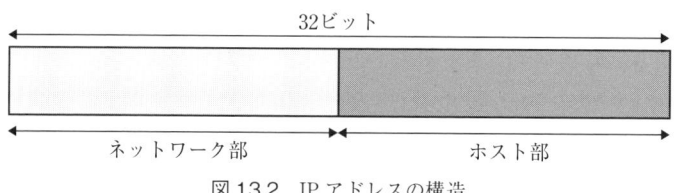

図 13.2 IP アドレスの構造

個別のコンピュータを識別するために用いる（図 13.2）。ネットワーク部の長さを決める方法はクラスとサブネットマスクの2種類がある。

クラスは，もともと IP アドレスを効率よく配布するためにネットワークの規模によって分類したものである。クラスの識別は IP アドレスの先頭の2ビットを用いる。IP アドレスの先頭の2ビットが 01 であった場合はクラス A のネットワークであり，8ビットがネットワーク部，24 ビットがホスト部となる（1,677万 7,216 台接続可能）。また，IP アドレスの先頭の2ビットが 10 であった場合はクラス B のネットワークであり，16 ビットがネットワーク部，16 ビットがホスト部（65,536 台接続可能）となる。IP アドレスの先頭の2ビットが 11 であればクラス C であり，最も小さいネットワークを表す。クラス C のネットワーク部は 24 ビットであり，ホスト部は 8 ビット（256 台接続可能）である。NIC はこ

のクラス単位で IP アドレスを割り当てるため，多くの組織ではクラス B を要求している。しかし，クラス B のネットワークは全世界で 1 万 6,000 程度しか用意できないため，クラス B が不足することとなった。この問題を解消するため，NIC はサブネットマスクを活用した方法で割り当てを行っている。

サブネットマスクは，クラスによらない柔軟なネットワーク部の長さの調整のために用いられるビットパターンである。サブネットマスクは IP アドレスと同じ 32 ビットの長さをもち，自由に決めることができる。IP アドレスとサブネットマスクを併記することで，ネットワークで使用できる IP アドレスの範囲が決まる。サブネットマスクは，ネットワーク部として使用したい部分のビットを 1，ホスト部として使用したい部分のビットを 0 とし，IP アドレスと同様に 10 進数の数字 4 つの組として表す。

クラスやサブネットマスクを用いてネットワーク部の長さが決まった場合，ホスト部のビットをすべて 0 にしたものをネットワークアドレスと呼ぶ。ネットワークアドレスは，クラスを用いている場合は割り当てられたアドレスそのもの，サブネットマスクを用いている場合はビットが 1 である範囲である。ネットワークアドレスは，そのネットワークそのものを指すアドレスとして予約されており，コンピュータに割り当てて使用することはできない。

また，ホスト部のビットをすべて 1 にしたアドレスをブロードキャストアドレスと呼ぶ。ブロードキャストアドレスにデータを送信すると，そのネットワークに接続されているすべてのコンピュータに届く。ブロードキャストアドレスは，コンピュータの起動時にネットワーク内のサーバを探すなどの目的で使われる。ブロードキャストアドレスにデータを送信すると，すべてのコンピュータにデータを送信するため，むやみに用いるとネットワークの帯域が逼迫されることになる。

13.3 TCP

TCP（TeleCommunication Protocol）は，セッションと呼ばれる情報を利用して信頼性の高い通信を実現するためのプロトコルである [5]。TCP ではさら

にポートと呼ばれる情報があり，ポートによって取り扱うサービスが異なる．TCP も IP と同様にパケットに分割してデータを送受信する．TCP ではすべてのパケットに番号をつけており，受信するコンピュータでパケットが欠けていた場合には，そのパケットを再送することですべてのデータの到達が保証される．これによって信頼性を確保している．TCP のパケットはヘッダ部とデータ部に分かれており，ヘッダ部の長さは 24 バイト，データ部はデータの大きさや通信路の条件に合わせて可変長となっている．ヘッダ部には，ポートやセッションなどの通信制御に用いる情報が記録されている．

TCP のポートは 16 ビットであり，65,535 種類のサービスを取り扱うことができる．また，送信用と受信用のポートを分けることも可能である．ポート番号のうち，1～1023 までの数値は決められた用途に予約されており，ウェルノウンポートと呼ばれる．13.5 節の SMTP，POP3，HTTP などのプロトコルもウェルノウンポートの中に含まれている．これに対し，1024～65535 までのポートは自由に用いることができる．特定のポートを用いているソフトウェア（ファイル交換ソフトなど）は，そのポートをブロックすることで使用できなくなる．

13.4 その他のプロトコル

ネットワーク層では，IP のほかに ARP（Address Resolution Protocol）[6] や ICMP（Internet Control Message Protocol）[7] などのプロトコルがある．ARP は，IP アドレスと MAC アドレス（14.1 節）の対応づけに用い，ICMP は通信に関する情報のやりとりに用いる．ネットワークが正常に動作しているかを判断するために用いられる ping というコマンドは ICMP を利用している．

また，トランスポート層では TCP のほかに UDP（User Datagram Protocol）と呼ばれるプロトコルがある [8]．UDP は，TCP と同様にポート情報を用いているものの，セッションをもたず伝送制御を行わないため信頼性が低い．しかしながら TCP より高速なので，ストリーミングなどに用いられる．

13.5 TCPにおける主要なサービス

前述したとおり，TCPではポートによって様々なサービスを提供している．ここでは，主要なサービスとそこで用いられているプロトコル，ポートを紹介する．

13.5.1 メールサービス

メールは，主にテキスト（文字情報）をやりとりするためのサービスである．現在では数十MBの大きなデータを送受信することも可能であるが，基本的には数kB程度の小容量のデータを送受信することを想定している．メールサービスは，送信と受信で異なるプロトコルを用いている．

メールの送信には，SMTP（Simple Mail Transfer Protocol）と呼ばれるプロトコルを用いる[9]．SMTPは，TCPポート25番を用いて基本的には7ビットのテキスト（いわゆるASCIIコード）を送信するプロトコルである．現在では様々な拡張が行われ，日本語の文章や大容量のファイルを添付して送信することも可能である．SMTPには，異なるコンピュータにメールを配送する機能があるが，セキュリティの問題から現在では自分に送られたメールしか受け取らないように運用されていることが多い．

メールの受信には，POP（Post Office Protocol）とIMAP（Internet Message Access Protocol）の2種類のプロトコルが用いられている．

POPは，TCPポート110番を用いてメールを受信するプロトコルであり，最新版はバージョン3（POP3）である[10]．POPは広く用いられているものの，セキュリティや利便性の点からIMAPへの移行が進められている．

IMAPはTCPポート143番を用いており，最新版はバージョン4（IMAP4）である[11]．IMAPはメールの選択受信，題名だけを受信などのPOPにはない機能があり，またセキュリティも考慮されている．例えばGoogleが提供しているGmailのメールクライアントとの通信もIMAPを用いて実現されている．

13.5.2　WWW（World Wide Web）

　WWWは，1991年に開発された比較的新しいサービスであるが，その後の発展によってインターネットといえばWWWを指すほど一般化した。WWWで用いられるプロトコルは，HTTP（Hypertext Transfer Protocol）とFTP（File Transfer Protocol）であり，両者とも主としてファイルの送受信を行うプロトコルである。

　HTTPは，TCPポート80番を用いてハイパーテキスト（リンクなどをもつテキスト）を転送するためのプロトコルである[12]。HTTPは，ハイパーテキストの転送を主目的としているが，画像や音声，動画など様々なデータの転送に用いることもできる。HTTPでは送受信するリソースの指示にURI（Uniform Resource Indicator）を指定し，さらにその先頭にプロトコル名であるhttp:を付加したURL（Uniform Resource Locator）が用いられる。HTTP自体は，すべてのデータを平文（暗号化されていないデータ）でやりとりするが，SSL（Secure Socket Layer）という仕組みで暗号化したデータをやりとりすることができる。この場合はHTTPSと呼ばれ，通常TCPポート443番を用いる[13]。

　FTPは，通信制御を行うコマンド用とデータ用で異なるポートを用いてファイルを転送するためのプロトコルである[14]。大容量のファイルを転送することができ，HTTPよりも安定性は高い。しかしながら暗号化が行われないため，近年はセキュリティを考慮したSFTP（Secure FTP）やSCP（Secure CoPy）を用いることが多い。

13.5.3　DNS（Domain Name System）

　インターネットでは，IPアドレスを用いてあらゆる通信を行うことができるものの，IPアドレスは無味乾燥な数値の羅列であるため，数値からどのコンピュータを指すかが人間にわかりにくいなどの問題がある。そこで，人間に理解しやすい文字列をコンピュータの名前として命名し，その名前とIPアドレスを対応づける機構が開発された。それがDNSである[15]。

　DNSはホスト名（例えばwww.example.com）の入力があった場合，DNSサーバを参照してそのホストのIPアドレス（192.168.0.1）を検索する。すなわち，

電話における電話帳の役割をインターネットにおいてはDNSが担っている。DNSはコンピュータをドメインと呼ばれる単位で区分して，その区分ごとに管理している。ドメインは階層的な構造になっており，最上位のドメインはトップレベルドメイン（Top Level Domain，TLD）と呼ばれる。TLDには汎用TLD（generic TLD，gTLD），スポンサー付きTLD（sponsored TLD，sTLD），国別コードTLD（country code TLD，ccTLD）がある。汎用TLDは組織の性格ごと，スポンサー付きTLDは業界ごと，国別コードTLDは国名ごとに分かれている。

13.5.4 SSH（Secure SHell）

SSHは，TCPポート22番を用いてセキュアなリモートログインを行うためのサービスである [16]。UNIXでリモートログインに広く用いられてきたtelnetは，パスワードが平文で流れるため，安全のため現在ではSSHを用いることが推奨されている。SSHは通常リモートログインのみを行うが，トンネリングと呼ばれる機能があり，これを用いるとあらゆる通信を暗号化することができる。例えば，POP3をSSH上で行って（POP3 over SSH）メールをセキュアに受信することや，FTPをSSH上で行って（SFTP）暗号化したファイル転送などができる。

◎参考文献
[1] 竹下隆史・村山公保・荒井透・苅田幸雄（2007）『マスタリングTCP/IP 入門編 第4版』オーム社.
[2] RFC 675 Specification of Internet Transmission Control Program, December 1974 Version. http://www.ietf.org/rfc/rfc0675.txt
[3] RFC 791 Internet Protocol. http://www.ietf.org/rfc/rfc0791.txt
[4] 社団法人日本ネットワークインフォメーションセンター（JPNIC）http://www.nic.ad.jp/
[5] RFC 793 Transmission Control Protocol Version 4. http://www.ietf.org/rfc/rfc0793.txt
[6] RFC 826 An Ethernet Address Resolution Protocol. http://www.ietf.org/rfc/rfc0826.txt
[7] RFC 792 Internet Control Message Protocol. http://www.ietf.org/rfc/rfc0792.txt
[8] RFC 768 User Datagram Protocol. http://www.ietf.org/rfc/rfc0768.txt
[9] RFC 821 Simple Mail Transfer Protocol. http://www.ietf.org/rfc/rfc0821.txt
[10] RFC 1939 Post Office Protocol Version 3. http://www.ietf.org/rfc/rfc1939.txt

[11] RFC 1730 Internet Message Access Protocol Version 4. http://www.ietf.org/rfc/rfc1730.txt
[12] RFC 2616 Hypertext Transfer Protocol HTTP/1.1. http://www.ietf.org/rfc/rfc2616.txt
[13] RFC 2818 HTTP over TLS. http://www.ietf.org/rfc/rfc2818.txt
[14] RFC 959 File Transfer Protocol. http://www.ietf.org/rfc/rfc0959.txt
[15] RFC 920 Domain Requirements - Specified original top-level domains. http://www.ietf.org/rfc/rfc0920.txt
[16] RFC 4250 The Secure Shell（SSH）Protocol Assigned Numbers. http://www.ietf.org/rfc/rfc4250.txt

（上記 URL は 2010 年 3 月 8 日確認）

第14章

ネットワークの構成要素

本章の学習目標
- ネットワークの構成要素を列挙できるようになる。
- イーサネットの概要を説明できるようになる。
- ネットワークで用いられる機器の概要を説明できるようになる。

ネットワークは概念上の存在であるが，実際には様々な機器を用いることでネットワークは実現されている。ここでは，ネットワークの物理的な仕様やネットワークを構成する機器などを概観していく。

14.1 データリンクとトポロジー

ネットワークで複数のコンピュータが接続されているとき，接続されたコンピュータ同士でどのようにしてデータをやりとりするかを決めておく必要がある。このデータのやりとりをデータリンクと呼び，そのための手順がプロトコルである。データリンクのプロトコルは，通信媒体で直接に接続されたコンピュータ間で通信するための仕様を定めている。

接続するための通信媒体もプロトコルも1つではなく，多くの方式を組み合わせることができる。通信媒体の例としては，光ファイバ，同軸ケーブル，赤外線，ツイストケーブル（より対線）などがあり，そのうえでどのようにしてデータをやりとりするかを決めるデータリンクの例としては，イーサネットやPPP（Point to Point Protocol）がある。

PPPは，モデムを利用して電話回線を通じて離れたネットワークに接続する際に使用するほか，ブロードバンド通信の光ファイバのデータ通信にも用いられ

ているプロトコルである。コンピュータネットワークは様々なデータリンクが接続されて構成されている。機器と機器の間を中継する機器としてルータやブリッジなどがあるが，これらの機器については14.3節で後述する。

ネットワークに接続する際の接続形態をトポロジーと呼ぶ。トポロジーには以下の4つの形態がある（図14.1）。バス型は，1本の幹線にすべてのコンピュータが接続する形態である。バス型では回線をすべてのコンピュータが共有しているので，あるコンピュータがネットワークを使用している場合，他のコンピュータは通信を行うことができない。リング型は，円周状にすべてのコンピュータを接続する形態である。隣接していないコンピュータ間で通信を行うため各コンピ

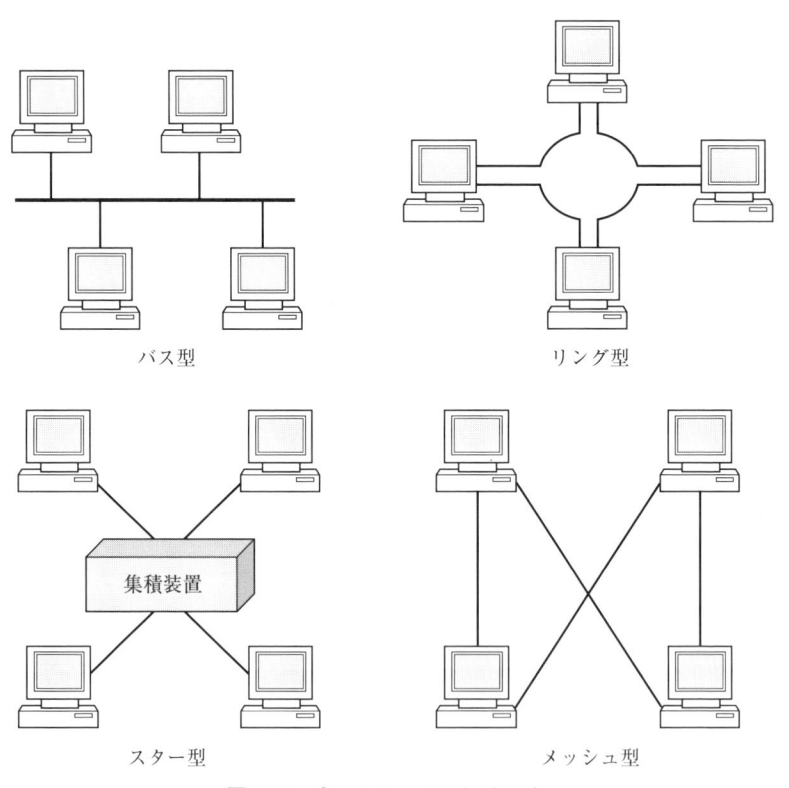

図14.1 ネットワークのトポロジー

ュータはバケツリレーのようにデータを順次送っていく。スター型は，中心となる通信機器を介して端末を相互に接続する方式である。1本のケーブルにすべての端末を接続するリング型やバス型に比べ，それぞれの機器ごとにケーブルを配線しているため配線の自由度が高いのが特長である。最後のメッシュ型は主に無線通信でのアクセスポイント（親基地局）や中継基地局の構成に用いられており，移動しながら次々と接続先のアンテナを切り替えていくことが可能である。

　ネットワークに接続するコンピュータは，そのためのインタフェースをもっており，ネットワークインタフェースカード（Network Interface Card, NIC）と呼ばれる。NICは，コンピュータを識別するために原則として一意に割り当てられるアドレスをもつ。これはMACアドレス（Media Access Control address）と呼ばれる。MACアドレスは48ビットの長さで，製造会社を表すベンダID（24ビット）と，製造会社が各NICを識別するための機種ID部（8ビット），シリアルID部（16ビット）からなる（図14.2）。MACアドレスは，IPアドレスと異なりNICの製造会社で割り当てられるので，基本的にユーザが変更することはできない。

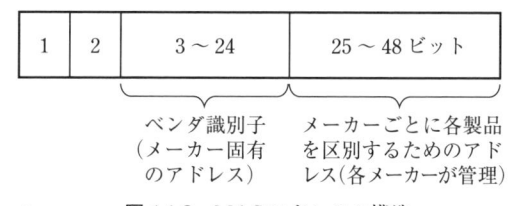

1	2	3～24	25～48 ビット
		ベンダ識別子（メーカー固有のアドレス）	メーカーごとに各製品を区別するためのアドレス(各メーカーが管理)

図14.2　MACアドレスの構造

14.2　イーサネット

　イーサネット（Ethernet）は，世界で最も普及しているデータリンクの規格である。イーサネットの基本仕様は，OSI基本参照モデルの物理層とデータリンク層に相当する範囲を規定している。当初のイーサネットはゼロックス，インテル，DECの3社で開発されていたが，1980年にIEEE（The Institute of Electrical and Electronics Engineers, Inc）の標準化委員会に提出・公開され，1983年に

IEEE802.3として標準化された [1]。公開された標準であるため，多数の企業が製品を開発した結果広く普及するにいたった。

イーサネットはバス型もしくはスター型のネットワークトポロジーであり，MACアドレスを用いて自分宛ての通信かそうでないかを識別する。通信制御にはCSMA/CDと呼ばれる方式を用いる。CSMA（Carrier Sense Multiple Access）とは，回線にデータが流れているかを確認（Carrier Sense）し，データが流れていなければデータの送信を開始する方式である。しかしながら，ネットワークの使用状態を調査してデータ送信を開始した場合でも，他のコンピュータも同様にネットワークが未使用であると判断してデータ送信を開始する場合がある。この場合，複数のコンピュータが同時に送信を開始することになり，データ通信の衝突（コリジョン）が発生する。CD（Collision Detection）では，衝突が検出された場合，データの送出をいったん中止し，ランダムな時間を待ってデータの再送を行う。この方法に従うことで，1本の回線を複数のコンピュータが共有して互いに通信することができる。

イーサネットは，最大伝送距離や通信速度，ケーブルなどによって種類が分かれている。このときの命名規則は「伝送速度＋伝送形式＋ケーブルの種類」となっている。例えば，10BASE-Tという形式は，「伝送速度が10Mbps，ベースバンド方式，ツイストペアケーブル（より対線）」であることを表す。その他の種類については図14.3に示す。

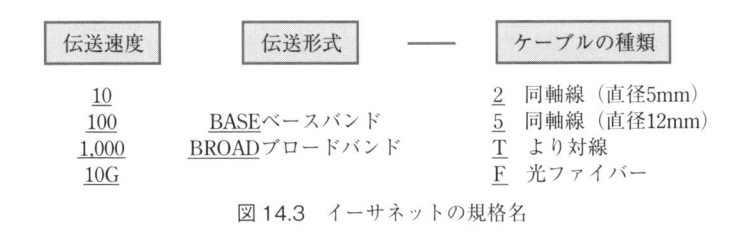

伝送速度	伝送形式	―	ケーブルの種類
10		2	同軸線（直径5mm）
100	BASEベースバンド	5	同軸線（直径12mm）
1,000	BROADブロードバンド	T	より対線
10G		F	光ファイバー

図14.3 イーサネットの規格名

14.3 ネットワークに用いられる機器

実際にネットワークを構築する場合には，コンピュータ以外の機器も必要とな

る。ここでは概要を説明する。

　まず，ネットワークに接続するコンピュータのすべてに NIC が必要である。現在の PC では，ほとんどが 1 つ以上の NIC を備えている。また，ゲーム機で NIC を備えているものもある。

　次に，ネットワーク同士を接続する機器について述べる。ブリッジ（Bridge）はそのなかでも最も単純なもので，データリンクのフレームを認識して蓄積し，接続された相手側のネットワークに新たなフレームとして送出する装置である（図 14.4）。ここで，フレームとはパケットとほぼ同じ意味で，データを分割したものを指す。

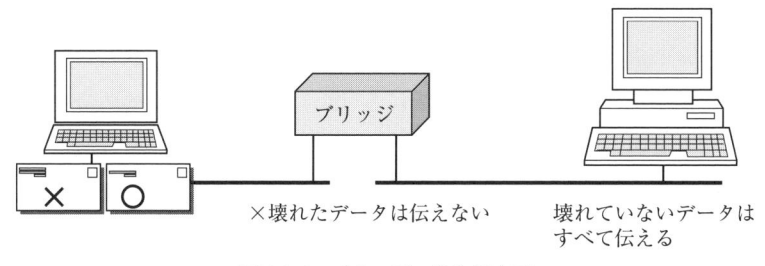

図 14.4　ブリッジの動作概念図

　ブリッジはフレームをいったん蓄積するので，イーサネットとギガビットイーサネットといった，伝送速度の異なるデータリンクを接続することが可能である。データリンクのフレームには，FCS と呼ばれるフレームが正しく届いたかどうかをチェックするためのフィールドがあり，通信途中でノイズなどによりフレームが壊れていないかをチェックするために利用される。ブリッジはこのフィールドをチェックして，壊れたフレームを他のセグメントへ送信しないようにする働きがある。ブリッジは，OSI 参照モデルのデータリンク層でネットワーク同士を接続する。

　ルータ（Router）は，ネットワークとネットワークを接続して，パケットを中継する装置である（図 14.5）。ルータは，ネットワークとネットワークの境界において，宛先のネットワークまでのルート（経路）を決定し，配送するという

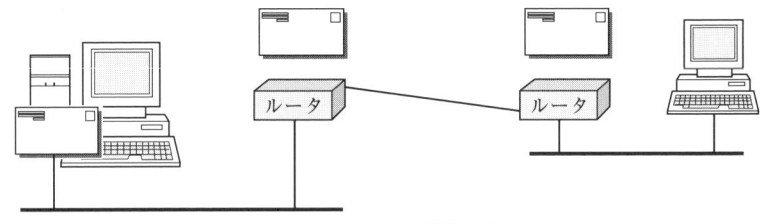

図 14.5　ルータの動作概念図

重要な役割を果たしている。ルータがないネットワークでは，流れてきたデータを他のネットワークに送るべきか，自分のネットワークに送るべきかどうかを決めることができないため，いくつものネットワークをつなぐインターネットではとりわけルータの役割が重要となる。ルータは，OSI 参照モデルのネットワーク層でコンピュータ同士が通信できるようにネットワークパケットのやり取りができるように処理を行う。すなわち，先に述べたようにネットワークの宛先を判別して，ルートを調べて転送している。ルータが行うこの処理は，特別にルーティング，経路処理と呼ばれている。

　ルーティングの例を説明する（図 14.6）。ルータは，宛先となるネットワークへの最適な経路を探すためにネットワークアドレスを用い，ホストアドレスを用いて通信相手のコンピュータを区別する。各ルータはどのようなネットワークが存在するか，そのネットワーク宛てのデータはどのルータへ渡せばよいのかなどを記載したルーティングテーブルをもつ。例えば，ルータ A が 192.168.2.1 宛てのデータを受け取ると，ルーティングテーブルを参照して，そのデータをどのルータに中継してもらえばよいかを調べる。ルータ A のルーティングテーブルでは，ネットワークアドレス（13.2 節参照）が 192.168.2.0 のネットワーク宛てのデータはルータ B に渡せと記載されているので，ルータ A は 192.168.2.1 宛てのデータをルータ B に渡す。ルータ B は，受け取ったデータのネットワークアドレスを調べ，自分のルーティングテーブルから次の中継先を探す。192.168.2.0 は，直接接続となっているので，ルータ B は自分自身に接続されているネットワークから 192.168.2.1 のコンピュータにデータを送る。

　ゲートウェイは，データを中継するというよりもデータを別の伝送方式に変換

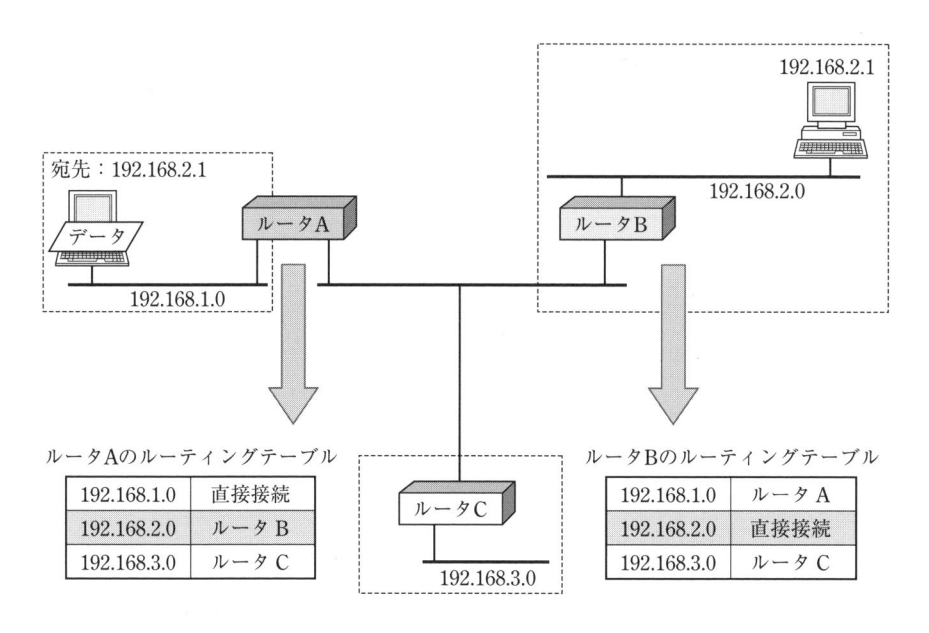

図 14.6　ルーティングの仕組み

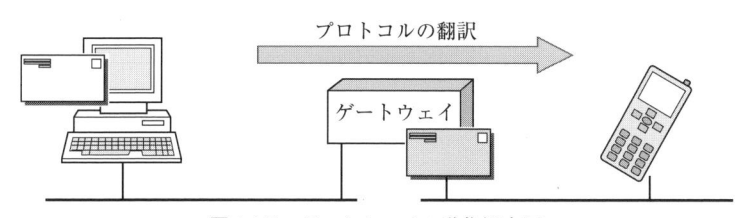

図 14.7　ゲートウェイの動作概念図

するという意味合いが強い．ゲートウェイの目的は，互いに直接通信できない2つの異なるプロトコルの翻訳作業をして，互いに通信できるようにすることである（図14.7）．一例としてはインターネットの電子メールと，携帯電話の電子メールを交換するサービスがある．2つは異なるデータ構造をもっているが，インターネットと携帯電話通信を接続している接点にゲートウェイが存在しているため相互にメールを送受信できる．

ゲートウェイは，OSI参照モデルのトランスポート層からアプリケーション層

までのいずれかの階層で，データを中継する装置である，ということができる。たとえIPを使わない通信でも，ゲートウェイを用いてIPに中継したり，IPアドレスを名乗ったりしてインターネット上に流すことができる。インターネットとは別々に発展してきた電話や放送も，ゲートウェイを介して相互接続することが可能である。

◎参考文献
[1] IEEE 802.3. http://standards.ieee.org/getieee802/802.3.html（2010年3月8日確認）

第15章 ラーニングシステム

> **本章の学習目標**
> - ラーニングシステムの概要を説明できるようになる。
> - 学習管理システムの主要な機能を説明できるようになる。
> - 学習管理システムの製品名を列挙できるようになる。

ラーニングシステムとは，広義には学習に用いることができる情報システムのことを指す。ここでは，広義のラーニングシステムを概観した後，狭義のラーニングシステムである学習管理システムについて説明する。

15.1 広義のラーニングシステム

広義のラーニングシステムは情報の蓄積・ユーザ間のコミュニケーション・ユーザの自己能力把握などの機能をもった学習に用いることができる情報システム全般である。この定義に従えば多くのシステムが該当するので，ここでは代表的な例を挙げる。

15.1.1 EPSS（Electronic Performance Support System，電子業務遂行支援システム）

EPSSはユーザが業務を進めるその場で，仕事の進捗や社員のスキルに合わせて，知識やノウハウを提供するシステムである。EPSSの機能を大きく分けると，データベースとして知識を提供すること，業務を効率化するためのツールの提供が挙げられる。過去に行われた業務を基にマニュアルやツールを作成し，それをシステムに登録していくことでEPSSは成長する。

15.1.2 KMS (Knowledge Management System, 知識管理システム)

KMSは，ユーザが有する知識や情報を共有するための仕組みとそれを支える情報システムである．この場合の知識とは単なるデータである形式知だけではなく，経験やノウハウなどといった言語化しにくい暗黙知も含む．一般的にグループウェアなどの共有型文書管理ソフトを用いることが多い．

15.1.3 CMS (Contents Management System)

CMSはコンテンツを統合・体系的に管理し，配信を行うシステムである．ブログ（ウェブログ）や後述するSNS，WikiなどがCMSの代表例である．テキストや画像，動画などを利用しやすい形で蓄積し，それを手軽に閲覧できるのが特徴である．HTMLなどの知識がなくてもコンテンツを作成・管理できるため，専門の技術者がいなくても利用が可能である．

15.1.4 SNS (Social Networking Service)

SNSは，社会的なネットワークをインターネット上で実現するためのサービスである．狭義には，人と人とのつながりを促進・サポートするコミュニティ型の会員制のサービスとされる．SNSの主目的は人と人とのコミュニケーションにあり，ユーザの人間関係を可視化してコミュニケーションを促進する．

15.1.5 Wiki (ウィキ)

Wikiは専用のエディタを用いずに誰でもウェブページを更新できるシステム，またはそのウェブページを指す．ウェブページの管理者以外のユーザでも更新ができるので，共同作業で文書を作成するのに適している．Wikiを利用した最も有名な例としてはフリー百科事典ウィキペディア（Wikipedia）がある [1]．

これらのシステムやサービスを用いることで組織内の知識や情報を収集し，学習に活用できる．なお，各システムやサービスの定義を見ると，重複する表現が多いものの主たる目的が異なっている．これは同じ事象を組織の観点から見るか，ユーザの観点から見るかによって生じた差異であり，本質的に同じことを指している．

15.2 学習管理システム（LMS）

LMS（Learning Management System）は，教育者や学習者の教育・学習活動を支援するためのシステムであり，eラーニングの中核となる。主な機能としては，以下に示す4つが挙げられる。

15.2.1 教材配信

テキストやファイルなどの学習コンテンツを学習者に配信する機能である。異なるシステムでは教材が動作しないことが問題とされていたが，SCORM（16.1節参照）という標準規格が制定されたため，SCORM形式の教材であれば異なるシステムでも同一の教材が動作する。

15.2.2 学習履歴の蓄積

学習者の学習行動（教材の閲覧，テストの受験など）を逐次記録する機能である。従来の対面授業では把握が困難であった学習者の行動が容易に記録できるため，学習者がどのように学習しているかのプロセスが可視化される。これによって授業設計や教材の改善などが容易に行えることが，eラーニングのメリットとして挙げられる。

15.2.3 学習進捗の管理

学習者がどこまで学習したのかを教育者と学習者の双方が確認できる機能である。教育者は進捗を把握して指導に活かすことが可能であり，学習者は自分の進捗を確認することによってモチベーションが保たれるなどの効果がある。

15.2.4 コミュニケーション

教育者と学習者の間でコミュニケーションを行う機能である。教育者が複数いる場合（インストラクタとメンタなど）には教育者間の情報共有の手段として，教育者と学習者間では指導や質疑応答の手段として，そして学習者間では協調学習の場として機能する。

15.3 学習管理システムの種類

LMSは商用・オープンソースの両者で多数のシステムがある。それぞれ特徴があり，かつ適する学習環境が異なるため，LMSの導入に際してはどのような教育を行うかを分析し，慎重に判断する必要がある。また現在では，自前でサーバを用意してシステムを導入するインハウス型だけでなく，ベンダが運営するサーバで動作するシステムをオンラインで利用するASP（Application Service Provider）型やSaaS（Software as a Service）型のLMSも登場してきている。ここではいくつかのLMSについて特徴を説明する。

15.3.1 RENANDI（レナンディ）

RENANDIは教育機関向けに日本ユニシス株式会社が経済産業省「情報化共通基盤開発事業」に採択され開発した成果を商品化したLMSである（図15.1）[2]。前述した機能をすべて備えており，eラーニング授業だけでなく対面授業の補助にも用いることができる。特に，グループ学習やメンタリングを行うためのワークプレースという機能が充実している。メンタリングワークプレースは，メンタの活動がスムーズに行えるためのガイドライン作成・閲覧機能，複数のメンタがいる場合に担当メンタを切り替えられるシフト機能などがあり，効果的な

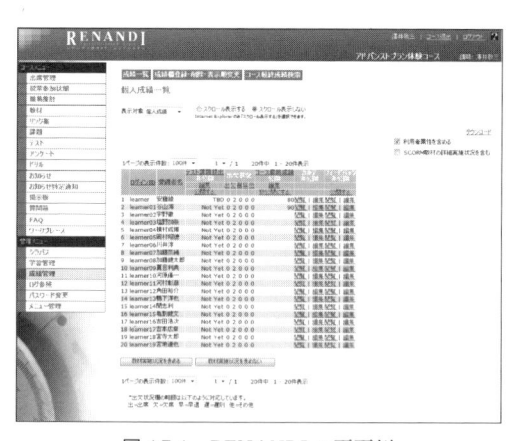

図15.1　RENANDIの画面例

学習支援を行うことができる．利用できる機能のうち，学習進捗把握・分析システム，メンタ支援システムなどの機能は eLPCO の研究結果をもとに共同開発して提供している．ライセンスはインハウス型（ライセンス料 150 万円〜），SaaS 型（ID@60 円／月〜）の両者に対応している．

15.3.2 LearningCast

LearningCast は企業向けに日本ユニシス株式会社が開発した LMS である（図 15.2）[3]．履歴管理は，コースごと，組織ごと，会社全体として運用することができ，コースへの受講登録が，上長による登録・社員からの申込みなど複数の経路で行えるなど，社員教育向けに特化されている．ライセンスは SaaS 型（ID@70 円／月）が用意されている．

図 15.2　LearningCast の画面例

15.3.3 Moodle

Moodle はオープンソースソフトウェアの LMS である（図 15.3）[4]．オープンソースであるため自由にコピー・利用・修正・配布が可能である．社会構成主義に基づいて設計されており，学習者が思いついたことを楽しみながら実施して，洞察や創造を行う環境を提供することが目的とされている．開発はコミュニティで行われており，日々バージョンアップしている．導入する際にはインハウスでサーバをもつことも可能であるが，データベースが使用できるレンタルサーバでも構築が可能である．

図 15.3　Moodle の画面例

15.3.4　Sakai

　Sakai は Moodle と同様にオープンソースソフトウェアの LMS である（図15.4）[5]。米国の複数の大学で独自に開発されていた LMS を統合する目的で開発された。学習だけでなく研究や共同作業を円滑に実施するためのツールが充実しており，日本国内の大学でも導入事例がある。

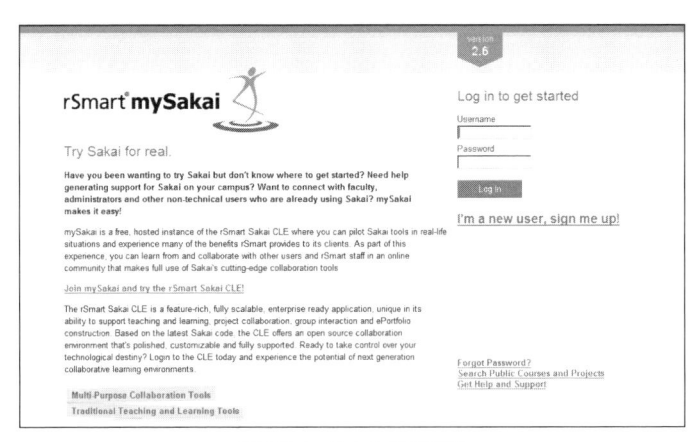

図 15.4　Sakai の画面例

◎参考文献
［1］ウィキペディア フリー百科事典. http://ja.wikipedia.org/
［2］日本ユニシス株式会社 RENANDI. http://www.unisys.co.jp/renandi/
［3］日本ユニシス株式会社 LearningCast. http://www.unisys.co.jp/solution/learningcast/
［4］Moodle.org. http://moodle.org/
［5］Sakai Project. http://sakaiproject.org/
　　（上記 URL は 2010 年 3 月 8 日確認）

第16章 ラーニングコンテンツ

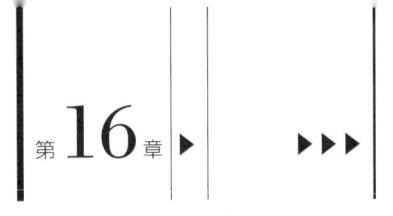

> **本章の学習目標**
> - ラーニングコンテンツの標準規格名を述べることができるようになる。
> - SCORMの概要を説明することができるようになる。
> - SCORM対応コンテンツを作成するソフトウェアを列挙できるようになる。

16.1 SCORM

　eラーニングのためのコンテンツはHTMLや通常のPCのファイルを用いることが多かったものの，これらのファイルはユーザがダウンロードしたことのみしかLMS側で把握できない。そこで学習の進捗を把握するための様々なコンテンツ形式がつくられたが，LMSごとに形式が異なるため，あるLMSでは動作するものの別のLMSでは動作しないということが起きた。このような問題に対処するため，学習コンテンツとLMSの動作や形式を統一して，異なるLMS間でも同じコンテンツが動作できるよう規格化された。このようなコンテンツの規格として代表的なものがSCORM（Sharable Content Object Reference Model）である［1］。SCORMは訳せば「共有可能なコンテントオブジェクト参照モデル」となり，米国のADL（Advanced Distributed Learning）という団体が策定した規格である［2］。SCORMは以下の4つの性能要件を向上するために設計された。
- 学習コンテンツの再利用性（reusability）
- アクセス可能性（accessibility）
- 耐用性（durability）
- 相互互換性（interoperability）

SCORMは現在1.2と2004の2つのバージョンが広く使われている（2010年1月時点）。SCORMではコース構造とSCOと呼ばれる学習単位，そしてメタデータやコンテンツとLMSの間で受け渡すデータの形式をAPI（Application Programmable Interface）として規定している。コンテンツは1つ以上のSCOで学習内容が分割されており，SCOごとに進捗やテストの点数などの情報をサーバとやりとりする。

　SCORMはHTML，Javascript，XMLなどの言語でデータモデルやデータフォーマットが決められている。SCORMのコース構造は階層型であるためインストラクショナルデザインとの相性がよく，コースの学習目標を正確に反映できるメリットがある。さらにSCORM2004ではシーケンシングという機能が追加されており，コンテンツ内でテストを行い，その点数に応じて分岐するなどの処理が可能となっている。

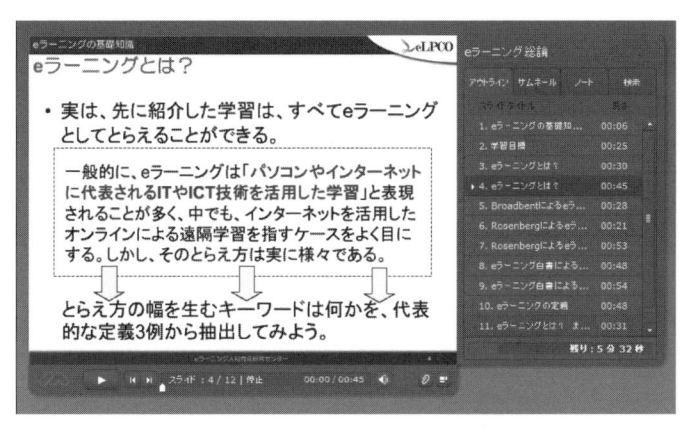

図16.1　SCORMコンテンツの例

16.2　SCORM対応コンテンツの作成

　SCORMはHTML，JavascriptやXMLで実装されたオープンなフォーマットなので，規格に従って手動でプログラミングすることも可能である。しかしながら，一般的にはオーサリングソフトウェアを用いることが多い。オーサリングソ

フトウェアには単体で用いることができるタイプと，その他のコンテンツ作成ソフトウェアのプラグインとして動作するものがある．以下ではいくつかのオーサリングソフトウェアを紹介する．

16.2.1　Adobe Captivate

　Adobe Captivate は，単体で SCORM に対応したコンテンツを作成できる Adobe 社のソフトウェア製品である（図 16.2）[3]．ウェブ上のインタラクティブコンテンツの事実上の標準である Adobe Flash の技術を利用しており，高度なコンテンツが作成可能である．SCORM1.2 と 2004 の両方のコンテンツを出力可能である．しかしながら，高度な表現ができる反面，習熟にはかなりの期間を要する．

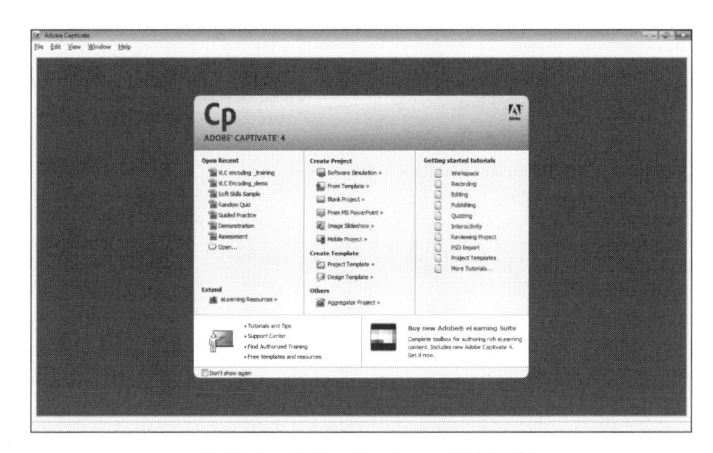

図 16.2　Adobe Captivate の画面例

16.2.2　eXe

　eXe は SCORM に対応したコンテンツを作成可能な，ニュージーランドの大学を中心に開発されているオープンソースソフトウェアである（図 16.3）[4]．SCORM1.2 に対応したコンテンツを出力可能である．あまり高度なコンテンツを作成することは難しいものの，簡単に用いることができる．また，画像や音声，動画などを貼りつけることも可能である．

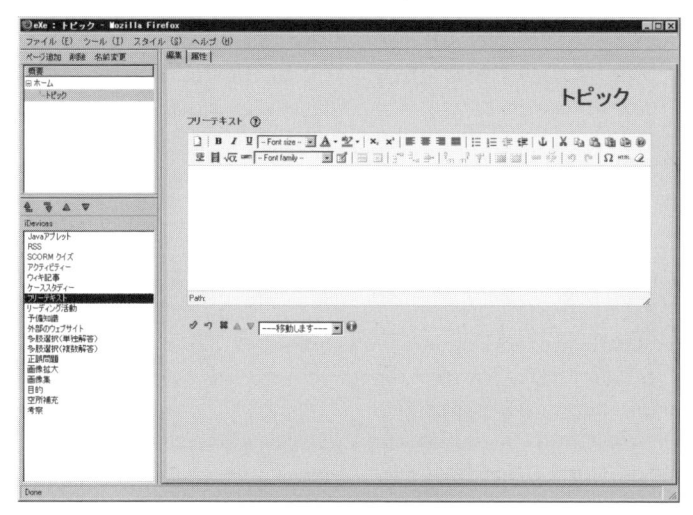

図 16.3 eXe の画面例

16.2.3 Adobe Presenter

Adobe Presenter はプレゼンテーションソフトウェアの Microsoft PowerPoint

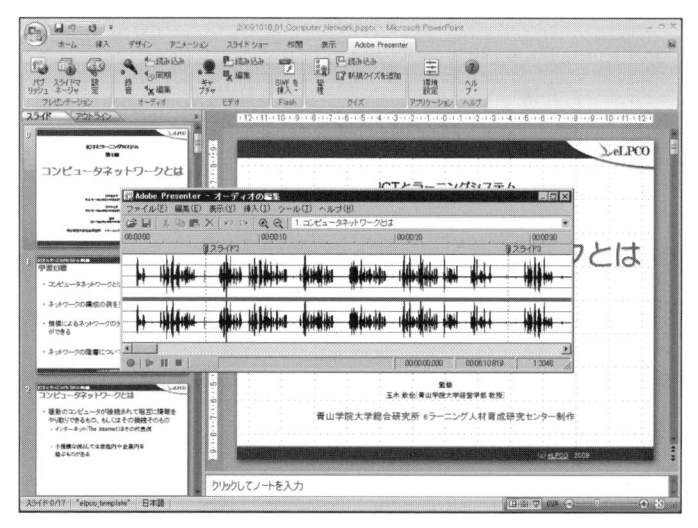

図 16.4 Adobe Presenter の画面例

のプラグインとして動作するソフトウェアである（図16.4）[5]。PowerPointで作成したスライドに音声や動画を貼りつけてSCORM1.2と2004の両方のコンテンツを作成できる。普及しているPowerPointでSCORMコンテンツが作成できるため，扱いやすいソフトウェアである。

◎参考文献
[1] SCORM Documents. http://www.adlnet.gov/Technologies/scorm/SCORMSDocuments/Forms/All%20Documents.aspx
[2] Advanced Distributed Learning. http://www.adlnet.gov/Pages/Default.aspx
[3] Adobe Captivate. http://www.adobe.com/jp/products/captivate/
[4] eXe Learning. http://exelearning.org/
[5] Adobe Presenter. http://www.adobe.com/jp/products/presenter/
（上記URLは2010年3月8日確認）

第17章 セキュリティと情報セキュリティ

> **本章の学習目標**
> - eラーニング専門家が知っておかなければならない，情報セキュリティの重要性を説明できるようになる。

17.1 情報セキュリティ

　セキュリティ（security）という言葉はラテン語の sēcūrus を語源としており，「心配から離れている」という意味で使われてきた。例えば "security of job" は「職を失う心配がない」という意味で用いられている。今日ではセキュリティという概念は，危害を受けることがない物理的に安全な状態だけでなく，心配のない心的状態まで広い範囲で使われている。セキュリティという概念は日本語では「安心・安全」の両方の意味を含んでいるといえる。

　事故や災害など，セキュリティを損なう要因に対してはそれぞれのセキュリティ対策を担当する組織が必要となる。実社会でのセキュリティには，次のようなものが挙げられる。

- 情報セキュリティ（情報資産のセキュリティ）
- ジョブセキュリティ（雇用の安定化）
- ナショナルセキュリティ（国家安全保障）
- パブリックセキュリティ（公安活動）
- ソーシャルセキュリティ（治安活動）

このなかで，eラーニング専門家が知っておくべき事柄が情報セキュリティ[1]である。

　情報セキュリティマネジメントの国際規格である ISO/IEC 27001, ISO/

IEC 27002 を国内規格化した JIS Q 27001, JIS Q 27002 では，情報セキュリティを定義する際に「情報の機密性，完全性及び可用性を維持すること。さらに，真正性，責任追跡性，否認防止及び信頼性のような特性を維持することを含めてもよい」と記述している。これらの情報セキュリティの特性を，e ラーニングにおいて考えてみよう。

17.2 情報セキュリティの特性と e ラーニング

(1) 機密性（Confidentiality）

機密性とは，ある情報資産への許可されたアクセスと許可されていないアクセス（無権限アクセス）とを明確に区別し，アクセスを許可された者だけが許可された範囲内でアクセス（読込み，書込み，一覧表示，操作など）をできるようにする特性である。

e ラーニングでは，情報システムやネットワークの機密性を，認証，アクセス制御，暗号化などのセキュリティ技術を使って確保することができる。また，特に相互学習においては学習者間相互の学びも必要となるため，誰に，どれだけアクセス権限を設定するかを適切に設定できることは，設計段階から考えておく必要がある。

(2) 完全性（Integrity）

完全性とは，データが欠落したり改竄されることなく，正しく処理されることである。情報システムやネットワークには，エラーや物理障害は一定の確率で発生する。そこで，情報システムにはデータのチェック機能や改竄検知機能，あるいは修復機能を備えていることが求められる。

例えば，バックアップした学習データの完全性や，ダウンロードした学習ソフトウェアの完全性を保証するために，ハッシュ関数やデジタル署名を用いることができる。データが改竄されていた場合，たとえファイルサイズが同じであってもハッシュ関数あるいはデジタル署名によって不完全性を検知することができる。

(3) 可用性（Availability）

　可用性とは，情報システムが必要なときにいつでも正常なサービスを提供できる状態を維持する特性である。いかに機密性や完全性が高いシステムであっても，頻繁に故障したり，1つの処理に何分も待たされるようでは意味がない。

　eラーニングを実施する際も，利用目的に応じてリソース（計算処理能力，記憶容量，ネットワーク帯域など）を十分に確保し，予想される負荷に耐えられるように定期保守を実施することで可用性を確保することが必要である。

　これら情報セキュリティの機密性・完全性・可用性は，いずれも高いセキュリティを確保し維持するために必要不可欠な要素である。しかし，これらのセキュリティが高ければよいというわけではない。求められる情報システムの特性によって，求められるセキュリティの高さや優先順位は異なる。機密性を犠牲にしても可用性を確保する場合もある。また，サービスを恒常的に提供する場合と限られた期間で提供される場合とでは，求められる可用性の質も異なる。このように，ある組織において求められるセキュリティの性質と到達の度合いを明らかにしたものをセキュリティレベルと呼び，要求されるセキュリティレベルが高い／低い，要求されるセキュリティレベルを満たしている／満たしていない，という判定に用いる。

　また，情報セキュリティは情報システムだけを扱うわけではないという点にも注意する必要がある。情報セキュリティは，電子化されている／されていないにかかわらず，その組織の情報資産を扱っていることを念頭において検討しなければならない。

17.3　情報セキュリティの付加的な特性

　前出のJIS Q 27001，JIS Q 27002の定義にあるように，「真正性」，「責任追跡性」，「否認防止」および「信頼性」といった特性を情報セキュリティの特性とする場合がある。eラーニングを実施する場面においても，これらの機能が要求される場合がある。

(1) 真正性（authenticity）

　利用者やメッセージがなりすましたものではないことを確実にする特性である。例えば，利用者のなりすましへの対策としては，確実に本人であることを識別・認証することで真正性を高めることができる。eラーニングでは，信頼できる機関からのデジタル署名や，本人の身分証の提示をシステムに組み込む場合がある。また，複数の要素（パスワード，スマートカード，乱数表など）を行うことでも真正性を高めることができる。メッセージのなりすましについては，暗号化プロトコルを正しく利用することで情報が改変されていないことを確認できる。

(2) 責任追跡性（accountability）

　システムの利用について，誰が何を行ったかを一意に追跡できることを確実にする特性である。eラーニングの場合，学習者がLMSを利用した履歴を活用する場合がある。その場合，LMSやネットワークへのアクセス状況に関する記録（ログなど）を確実に取得することで，責任追跡性を確保することが可能となる。また，その前提として，利用者を一意に識別できることが必要となる。

(3) 否認防止（non-repudiation）

　ある活動や事象が起きたことを，あとになって「そんなことはなかった」と否認されないように証明できることである。これには真正性，責任追跡性，完全性を適切に確保することが必要であり，改竄されていない，漏れなく一貫した記録を残すこと，そして利用者本人の活動を識別できることが重要である。

(4) 信頼性（reliability）

　情報システムにおける処理の結果と期待される結果との間に矛盾がなく，整合がとれていることを確実にする特性である。信頼性を高めるためには情報システムに欠陥や不具合がなく，正常動作することが必要である。

　eラーニングにおいては，確実に動作する構成要素を用いてシステムを構築するとともに，構成要素の組合せによって新たな誤動作を招かないように情報収集やテストを実施することが必要となる。そして，セキュリティ機関やユーザコミ

ユニティでソフトウェアやハードウェアの不具合が報告されたら，迅速に対処できる体制づくりも重要となる．

17.4 情報セキュリティマネジメント

ここでは，情報セキュリティマネジメントの必要性や，推進にあたって必要とされる考え方を説明する．情報セキュリティはセキュリティ機器を導入すれば完成するものではない．そのセキュリティ機器がセキュリティレベルを満たしているかを評価したり，時代遅れになったものを改善するためには，明確で持続可能な手続きが必要となる．そのための仕組みが情報セキュリティマネジメントという考え方である．

前述の ISO/IEC 27001 では，「事業リスクに対する取組み方に基づいて，情報セキュリティの確立，導入，運用，監視，レビュー，維持及び改善を担う部分」を「情報セキュリティマネジメントシステム（ISMS：Information Security Management System）」と定義している．

情報セキュリティマネジメントは，個々の手続きを一連のサイクルとして取り出す「システム的アプローチ」に基づいている．このサイクルは，Plan（計画・

Column	システム的アプローチ

すでにインストラクショナルデザインについて学ばれた読者の方は，PDCA モデルを見て「ADDIE モデルと似ているな」と思われるかもしれません．実は，インストラクショナルデザインは PDCA モデルの考え方に強い影響を受けています．

PDCA モデルはもともと製造業の現場での改善運動から生まれ，それが様々なマネジメント手法やサービス業務に応用されたものです（応用を推進した提唱者の名前をつけて「デミングサイクル」と呼ばれる場合もあります）．情報セキュリティマネジメントやインストラクショナルデザインにこの考え方が導入されたのは，1940 年代から 1950 年代の米国で航空宇宙や軍事の研究開発に結集した各分野の専門家によるものです．

こうした 20 世紀中頃にさかのぼる e ラーニングの起源については，野嶋・鈴木・吉田『人間情報科学と e ラーニング』（放送大学教育振興会，2006）に収録された関係者インタビューでふれられています．

策定），Do（導入・運用），Check（評価・点検），Act（見直し・改善）の4つのステップから構成され，このサイクルを繰り返すことで継続的に情報セキュリティマネジメントを推進する．

17.5 セキュリティ対策

17.5.1 情報セキュリティにおける脅威

インターネットに接続された情報システムは，様々な攻撃を受けることになる．その種類は自動プログラムによる無差別攻撃からソフトウェアの誤動作による意図せざる攻撃まで多様化しており，事前にすべてを予測することはできない [2]．また，インターネットに接続されていなくても，利用者の想定外の操作や自然災害によって問題が発生する可能性はないとはいえない．こうした「脅威」は，通常の利用では問題化していない．しかし，いったん現実のものとなると情報資産を損なう深刻な問題につながるおそれがある．

eラーニングにおいても，攻撃されている間のサービスが非常に遅くなる，不慮の事故による誤動作によってデータを消去してしまう，無権限アクセスを許して利用者の個人情報が漏洩してしまう，といった深刻な実害が発生する可能性は常にある．では，それらはどのようにして発生するのだろうか．

単なる脅威が実害を及ぼすものになるには，その要因になるような情報セキュリティの欠陥や弱点が存在すると考えられる．これらは，まとめて情報セキュリティにおける脆弱性と呼ばれ，俗に「セキュリティホール」とも呼ばれている．一般に，災害や攻撃の脅威は取り除くことは困難だが，セキュリティホールは自組織内の弱点や欠陥を洗い出すことで発見し，手当てをすることが可能となる．

17.5.2 セキュリティホールとセキュリティ対策の例

コンピュータウイルスはセキュリティホールへの攻撃の代表例としてよく知られている．ファイルを開いた（実行した）ら仕込まれたプログラムが動きだすものから，ネットワークに接続しただけで悪意のあるプログラムが実行されるものまである．多くの場合，これらの攻撃はすでに知られているソフトウェアの欠陥

を突いたもので，そのセキュリティホールをふさげば防御できる。したがって，セキュリティ対策としては，OSや使用しているソフトウェアを最新バージョンにするとともに，メーカーが公開している最新の修正プログラム（パッチ）を適用することが必要となる。また，ウイルス対策ツールをインストールし，ウイルスのカタログを定期的に更新することで新たなコンピュータウイルスへの対策をとることもできる。

　ここで，攻撃の代表例として扱ったコンピュータウイルスについては，各利用者がそれぞれセキュリティ対策を実施することができる。しかし，利用者によって実施するセキュリティ対策を揃えないと攻撃を取り除くことはできない。そこで，セキュリティ対策を誰がどのように施すのかを明らかにしておく必要がある。その役割を果たすのがセキュリティポリシーなのである。

17.5.3　セキュリティポリシーの策定

　セキュリティ対策を実施するための方針と基準を明文化したものが，セキュリティポリシーである。セキュリティポリシーの中身には厳密な決まりはないが，セキュリティ対策を効果的に実施するためには，その組織の行動の方針と，セキュリティレベルの明確な基準が必要となる。

(1) 情報セキュリティ基本方針

　その組織の情報セキュリティに対する統一的な原則や基本的な考え方を示したものが，情報セキュリティ基本方針である。内容は，誰が何のために何をどう守るのか，といった基本的なもので，目的，対象とする情報資産，体制，義務などを明らかにし，組織のメンバーが共有できるものである必要がある。このため，組織の従来の方針や規則と矛盾が生じない内容にすべきであり，組織の経営理念や経営戦略，責任規定と整合性を保つようにするには各部門の責任者の協力が必要となる。

(2) 情報セキュリティ対策基準

　情報セキュリティ基本方針を周知するだけでは十分にセキュリティ対策が行わ

れているかどうかを判断できない。また，セキュリティ対策を全力で実施しても，それが組織の求める目的と合致しているかどうかを判定できない。そのための基準として，求められるセキュリティレベルを定め，どうやってそれを維持するのかという決まりを明文化したのが情報セキュリティ対策基準である。

　セキュリティポリシーによってこうした方針と基準を明確にすることで，セキュリティ対策にはどのような効果があるのだろうか。組織の求めるセキュリティレベルが明らかになれば，それを確保するために必要な改善点も明らかになり，様々なセキュリティ対策のなかで，その組織は何をすべきかの優先順位をつけることが可能になる。言い換えれば，限られた予算のなかで最大限の効果を得ることが可能になる。他方，もしもセキュリティ対策に関する統一的な基準や明確な管理体制がないと，情報システムやネットワークの各担当者が個別の判断でセキュリティ対策を実施することになるだろう。その結果，セキュリティレベルが低いレベルにとどまる部局が残るおそれがある。この状態では一部の部局が過剰にセキュリティ投資を行っても全体のセキュリティレベルは低いままとなり，投資に見合った効果は期待できない。
　さらに，セキュリティポリシーを策定し実践することで，組織全体の統一性や信頼性を高めることが期待できる。

17.6　eラーニング専門家と情報セキュリティの体制

　eラーニング専門家は，セキュリティ担当者と連携することでよりセキュアなeラーニング環境を活用することができる。さらに，組織のセキュリティポリシーを確立し共有することで，eラーニング推進組織としての信頼性を高めることが可能となる。
　また，組織が情報セキュリティマネジメントを推進すれば，各部門で情報セキュリティ教育を実施する必要が生じる。このとき，eラーニング専門家が情報セキュリティ教育の責任を担う事例も増えることが予想される［3］［4］。eラーニング専門家にとって，情報セキュリティが今後さらに重要になることは間違いない。

◎参考文献
［1］ロス・アンダーソン（2002）『情報セキュリティ技術大全―信頼できる分散システム構築のために』日経BP社（原書は新版が出ている）．
［2］吉田柳太郎・西邑亨（2004）『地域住民と自治体のための住基ネット・セキュリティ入門』七つ森書館．
［3］静谷啓樹（2008）『情報倫理ケーススタディ』サイエンス社．
［4］Richards, M., Price, B. and Nuseibeh, B. (2008) Placing computer security at the heart of learning, Progress in Informatics No. 8, pp .91-98. http://www.nii.ac.jp/pi/n5/5_91.html （2010年3月8日確認）

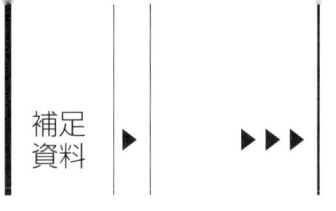

eラーニングを活用している組織の実例

ヤマハ株式会社

　ヤマハ音楽教室といえば，誰もが一度は見聞きしたことがあるはずだ。今や1歳児から大人にいたる幅広い層の人々を対象に音楽教育を展開している。ヤマハ株式会社は1887年創業の企業であり，主な事業は，楽器事業のほか，AV・IT事業，電子部品事業，リビング事業，レクリエーション事業，その他事業（ゴルフ用品，自動車用内装部品，FA機器，金型・部品等）と幅広い。

　ここで紹介するeラーニングは，「ヤマハ大人の音楽レッスン」のカリキュラムを基本としている。ヤマハ大人の音楽レッスンは現在，全国1,600会場で展開され，大人向け音楽教室は20年を超える歴史をもち，約11万5,000人が在籍している。お話しを伺った普及企画部MLOプロジェクトの佐藤力氏と吉田智之氏は，eラーニング導入のきっかけを次のように説明された。

導入の背景

　導入の背景には，20歳以上で年間20日以上楽器を演奏している人が約400万人は存在するという調査結果（平成18年度総務省統計局「社会生活基本調査」）や，同社が展開している大人向け音楽教室の参加者データなどから推察可能な，潜在需要の高さがある。これに加え，社会人は場所や時間により受講時間が限定されるという事情があった。特に19時以降は社会人が音楽教室に参加しやすいゴールデンタイムであり，それ以外の時間帯では参加が難しい受講者が多かったという。

　現在の受講者の年齢は，リアルな教室は平均年齢が42歳。一方eラーニングの場合は，30代後半から40代前半が中心だが，50代後半まで受講者が幅広く分

散している傾向がある。男女比は，リアルな教室では男性対女性が3対7だが，eラーニングの場合は逆転し，男性7に対して女性が3という割合となる。

興味深いところでは，いつでも，どこにいても学習することができるeラーニングだけに，地方の受講者も少なくないと予想したが，首都圏在住の参加者が多く，全体の7割を占めているという。

eラーニングの概要

受講者は，ウェブブラウザを活用して楽器演奏を学ぶことになる。例えば，基礎コースのエレクトリックギターの場合は，音の調律方法や弦の押え方など基本的なレッスンから始まり，サンプル曲に合わせての演奏レッスンに入っていく。演奏レッスンでは，画面に楽譜，演奏に合わせて押えるフレットが表示されるフレット図，そして実際の演奏動画が表示され，それぞれがシンクロする形で進行していく。受講者は，これらを見ながらレッスンを行っていくため，今どこを弾いているのかが容易に理解でき，自分のペースで学習することが可能となる。

他の楽器についても基本的構成は同じであり，視覚・聴覚からの情報を実際の動きに反映させていくレッスンである。技能スキルの習得には繰り返しが欠かせないが，非同期型のeラーニングのため何度でも繰り返し学習することが可能である。

eラーニングを活用するコースは大きく3つから構成されている。①楽器の習得を目指す「基礎コース」，②ジャズから作詞まで特定ジャンルのテクニックが学べる「eセミナー」，③1〜3ヶ月を目標に1曲のマスターを目指す「ネットで一曲名人」がそれである。

リアルな教室で培われたノウハウを活かしたカリキュラムで，eラーニングではあるがリアルな教室と同じテキストを使用している。そうすることで，「リアルな教室からeラーニングへ，eラーニングからリアルな教室へ」という受講者の流れを導く構成となっている（図1参照）。

コンテンツの制作について

eラーニングで活用するコンテンツの制作は，「ヤマハ音楽教室」や「ヤマハ

```
┌─────────────┐   ┌──────────────┐   ┌─────────────┐
│             │   │リアルな教室で培われた│   │             │
│             │──┤カリキュラムとテキスト├──│ミュージック    │
│ リアルな教室  │   │ブックを使用    │   │レッスンオンライン│
│(通常の音楽教室)│   └──────┬───────┘   │(eラーニング)  │
│             │   ┌──────▼───────┐   │             │
│             │   │それぞれの受講者が，状況│   │             │
│             │   │によってはどちらの教室にも変│   │             │
│             │   │更することが可能となる│   │             │
│             │◄──┴──────────────┴──►│             │
└─────────────┘                        └─────────────┘
```

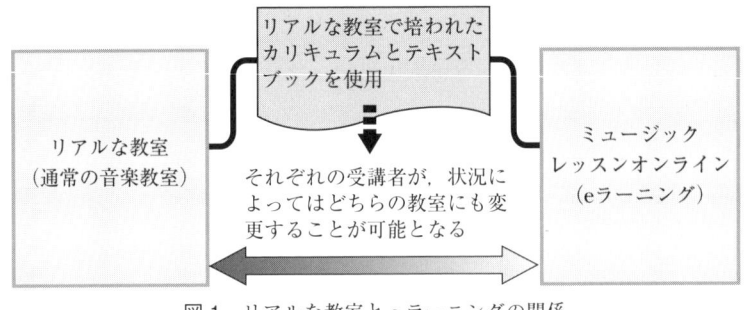

図1　リアルな教室とeラーニングの関係

大人の音楽レッスン」のカリキュラムやテキストを長年にわたり開発し，音楽教育に豊富なノウハウを持つ，財団法人ヤマハ音楽振興会が制作している。

ビジネスのポイントと課題

(1) 楽器を所有していない人には，ヤマハミュージックリース株式会社を通して楽器をレンタルすることで，受講者が少しでも受講しやすい環境をつくり出している。さらに1曲をマスターする講座では，株式会社ヤマハミュージックメディアを通して1曲単位の楽譜を購入しレッスンを受講する講座も2008年10月より開始するなど，関連会社を有効に活用している。

　このように，グループ企業が協働しそれぞれが役割を全うすることで，効果・効率の上がるプログラムを提供している。

　自分たちの得意分野・役割の認識と，活用できる組織や部門の洗い出しによって，効果・効率の上がる，さらにはビジネス展開が可能なビジネスモデルの構築が可能になる。

(2) 使用教材を共有することにより，リアルな教室とeラーニングのシナジー効果を有効に活用している。

　eラーニングはリアルな教室と競合するものではなく，いかに共存させるのかを考えることで，大きなシナジー効果が期待できる。

　課題は，継続率を上げるモチベーション方法の確立が急務である点だ。長期間

にわたり継続して学習してもらうためのモチベーション方法の確立は，今回の事例以外でもニーズが多く，それゆえビジネス化のチャンスは高いといえる。

株式会社デジタル・ナレッジ

　eラーニングをビジネスツールのひとつとして展開している企業は多い。多くの場合は，eラーニング以外にもビジネスを展開しているが，株式会社デジタル・ナレッジは，eラーニングだけで成長を遂げている異色の企業である。ここでは，このデジタル・ナレッジがどのような経緯で設立され，どのようなビジネススキームで成長を遂げてきたのか？　そこから見えてくるeラーニングビジネスのポイントなどをご紹介する。お話しは，同社代表取締役社長の埴弘明氏，プロモーション事業部事業部長（兼）ブランド推進室室長の丹羽潤一氏に伺った。

　株式会社デジタル・ナレッジは，1995年に設立された比較的新しい企業である。教材開発，ホスティング，運用，コンサルテーションなどeラーニングに関するあらゆる要素をトータルにサポートしている。現在400を超えるスクール（＝教育ビジネス事業者）や学校法人，さらには企業内研修を実施する部門に対して，カスタム化されたeラーニング講座の立ち上げを行い，成功に導いている。

小学生向け在宅学習システムの開発がスタート

　起業への道程は，PCを活用した小学生向け在宅学習システムの開発から始まったという。手弁当でつくり上げた教育システムを営業するなかで，市場におけるニーズは感じたが，より多くのユーザに興味をもってもらうためには，ブランド力のある教育のプロ（学習塾）の理解と協力が必要だということを痛感し，その分野への働きかけの末に起業することとなった。

　自己を冷静に分析できたことが起業成功のポイントのひとつであった。つまり，自らに足りないもの（教育に関する知識やノウハウ）を冷静に自己分析し，それを外部のプロに求めたことになる。何でも自家生産してしまっては，無駄な費用がかかるうえに効果も望めない点に当初から気がついていた。そして，学習塾とのビジネスの成功により，以後は口コミやプロジェクトに関わった人たち経由で

事業が広がっていくこととなった。

　学びをeラーニング化することでビジネス機会を創出するという，彼らの姿勢は一貫している。しかし一方で，教育自体を行うベンダという立場を取ってはいない。自ら教育をつくり出すことはせず，クライアントである教育機関と受講者を結びつける架け橋となることに徹している。

3つのビジネスフィールド

　教育機関と同じ目線に立ち，両者をつなぐ架け橋に徹することで，企業としての独自性を創出し，そのためにあらゆるソリューションを展開する。現在，大きくは3つのフィールドでビジネスを展開している。

(1) スクールビジネス（学校法人ではなく，教育をビジネスとして展開している企業）
　　例）ヤマハ株式会社，デジタルハリウッド株式会社，株式会社ベネッセコーポレーションなど
(2) 学校法人とのビジネス
　　例）明治大学，大手前大学，八洲学園大学
(3) 企業・官公庁とのビジネス
　　例）鹿島建設株式会社，社団法人不動産証券化協会，株式会社セイジョー

　具体的には，どのようなeラーニングによる総合ソリューションを提供しているのだろうか。3つあるシステム系をまとめると，業務は大きく4つに分類されている（図2参照）。システム系のほかに，教材販売，マーケティングや広告営業業務，そしてeラーニングの運用業務である。図3に示したようにeラーニングを取り巻く状況は変化を続けてきた。そんな流れのなかで，eラーニングに特化している同社は，その時々の情勢に敏感にしかも柔軟に対応しながら，その市場とともに成長を続けてきたことになる。

　同社によると，現在，それぞれのビジネス（スクールビジネス，学校，企業・官公庁）は，規模的にはほぼ同比率（1/3ずつ）で展開中であるという。今後市場は，『eラーニング白書 2007/2008 年版』でも示されているように，教育関連

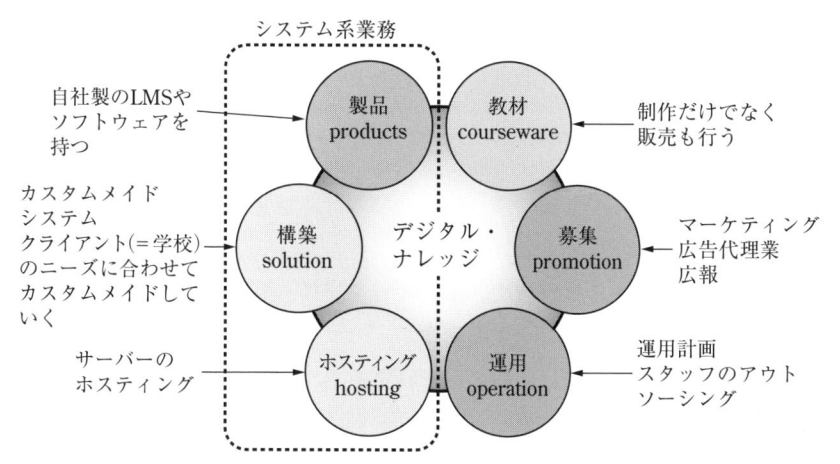

図2 eラーニングの総合ソリューションを提供（業務は大きく4つ）。デジタル・ナレッジ社のパンフレットを参考に作成

システム系業務

- 製品 products ← 自社製のLMSやソフトウェアを持つ
- 教材 courseware ← 制作だけでなく販売も行う
- 構築 solution ← カスタムメイドシステム クライアント(=学校)のニーズに合わせてカスタムメイドしていく
- 募集 promotion ← マーケティング 広告代理業 広報
- ホスティング hosting ← サーバーのホスティング
- 運用 operation ← 運用計画 スタッフのアウトソーシング

デジタル・ナレッジ

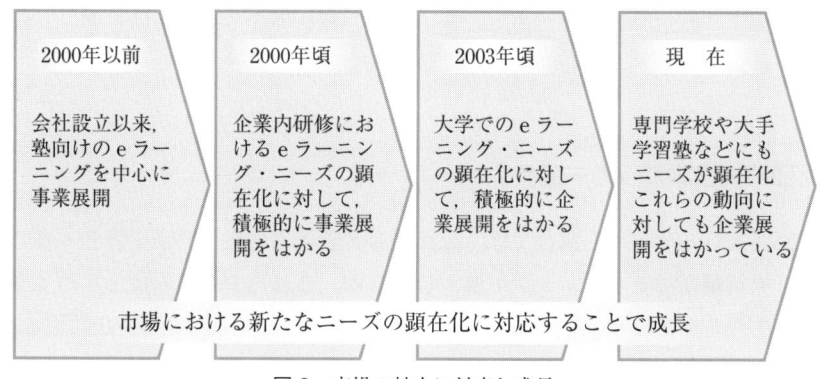

2000年以前：会社設立以来，塾向けのeラーニングを中心に事業展開

2000年頃：企業内研修におけるeラーニング・ニーズの顕在化に対して，積極的に事業展開をはかる

2003年頃：大学でのeラーニング・ニーズの顕在化に対して，積極的に企業展開をはかる

現在：専門学校や大手学習塾などにもニーズが顕在化 これらの動向に対しても企業展開をはかっている

市場における新たなニーズの顕在化に対応することで成長

図3 市場の拡大に対応し成長

事業への比重が大きくなると予想されている。同社においても，スクールビジネス，学校法人とのビジネスが，ますます活発化する方向にあるという。

　eラーニングに特化したビジネスを展開している同社だが，教育機関と受講者を結ぶ架け橋をさらにステップアップさせるような学び，さらにはビジネスをプロデュースできる人材の必要性を感じているという。逆にいえば，そういった人材はまだ市場には不足していることになる。eラーニング専門家を目指す人たち

にとっては，この能力，つまりビジネスをプロデュースできる力をつけることで，ビジネスチャンスをつかむ可能性は高い。

ビジネスのポイントと課題
(1) 市場の拡大を自らの企業の成長へと結びつける嗅覚をもち，市場の拡大に瞬時に対応する敏捷性と柔軟性。
(2) クライアントである教育機関とよい教育を提供しようとする思いを共有することでビジネスチャンスを生み出す。
(3) 自らの立ち位置を明確にすることで特色を出す。自ら教育をつくり出すのではなく，クライアントの思い（教育）を形にすることに専心する。そのために必要なソリューションはオールマイティーに展開する。

課題としては，新たな学び・ビジネスの創出には，eラーニングをいかにプロデュースするかが問われるため，こういったことを実現できる人材をどのように育成していくかである。

財団法人日本サッカー協会

財団法人日本サッカー協会では，公認指導者養成講習会や公認指導者・審判員の資格更新制度にeラーニングを導入している。これらの取組みは，どのような経緯で立ち上がり，どのように展開しているのかを，技術部の荒谷潤氏に伺った。特に今回の事例紹介では，公認B級コーチを中心に紹介する。資格の取得や更新という，今後，eラーニングをビジネス化する方法としては欠かせないスキームのポイントを考えてみよう。

1921年に設立された日本サッカー協会は，年間予算約162億円（2009年度），2008年度登録選手数889,288人，登録チーム数28,990チームを誇る，日本サッカー界を統括するスポーツ団体である。歴史的にみても，近代五輪草創期からの中心競技である日本陸上競技連盟（1929年設立），日本水泳連盟（1924年設立）よりも長い歴史をもつ。事業規模的にみても日本相撲協会に匹敵する規模であり，

名実ともに日本を代表するスポーツ団体である。

JFA 指導者ライセンス体系

　サッカー指導者の資格プログラムである公認リーダーの養成は，今から40年近く前の1971年に遡る。1998年に，日本体育協会の公認スポーツ指導者制度に準じる形で公認C級コーチ→公認B級コーチ→公認A級コーチという図式を構築している。その後，1998年にインストラクター制度が始まっている。現在では，Jリーグなどプロチームでの指導が可能となるS級資格を頂点に，10歳以下の選手・子供たちに関わる指導者・父兄等で，身体を動かすことの楽しさを伝える指導者の育成を目指す公認キッズリーダーまで，幅広い層の指導者を育成している（図4参照）。

eラーニング導入の背景

　Jリーグの発足以来，サッカーの人気・知名度は飛躍的に上がり，3度にわたるワールドカップへの参加によってサッカー人気はより磐石なものとなった。そ

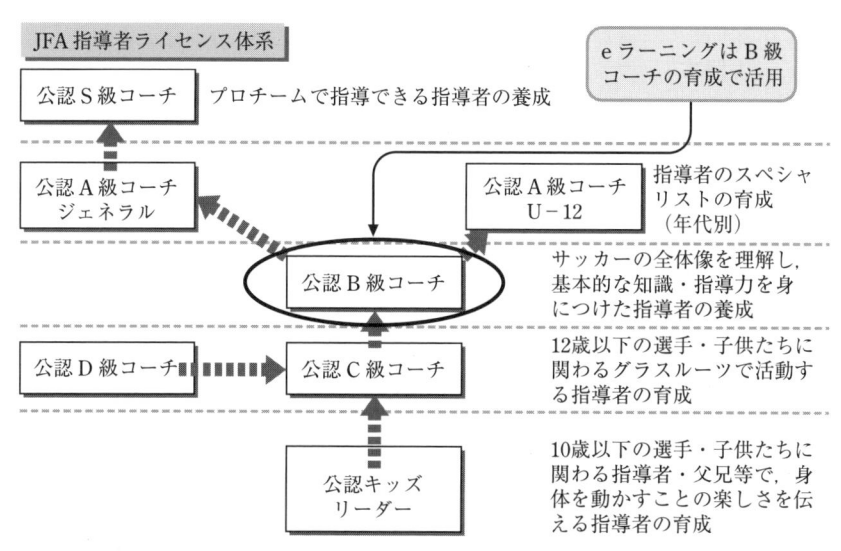

図4　JFA指導者ライセンス体系とeラーニング

ういった背景から，サッカーの指導者や審判員の資格取得を目指す人たちは多い。現在，年間でC級4,000名，D級5,000名が各都道府県協会主管で養成されており，さらに上を目指す指導者は多数存在する。このニーズに応えるためには，以下のような課題が考えられた。

(1) 約120名の受講者に対し1名のインストラクタ（＝講師）のうえ，短期集中のため詰め込み式にならざるを得ない状況
(2) 科目ごとにインストラクタが異なるため人材確保が困難
(3) 時間的な負担：3回の集合研修は社会人には負担が大きい
(4) 経費的な負担：受講料以外に宿泊費や交通費の負担が大きい

導入されたeラーニングの概要

　前述の課題を解決するために非同期分散型のeラーニングが導入され，公認B級コーチ養成の共通科目において2007年度から実施されている。プログラムの内容は，共通科目，専門科目の2つに大別される。共通科目は6日間実施。実技，4分野から構成される座学（スポーツ心理学，スポーツ医学，スポーツの社会科学，トレーニング科学），試験などが実施されている。eラーニングの活用は，実技と試験を除く共通科目の座学講習に適用されている。これによって5泊6日間の集合講習会は，1泊2日に短縮されることになった。

　専門科目は5泊6日を前期，後期に分けて行われ，実技，講義，口述試験，筆記試験などが実施される。受講料は80,000円で，集合のみとeラーニングを含むプログラムは同額となっている。2007年度は32名×12コースが実施され，定員は384名であった。

　eラーニング教材は，ストーリー編とテキスト編から構成されている。ストーリー編はケーススタディーを活用し，ストーリーに沿って学習が進められる。各ストーリーの最後に設問が用意されており，より実戦を意識して学習することができるという。ストーリー編はテキスト編にリンクされているため，設問に対する詳細な説明をテキスト編で確認することも可能となっている。

　公認B級コーチ以外では，以下のリフレッシュ（更新）コースでeラーニングが活用されている。

(1) 公認指導者のリフレッシュ研修会
　　　現在4コース開設／常時インターネット上で開講
(2) サッカー4級審判員更新講習会
(3) フットサル4級審判員更新講習会

eラーニング活用のポイントと課題

(1) 公認コーチの養成は，上位資格ほど受講への障壁が多い（内容の難しさ，集合研修の回数や期間等）が，受講希望者も多く，eラーニング導入により受講機会の掘り起こしにつながっている。サッカーに限らず資格取得関連のプログラムは，受講障壁（集合研修の回数，期間，課題の提出回数など）が多いものほど，eラーニング化することで，より多くの受講者を確保できる可能性がある。

(2) 　資格更新研修は，受講者管理など運用に煩雑な作業が多くなるが，公認コーチ養成を目指した講習会よりも学習のボリュームは少ないため，eラーニング化しやすく，場合によってはビジネス展開できる可能性は高い。

　課題としては，多数の受講対象者に対して，双方向性のある学習支援をどのように実施していくのかを挙げることができる。この点は，今後のプログラムの発展には欠かせない要素であり，大規模な受講者に対する効果的な学習支援体制の確立と合わせて重要となってくることが予想される。

索引

英数字

9 教授事象　122, 130
ADDIE モデル　23, 165, 271
Adobe Captivate　264
Adobe Presenter　265
ARCS モデル　80, 122, 123
ASP（Application Service Provider）　20
CBS（Cost Breakdown Structure）　51
CBT（Computer Based Training）　4, 8
CMS（Contents Management System）　87, 256
CPM（Critical Path Method）　51
CSCL（Computer Supported Collaborative Learning）　10
DNS（Domain Name System）　244
EPSS（Electronic Performance Support System）　255
ERP（Enterprise Resource Planning）　32
eXe　264
e ラーニング専門家　22
　→インストラクショナルデザイナ
　→インストラクタ
　→コンテンツスペシャリスト
　→メンタ
　→ラーニングシステムプロデューサ
e ラーニングによる協調学習　→CSCL
ICT（Information and Communication Technology）　2, 66
ID（Instructional Design）　19, 23, 34, 54, 66, 140, 151, 271
　——の第一原理　122, 129, 137
　——プロセス　67, 151
IP（Internet Protocol）　239
ISMS（Information Security Management System）　271
IT（Information Technology）　2
KMS（Knowledge Management System）　256
LAN（Local Area Network）　234
LearningCast　259
LMS（Learning Management System）　20, 66, 87, 257
Moodle　259
OBS（Organization Breakdown Structure）　53
Off-JT（Off the Job Training）　28
OJT（On the Job Training）　29, 34
　インフォーマルな——　29
　フォーマルな——　29
OSI 参照モデル　234
P2P（Peer to Peer）モデル　233
PERT（Program Evaluation and Review Technique）　51
QCD　60
RENANDI　258
RFP（Request For Proposal）　63
ROI（Return On Investment）　17, 151, 162
Sakai　260
SBS（System Breakdown Structure）　42, 48
SCORM（Sharable Content Object Reference Model）　262

SME（Subject Matter Expert） 21, 55
SNS（Social Networking Service） 8, 228, 256
SRL（Self-Regulated Learning） 10
SSH（Secure SHell） 245
TCP（TeleCommunication Protocol） 241
TCP/IP（TeleCommunication Protocol, Internet Protocol） 238
VOD（Video On Demand） 4, 10, 217
WAN（Wide Area Network） 234
WBS（Work Breakdown Structure） 42, 49
WBT（Web Based Training） 4, 8, 10, 19
Wiki 256
WWW（World Wide Web） 244

あ

アーキテクチャデザイン 63
イーサネット 249
意見聴取義務 228
一対一評価 152, 153
一身専属上の権利 177
イニシャルコスト 95
インストラクショナルデザイナ（IDer） 19, 22, 54, 57, 156
インストラクショナルデザイン →ID
インストラクタ 20, 22, 60, 156
インターネット 8, 178, 196, 235, 272
引用 186
運動技能 146

か

カークパトリックの4段階評価 151, 160
改善提案 58

階層別教育 27
学習環境 35
　——コンテクスト 90
　——デザイン 34
　——分析 91
学習管理システム →LMS
学習者コスト 96
学習者中心主義 35
学習する組織 40
学習成果の5分類 145
学習目標 82
　——系列化 116
　——構造化 113
　——詳細化 107
　——分析 82
学習履歴 158
学習理論 136, 140
学習ログ 158
課題分析 83
環境分析 91
ガントチャート 51
関連性 123
企画提案書 57, 70
企業内大学 33
技術的安全管理措置 214
技術分析 86
機能分析 86
キャリア 36
　——・ディベロップメント・プログラム 37
　——・ドリフト 38
　——開発 37
　節目の——デザイン 38
教育シミュレータ 9, 93
教育目標の分類 107

協調学習　→ CSCL
協働プロジェクトマネジメントモデル　54
業務に関わる要素　92
クライアント-サーバモデル　233
クリティカルパス　→ CPM
形成的評価　58, 151
ゲーム　8, 9
言語情報　146
権利制限規定　186
権利の束　176
行為動詞　84
公開度　88
合格基準　84
効果の法則　149
公衆送信　190
　——権　183
構成主義　136
　——的学習モデル　141, 143
工程表　50
行動主義　136, 142
公表権　178
コース評価　58
コーチング　30
コーポレート・ユニバーシティ　33
個人情報　215
　——データベース　207
　——取扱事業者　208
　——保護法　204
個別性　44
コミュニケーションデータ　158
コンテキスト　91
コンテンツスペシャリスト　22, 58, 156
コンピュータネットワーク　232

さ

策定タスク　53
自己啓発　30
自己調整学習　→ SRL
自信　123
自然環境　92
実施環境　91
実施条件　84
実証実験授業　156
実践共同体（Community of Practice）　40
実地試行　152
実地評価　152, 155
実務環境　91
　——分析　91
氏名表示権　178
社会認知主義　143
集合型協調学習　13
集合型自己学習　13
授業運営計画　60
情意の領域　107
状況論　136, 143
小集団評価　152, 154
昇進　36
情報技術（IT）　→ ICT
情報セキュリティ　267
　——マネジメント　267, 271, 272
　——マネジメントシステム　→ ISMS
情報通信技術　→ ICT
職能別教育　27
人材開発　38
人的安全管理措置　213
ステークホルダー　45
精神運動的領域　107
成人学習理論　122, 126

セキュリティホール　272, 273
セキュリティポリシー　273, 274
セキュリティレベル　269, 274
設計仕様　48
　——書　57, 104
選定タスク　48
総括的評価　58, 151, 160
送信可能化権　184
組織学習　38
組織的安全管理措置　213

■ た

対象者分析　78
態度　146
タスク分析アプローチ　109
知識管理システム　→ KMS
知的技能　146
注意　123
チュータ　20
調査データ　158
著作権ガイドライン　197
著作権法　172, 174
著作財産権　176, 182
著作者人格権　176
著作物利用　193
定義タスク　47
データ収集アプローチ　110
データリンク　247
電子業務遂行支援システム　→ EPSS
同一性保持権　179
同期型協調学習　11
同期型自己学習　11
同期型集合学習　14
同期型分散学習　14
同期性　88

動作環境　91
　——分析　86
投資利益率　→ ROI
特定期間内　43
特定使命　43
特定電気通信　221
　——役務提供者　221
トポロジー　247

■ な

内容領域分析アプローチ　110
ニーズ分析　75
認知主義　136, 142
認知的方略　146
認知的領域　107
ネットワーク　51

■ は

配置転換　36
ハイブリッドモデル　233
発信者情報の開示　226
パフォーマンスコンテクスト　90
パブリックドメイン　175
ビジネスコスト　97
ビジネスマナー研修　133
非同期型協調学習　12
非同期型自己学習　12
非同期型分散学習　14
評価条件　84
評価報告書　58
フィードバック　148, 152
　——のフレームの4分類　149
不確実性　44
複製権　182
物理的安全管理措置　213

索引　289

プライバシー情報　215
ブレンディッドラーニング　15, 16, 17, 29
プロジェクト　43
プロジェクトマネジメント　21, 45
　——タスク　46
　——プロセス　45
プロダクトオリエンティッドプロセス　46
プロバイダ責任制限法　218
分散型協調学習　13
分散型自己学習　12
ヘルプデスク　20
方向性　88
　——教授モデル　141, 143
翻案権　184

ま

マネジメントタスク　46
マネジメントプロセス　45
満足感　123
明治大学ユビキタス教育　199

メールサービス　243
メタデータ　158
メンタ　22, 61, 157
メンタリング　30
　——アクションプラン　62
　——ガイドライン　62
目標管理（MBO）　31
目標行動　84
モデリング　30
モバイルラーニング　4

や・ら

有期性　44
要求仕様　47
要求定義書　59
欲求階層説　122, 128
ラーニングシステム　255
ラーニングシステムプロデューサ（LSP）
　22, 62
ランニングコスト　96

編著者

玉木　欽也（たまき・きんや）
最終学歴：早稲田大学大学院理工学研究科博士後期課程単位取得退学／工学博士（早稲田大学）
所　　属：青山学院大学経営学部・経営学研究科 教授
　　　　　　青山学院ヒューマン・イノベーション・コンサルティング株式会社（Hicon）代表取締役

編著者からの一言：eラーニング，そしてICTを活用した人材育成プログラムの研究開発そして実践教育に着手してから，14年目に入りました。その間に，数え切れないほどの学生に対して授業を展開し，また，産学官連携事業に取り組み多くの知的財産が蓄積できました。しかしそれ以上に，eLPCOから巣立って国際社会の第一線で活躍していける若手教員，研究者，社会人をこれからも継続的に養成していくこと，このような人財づくりがeLPCOの本当の意味でのミッションだと思っています。これからは，ICTを様々な領域に活用できるアドバンスな専門家や，国際的な学習環境で活躍できる専門家の育成を目指していきます。

【担当部分：まえがき，第2章，第3章】

著者

大沼　博靖（おおぬま・ひろやす）
最終学歴：順天堂大学大学院スポーツ健康科学研究科博士後期課程単位取得退学／修士（体育学）
所　　属：静岡産業大学経営学部 准教授

著者から一言：携帯端末を使ってゲーム感覚で漢字や英単語を学ぶ人たちの姿は，通勤電車の日常の風景として，今や何の違和感もなくなりました。一昔前とは違い，今や誰もが意識する，しないにかかわらずICTの恩恵に預かっています。そんなICTを活用したeラーニングのポテンシャルの高さを，本書を通して感じてもらえれば幸いです。

【担当部分：第1章，補足資料】

権藤　俊彦（ごんどう・としひこ）
最終学歴：早稲田大学大学院国際情報通信研究科博士後期課程単位取得退学／修士（経営学）
所　　属：青山学院ヒューマン・イノベーション・コンサルティング株式会社（Hicon）主管研究員

著者から一言：大学の授業とともに，eラーニング専門家の資格取得を目指す社会人の方に向けた講座を担当していますが，受講者の皆様の意欲の高さにいつも感心しています。本書は，そのような方々の期待に応えるような一冊になればと思います。ぜひeラーニング専門家を目指してください。

【担当部分：第4章，5.4節，5.5節，5.6節，5.8節】

齋藤　長行（さいとう・ながゆき）
最終学歴：慶應義塾大学大学院メディアデザイン研究科後期博士課程修了／博士（メディアデザイン学）
所　　属：慶應義塾大学大学院メディアデザイン研究科付属メディアデザイン研究所　リサーチャー

著者から一言：e ラーニングを運用していくうえで，著作権の処理は必要不可欠のことといえるでしょう。学習コンテンツの数が増えるほど，著作権処理の業務は煩雑になるでしょうし，判断に苦慮する場合も増えるでしょう。この本が，読者の方々の日々の著作権処理業務に，少しでも役立てば幸いです。

【担当部分：第 10 章，11.2 節】

長沼　将一（ながぬま・しょういち）
最終学歴：東京都立大学大学院工学研究科博士課程単位取得退学／修士（工学）
所　　属：東京通信大学情報マネジメント学部　助教

著者から一言：e ラーニングは主として PC で行われてきましたが，スマートフォンや電子書籍リーダーの登場をきっかけにして，さらに適用領域が広がっていくと考えられます。ICT も目覚ましい進歩を遂げていますので，最新動向をキャッチアップしつつよりよい教育を行っていっていただければ幸いです。

【担当部分：第 12 章，第 13 章，第 14 章，第 15 章，第 16 章】

山根　信二（やまね・しんじ）
最終学歴：東京大学大学院学際情報学府博士課程単位取得退学／修士（情報科学）
所　　属：岡山理科大学総合情報学部情報科学科デジタルメディアコース　講師

著者から一言：e ラーニングの研究開発は国内でも活発になり，日本教育工学会，教育システム情報学会，情報処理学会などの学会をはじめ，e-Learning World のような展示会も開かれています。また，教育機関以外に目を向けても，従来の人材育成サービス企業だけでなく青山学院ヒューマン・イノベーション・コンサルティング株式会社をはじめとする産学連携のベンチャー企業も登場しています。さらにゲーム産業のほか，「YouTube EDU」や「iTunes U」といった国境を超えたウェブサービスや IT 企業も e ラーニングへ進出しています。今後も e ラーニングは，多様な専門家によるコラボレーションが進む分野であり続けるでしょう。

【担当部分：第 1 章コラム，第 17 章】

石井　美穂（いしい・みほ）
最終学歴：上智大学大学院法学研究科博士前期課程修了／修士（法学）
　　　　　慶應義塾大学大学院メディアデザイン研究科後期博士課程在学中
所　　属：青山学院大学ヒューマン・イノベーション研究センター　客員研究員

著者から一言：e ラーニングを運用していくうえでは，必然的に学習者の個人情報を扱うことになります。実務の運用においては，個人情報保護の問題が発生する可能性のある場面で，それに気づけることが重要となります。個人情報保護法の全体像を理解し，実務に役立てていただきたいと思います。

【担当部分：11.1 節，11.3 節】

合田　美子（ごうだ・よしこ）
最終学歴：Florida Institute of Technology ／ Ph.D.（Science Education）
所　　属：熊本大学教授システム学研究センター　准教授
著者から一言：国際化が進むなかで国際的な人材育成が必要だと感じています。ICT を活用することで可能になる世界規模の教育。どのように促進していくべきか考える時期にきています。そんな時代に生きているという責任を感じながら，よりよい学びについてさらなる研究と実践を続けていきたいと思います。
【担当部分：5.1 節，5.2 節，5.3 節，第 8 章】

半田　純子（はんだ・じゅんこ）
最終学歴：Towson University ／ Ed.D.（Instructional Technology）
所　　属：職業能力開発総合大学校　准教授
　　　　　明治大学サービス創新研究所　客員研究員
著者から一言：米国の大学院を修了し，日本に帰国後，研究員として eLPCO のメンバーになりました。日本の大学の時間の流れの速さについていくのが大変な毎日でしたが，私の日本での再出発という時期に，尊敬できるリーダーや研究員の仲間に出会えたことが何よりの宝です。本書から，e ラーニングを活用して，より効果的な学習設計を実現するためのヒントが得られればと願っています。
【担当部分：第 7 章】

堀内　淑子（ほりうち・よしこ）
最終学歴：京都大学文学部卒業
所　　属：職業能力開発総合大学校　元客員教授
著者から一言：人材育成計画立案からコンテンツ設計まで，「インストラクショナルデザイナとして必要とされている」という実感を深めながら業務をこなしています。私にとってうれしいことは，いろいろなテーマや分野に出会えることです。人がもっている能力を引き出し，活かすそのために何ができるか，これからも考えながら活動していきたいと思います。
【担当部分：第 6 章】

松田　岳士（まつだ・たけし）
最終学歴：青山学院大学大学院国際政治経済学研究科博士後期課程修了／博士（国際コミュニケーション）
所　　属：首都大学東京大学教育センター　教授
著者から一言：地に足のついた e ラーニングに取り組んでいる読者を想いながら，リアルな e ラーニングの実務と理論を書きました。難しい部分があるかもしれませんが，「最低ここまで考えてほしい」という内容になっています。「読む」だけでなく，「使って」いただけると幸いです。
【担当部分：5.7 節，第 9 章】

【青山学院大学総合研究所叢書】

これ一冊でわかる e ラーニング専門家の基本
ICT・ID・著作権から資格取得準備まで

2010年3月30日　第1版1刷発行	ISBN 978-4-501-54760-8 C3037
2018年4月20日　第1版2刷発行	

編著者　玉木欽也

著　者　大沼博靖・権藤俊彦・齋藤長行・長沼将一・山根信二・
　　　　石井美穂・合田美子・半田純子・堀内淑子・松田岳士
　　　　© Tamaki Kinya, Onuma Hiroyasu, Gondo Toshihiko,
　　　　　Saito Nagayuki, Naganuma Shoichi, Yamane Shinji,
　　　　　Ishii Miho, Goda Yoshiko, Handa Junko, Horiuchi Yoshiko,
　　　　　Matsuda Takeshi 2010

発行所　学校法人　東京電機大学　　〒120-8551　東京都足立区千住旭町5番
　　　　東京電機大学出版局　　　　〒101-0047　東京都千代田区内神田1-14-8
　　　　　　　　　　　　　　　　　Tel. 03-5280-3433(営業) 03-5280-3422(編集)
　　　　　　　　　　　　　　　　　Fax. 03-5280-3563　振替口座 00160-5-71715
　　　　　　　　　　　　　　　　　https://www.tdupress.jp/

JCOPY <(社)出版者著作権管理機構　委託出版物>
本書の全部または一部を無断で複写複製（コピーおよび電子化を含む）することは，著作権法上での例外を除いて禁じられています。本書からの複製を希望される場合は，そのつど事前に，(社)出版者著作権管理機構の許諾を得てください。また，本書を代行業者等の第三者に依頼してスキャンやデジタル化をすることはたとえ個人や家庭内での利用であっても，いっさい認められておりません。
[連絡先] Tel. 03-3513-6969, Fax. 03-3513-6979, E-mail: info@jcopy.or.jp

印刷：新日本印刷(株)　　製本：新日本印刷(株)　　装丁：鎌田正志
落丁・乱丁本はお取り替えいたします。　　　　　　　Printed in Japan